NOUVELLES LOIS
SUR
L'ENSEIGNEMENT

SUIVIES
DES DÉCRETS, RÈGLEMENTS ET ARRÊTÉS
relatifs à l'exécution de ces lois

AVEC UN COMMENTAIRE

PAR TH. H. BARRAU

Nouvelle Édition
mise au courant jusqu'au 1er décembre 1856

PARIS
LIBRAIRIE DE L. HACHETTE ET Cie
RUE PIERRE-SARRAZIN, N° 14
(Près de l'École de médecine)

1857

NOUVELLES LOIS

SUR L'ENSEIGNEMENT

TYPOGRAPHIE DE CH. LAHURE
Imprimeur du Sénat et de la Cour de Cassation
rue de Vaugirard, 9

NOUVELLES LOIS

SUR

L'ENSEIGNEMENT

SUIVIES

DES DÉCRETS, RÈGLEMENTS ET ARRÊTÉS

relatifs à l'exécution de ces lois

AVEC UN COMMENTAIRE

PAR TH. H. BARRAU

Nouvelle Édition

mise au courant jusqu'au 1er décembre 1856

PARIS

LIBRAIRIE DE L. HACHETTE ET Cie

RUE PIERRE-SARRAZIN, N° 14

(Près de l'École de médecine)

1857

Ce recueil contient toutes les dispositions législatives et réglementaires qui ont été rendues, en matière d'enseignement, à dater du 15 mars 1850.

La première partie contient les trois lois, à savoir celle du 15 mars 1850, le décret législatif du 9 mars 1852 et la loi du 14 juin 1854.

Nous donnons ensuite, dans des parties séparées, ce qui concerne l'administration générale, l'enseignement primaire, l'enseignement secondaire et l'enseignement supérieur; nous ajoutons ce qui, dans la loi et le décret sur les pensions civiles, peut intéresser les membres de l'enseignement.

Les articles qui se trouvent abrogés par des dispositions subséquentes, sont placés entre crochets [ ].

Les mots que, par suite de dispositions subséquentes, il faut changer dans les articles non abrogés, sont imprimés en caractères italiques; et les changements qu'il faut faire sont indiqués par des astérisques **.

ORGANISATION GÉNÉRALE
DE L'INSTRUCTION PUBLIQUE.

LOI ORGANIQUE.

(15 mars 1850.)

TITRE PREMIER.

DES AUTORITÉS PRÉPOSÉES A L'ENSEIGNEMENT.

CHAP. Ier. *Du conseil supérieur*[1] *de l'instruction publique.*

[Art. Ier.[2] Le conseil supérieur de l'instruction publique est composé comme il suit :]

[Le ministre, président ;]

[Quatre archevêques, ou évêques, élus par leurs collègues ;]

[Un ministre de l'Église réformée, élu par les consistoires ;]

[Un ministre de l'Église de la confession d'Augsbourg, élu par les consistoires[3] ;]

1. Le conseil supérieur est appelé aujourd'hui conseil impérial de l'instruction publique.

2. Cet article, ainsi que les articles 2 et 3, sont complétement abrogés et remplacés par les articles 1 et 5 du décret du 9 mars 1852, page 78. La section permanente créée par le 8e § de l'article 1er n'existe plus.

3. Il y a en France deux communions protestantes re-

[Un membre du consistoire central israélite élu par ses collègues[1];]

[Trois conseillers d'État, élus par leurs collègues;]

[Trois membres de la cour de cassation, élu par leurs collègues;]

[Trois membres de l'Institut, élus en assemblée générale de l'Institut;]

[Huit membres nommés par le Président de la République, en conseil des ministres, e choisis parmi les anciens membres du consei de l'Université, les inspecteurs généraux ou supérieurs, les recteurs et les professeurs des Facultés. Ces huit membres forment une section permanente;]

[Trois membres de l'enseignement libre, nommés par le Président de la République, sur la proposition du ministre de l'Instruction publique.].

[Art. 2. Les membres de la section permanente sont nommés à vie.]

[Ils ne peuvent être révoqués que par le Président de la République, en conseil des mi-

connues par la loi : l'une est celle de la confession d'Augsbourg, ce sont les luthériens; l'autre est celle de l'Églis réformée, ce sont les calvinistes.

1. Le consistoire central israélite siége à Paris. Il se compose d'un grand rabbin et d'autant de membres laïques qu'il y a de consistoires départementaux (il y en a huit). Le grand rabbin est nommé, sauf l'approbation du chef du pouvoir exécutif, par une assemblée composée des membres du consistoire et de délégués des assemblées des notables de chaque circonscription territoriale. Quant aux membres laïques, ils sont élus par les israélites notables des circonscriptions électorales, et doivent être choisis parmi les notables résidant à Paris.

nistres, sur la proposition du ministre de l'Instruction publique.]

[Ils reçoivent seuls un traitement.]

Art. 3. [Les autres membres du conseil sont nommés pour six ans. Ils sont indéfiniment rééligibles.]

Art. 4. Le conseil supérieur tient au moins quatre[1] sessions par an.

Le ministre peut le convoquer en session extraordinaire, toutes les fois qu'il le juge convenable.

Art. 5. Le conseil supérieur[2] peut être appelé à donner son avis sur les projets de lois, de règlements et de décrets relatifs à l'enseignement, et en général sur toutes les questions qui lui seront soumises par le ministre.

Il est nécessairement appelé à donner son avis :

Sur les règlements relatifs aux examens, aux concours et aux programmes d'études dans les écoles publiques, à la surveillance des écoles libres, et, en général, sur tous les arrêtés portant règlement pour les établissements d'instruction publique[3];

1. Deux. Décret du 9 mars 1852; dernier paragraphe de l'article 5, page 82.

2. Cet article détermine nettement la position du conseil supérieur. On voit que, sauf sa juridiction disciplinaire, il ne donne que des avis; et ces avis, rien n'impose au ministre l'obligation de les suivre. Le pouvoir exécutif conserve donc l'entière liberté de son action : le conseil n'a d'autre mission que celle de l'éclairer.

3. C'est-à-dire pour les *établissements publics d'instruction;* ainsi l'avis du conseil est nécessairement demandé si le *règlement* a pour objet les écoles publiques; il n'est que facultatif si le *règlement* a pour objet l'enseignement en général.

Sur la création des Facultés, lycées et colléges ;

Sur les secours et encouragements à accorder aux établissements libres d'instruction secondaire[1] ;

Sur les livres qui peuvent être introduits dans les écoles publiques, et sur ceux qui doivent être défendus dans les écoles libres, comme contraires à la morale, à la Constitution et aux lois[2].

Il prononce en dernier ressort sur les juge-

1. Ainsi un établissement libre d'enseignement secondaire peut rester *libre*, tout en recevant *des secours et des encouragements*, c'est-à-dire une subvention, et de plus un local appartenant soit aux communes, soit même à l'État (art. 69).

2. Il suit de là que les écoles libres, tant primaires que secondaires, peuvent employer tous les livres qui ne sont pas formellement interdits, et que les établissements publics ne doivent employer que ceux qui sont autorisés par le conseil impérial. Un livre qui ne contiendra rien de contraire à la morale, à la Constitution ou à la loi, ne pourra être frappé d'interdiction. Mais, pour les écoles publiques, il ne suffira pas que ce livre ne soit pas interdit, il faudra qu'il soit autorisé.

Il est entendu que toutes les anciennes autorisations subsistent tant qu'elles n'auront pas été formellement rapportées. Ainsi, non-seulement les professeurs des établissements publics, les instituteurs communaux et les institutrices communales peuvent continuer à faire usage de livres autorisés, mais il leur est interdit d'en employer d'autres.

Quoique le conseil supérieur n'ait encore interdit qu'un seul livre (l'*Histoire de France* du père Loriquet) dans les établissements libres, les professeurs et instituteurs doivent comprendre que mettre entre les mains de leurs élèves un ouvrage dangereux, ce serait commettre une *faute grave* (art. 30).

ments rendus par les conseils *académiques* * dans les cas déterminés par l'art. 14[1].

Le conseil présente, chaque année, au ministre un rapport sur l'état général de l'enseignement, sur les abus qui pourraient s'introduire dans les établissements d'instruction, et sur les moyens d'y remédier.

[Art. 6. La section permanente est chargée de l'examen préparatoire des questions qui se rapportent à la police, à la comptabilité et à l'administration des écoles publiques.]

[Elle donne son avis, toutes les fois qu'il lui est demandé par le ministre, sur les questions relatives aux droits et à l'avancement des membres du corps enseignant.]

[Elle présente annuellement au conseil un rapport sur l'état de l'enseignement dans les écoles publiques.]

Chap. II. *Des conseils académiques*[2].

Art. 7. [Il sera établi une académie[3] dans chaque département.]

* Départementaux.

1. Voy. sur la procédure du conseil impérial en matière de discipline le décret du 29 juillet 1850, articles 8, 9, 12, page 91.

2. Voy. le décret du 29 juillet 1850, article 17 et suivants, page 94; notre note sur les attributions des conseils départementaux en matière disciplinaire, page 98; les dix premiers articles de la loi du 14 juin 1854, page 84, et les articles 14, 26, 27 et 28 du décret du 21 août 1854, pages 116 et 121.

3. Le décret organique de 1808 établissait une académie par ressort de cour d'appel. En 1848 cette organisation a été brisée. Le nombre des académies fut réduit à dix-neuf, dont les siéges étaient à Paris, Aix, Angers, Besançon, Bordeaux, Bourges, Caen, Cahors, Dijon, Douai, Grenoble,

Art. 8. [Chaque académie est administrée par un recteur, assisté, si le ministre le juge nécessaire, d'un ou de plusieurs inspecteurs, et par un conseil académique.]

Art. 9. [Les recteurs ne sont pas choisis exclusivement parmi les membres de l'enseignement public.]

[Ils doivent avoir le grade de licencié ou dix années d'exercice comme inspecteurs d'académie, proviseurs, censeurs, chefs ou professeurs des classes supérieures dans un établissement public ou libre.]

Art. 10. [Le conseil académique est composé ainsi qu'il suit[1] :]

[Le recteur, président ;]

[Un inspecteur d'académie, un fonctionnaire de l'enseignement ou un inspecteur des écoles primaires, désigné par le ministre ;]

[Le préfet ou son délégué ;]

Lyon, Montpellier, Nancy, Poitiers, Reims, Rennes, Strasbourg et Toulouse; une vingtième fut créée à Alger.

La loi du 15 mars 1850 créait, comme l'on voit, autant d'académies que de départements, et Alger conservait la sienne. — La loi du 14 juin 1854 a changé complétement ce système quant à l'enseignement secondaire public et à l'enseignement supérieur ; et pour ces deux sortes d'enseignement elle a créé en France seize académies.

L'enseignement primaire, tant public que libre et l'enseignement secondaire libre ne sont point soumis à la juridiction des nouveaux conseils académiques créés par la loi du 14 juin 1854, et sont régis dans chaque département comme il est expliqué dans ladite loi, articles 5 et suivants, pages 85 et suivantes.

1. Voy. pour la composition du conseil académique la loi du 14 juin 1854, article 3, page 84.

Quant au conseil départemental, nous en donnons la composition dans notre note, page 86.

L'évêque ou son délégué;

Un ecclésiastique désigné par l'évêque[1];

Un ministre de l'une des deux Églises protestantes[2], désigné par le ministre de l'instruction publique, dans les départements où il existe une Église légalement établie[3];

Un *délégué*[4] du consistoire israélite dans chacun des départements où il existe un consistoire légalement établi[5];

Le procureur général près la cour d'appel, dans les villes où siége une cour d'appel, et dans les autres le *procureur de la république** près le tribunal de première instance[6].

* Procureur impérial.

1. Voy. le décret du 29 juillet 1850, article 19, page 96.

2. Non pas de chacune des deux Églises, mais seulement de l'une des deux.

3. Les protestants réformés, ou calvinistes, ont des consistoires dans cinquante-cinq départements; les protestants de la confession d'Augsbourg ont des consistoires dans le Haut-Rhin, dans le Bas-Rhin et dans la Haute-Saône.

Le consistoire de chaque église protestante est composé du pasteur ou des pasteurs desservant cette église et d'anciens ou notables laïques choisis parmi les citoyens les plus imposés au rôle des contributions directes. Le nombre de ces notables ne peut être au-dessous de six ni au-dessus de douze. Les anciens doivent être renouvelés tous les deux ans par moitié. Le renouvellement se fait par la voie de l'élection.

4. Un membre de ce consistoire, choisi par le ministre (décret du 9 mars 1852, art. 3).

5. Outre le consistoire central de Paris, les israélites ont des synagogues consistoriales à Strasbourg, Colmar, Metz, Nancy, Bordeaux, Marseille et Saint-Esprit dans les Landes. Ils ont donc le droit d'être représentés dans les conseils académiques de la Seine, du Haut-Rhin, du Bas-Rhin, de la Moselle, de la Meurthe, de la Gironde, des Bouches-du-Rhône et des Landes.

6. Les procureurs généraux et les procureurs impériaux

Un membre de la cour d'appel [élu par elle], ou, à défaut de cour d'appel, un membre du tribunal de première instance [élu par le tribunal];

Quatre membres [élus par le conseil général], dont deux au moins pris dans son sein.

[Les doyens des Facultés seront, en outre, appelés dans le conseil académique, avec voix délibérative, pour les affaires intéressant leurs Facultés respectives.]

[La présence de la moitié plus un des membres est nécessaire pour la validité des délibérations du conseil académique.]

Art. 11. [Pour le département de la Seine, le conseil académique[1] est composé comme il suit :]

[Le recteur, président;]

[Le préfet;]

[L'archevêque de Paris ou son délégué;]

[Trois ecclésiastiques désignés par l'archevêque;]

[Un ministre de l'Église réformée élu par le consistoire;]

[Un ministre de l'Église de la confession d'Augsbourg élu par le consistoire;]

peuvent-ils se faire remplacer dans le conseil par leurs substituts? Le ministre de l'Instruction publique s'étant entendu à ce sujet avec le ministre de la justice, répondit : « Oui, mais seulement (excepté à Paris) en cas d'absence, et dans l'ordre légal de remplacement des chefs du parquet. » (Circulaire du 20 janvier 1851.)

1. Le conseil académique de Paris est maintenant composé conformément à l'article 3 de la loi du 14 juin 1854, et quant au conseil départemental de la Seine, voy. l'article 6 de la même loi, page 86.

[Un membre du consistoire israélite élu par le consistoire ;]

[Trois inspecteurs d'académie désignés par le ministre ;]

[Un inspecteur des écoles primaires, désigné par le ministre ;]

[Le procureur général près la cour d'appel ou un membre du parquet désigné par lui ;]

[Un membre de la cour d'appel élu par la cour ;]

[Un membre du tribunal de première instance, élu par le tribunal ;]

[Quatre membres du conseil municipal de Paris, et deux membres du conseil général de la Seine[1], pris parmi ceux des arrondissements de Sceaux et de Saint-Denis, tous élus par le conseil général ;]

[Le secrétaire général de la préfecture du département de la Seine ;]

[Les doyens des Facultés seront, en outre, appelés dans le conseil académique, avec voix délibérative, pour les affaires intéressant leurs Facultés respectives.]

Art. 12. [Les membres des conseils académiques, dont la nomination est faite par élection, sont élus pour trois ans, et indéfiniment rééligibles.]

1. Le conseil municipal de Paris est composé des mêmes membres que le conseil général de la Seine; mais les membres élus par les cantons des arrondissements de Sceaux et de Saint-Denis ne siégent qu'au conseil général et ne font point partie du conseil municipal, qui se compose seulement des membres du conseil général nommés par la ville de Paris.

Art. 13. [Les départements fourniront un local[1] pour le service de l'administration académique.]

Art. 14. Le conseil *académique** donne son avis :

Sur l'état des différentes écoles établies dans le département ;

[Sur les réformes à introduire dans l'enseignement, la discipline et l'administration des écoles publiques ;]

Sur les budgets et les comptes administratifs des [lycées, colléges et écoles normales primaires ;]

Sur les secours et encouragements à accorder aux écoles primaires[2].

Il instruit[3] les affaires disciplinaires relatives aux membres de l'enseignement public secon-

* Départemental.

1. Le local de l'académie devra être fourni par la ville chef-lieu ; le local nécessaire à la tenue du conseil départemental et aux bureaux de l'inspecteur d'académie est à la charge du département. (Loi du 14 juin 1854, art. 10.)

2. « Les demandes de secours formées par des communes pour des constructions ou des acquisitions de bâtiments destinés à des maisons d'école, devront être soumises au conseil académique, auquel le préfet les communiquera avant de les transmettre au ministre. Il n'y sera donné suite qu'autant qu'au nombre des pièces que le préfet enverra, se trouvera une expédition conforme de l'avis du conseil académique. Ce conseil devra, ainsi que le faisaient précédemment les comités d'arrondissement, examiner les demandes sous le rapport de la bonne disposition de l'école à établir, et de l'importance du secours que l'État pourra accorder à la commune. » (Instruction du 24 décembre 1850.)

3. *Instruire* une affaire, c'est la mettre en état d'être jugée en réunissant tous les éléments propres à éclairer les juges.

daire ou supérieur, qui lui sont renvoyées par le ministre ou le recteur.

Il prononce[1], sauf recours au conseil supérieur, sur les affaires contentieuses relatives [à l'obtention des grades, aux concours devant les Facultés,] à l'ouverture des écoles libres, aux droits des maîtres particuliers, et à l'exercice du droit d'enseigner; sur les poursuites dirigées contre les membres de l'instruction secondaire publique et tendant à la révocation, avec interdiction d'exercer la profession d'instituteur libre, de chef ou professeur d'établissement libre, et, dans les cas déterminés par la présente loi, sur les affaires disciplinaires relatives aux instituteurs primaires, publics ou libres[2].

1. Le conseil départemental, comme tribunal de répression, ne juge que disciplinairement; voilà pourquoi il a été décidé que ses séances ne seraient pas publiques. En effet, il ne faut pas confondre les poursuites *judiciaires* et les poursuites *disciplinaires*. Les poursuites judiciaires sont celles qui sont intentées par le ministère public contre tous les citoyens, quelle que soit leur situation. Les poursuites disciplinaires sont celles qui sont intentées contre quelqu'un, à raison de faits professionnels : ainsi contre un avocat, contre un notaire, contre un juge, en leur qualité d'avocat, de notaire, de juge. Ces sortes d'affaires ne se jugent jamais publiquement; mais elles se jugent contradictoirement, c'est-à-dire que celui qui est poursuivi doit être entendu ou dûment appelé.

2. En combinant avec cet article les articles 5, 30, 33, 50, 53, 57, 67, 68, 76, l'article 3 du décret du 9 mars 1852, et l'article 8 de la loi du 14 juin 1854, on établit ainsi l'ensemble de la juridiction disciplinaire.

S'agit-il de réprimander, de suspendre ou de révoquer un instituteur communal, une institutrice communale, une personne chargée de la direction ou du service dans une salle publique d'asile; le conseil départemental n'a point à

Art. 15. Le conseil *académique** est nécessairement consulté sur les règlements relatifs au régime intérieur des [lycées, colléges et] écoles normales primaires, et sur les règlements relatifs aux écoles publiques primaires.

Il fixe le taux de la rétribution scolaire, sur

s'en occuper; le préfet seul décide, sur le rapport de l'inspecteur d'académie.

S'agit-il de censurer un instituteur primaire libre, de le suspendre, de lui interdire l'exercice de sa profession dans la commune où il exerce; de prononcer les mêmes peines contre les directrices et les sous-maîtresses des écoles libres de filles et des pensionnats de jeunes personnes, ainsi que contre les personnes chargées de la direction ou du service dans les salles d'asile libres; d'infliger la réprimande au directeur d'un établissement libre d'instruction secondaire; le conseil départemental prononce sans appel.

S'agit-il d'interdire à un instituteur communal ou à une institutrice communale le droit d'enseigner, ou à une personne chargée de la direction ou du service dans une salle publique d'asile le droit d'exercer les mêmes fonctions même dans un asile libre; de frapper d'une interdiction absolue un instituteur primaire libre, une directrice ou une sous-maîtresse d'école libre de filles ou de pensionnat de jeunes personnes; d'interdire à temps ou à toujours à un directeur, professeur ou surveillant d'un établissement libre d'instruction secondaire l'exercice de sa profession; le conseil départemental prononce en premier ressort, le conseil impérial en dernier ressort.

S'agit-il d'infliger à un membre de l'instruction secondaire publique la réprimande devant le conseil académique, la censure devant le conseil impérial, la mutation, la suspension des fonctions avec ou sans privation totale ou partielle de traitement, la révocation, le ministre prononce directement et sans recours (Décret du 9 mars 1852).

S'agit-il d'appliquer ces mêmes peines aux membres de l'enseignement supérieur, le ministre prononce directement, à l'exception de la révocation, qui, sur sa proposition, est prononcée par l'Empereur (Même décret).

* Départemental.

l'avis des conseils municipaux et des délégués cantonaux[1].

Il détermine les cas où les communes peuvent, à raison des circonstances, et provisoirement, établir ou conserver des écoles primaires dans lesquelles seront admis des enfants de l'un et l'autre sexe, ou des enfants appartenant aux différents cultes reconnus.

Il donne son avis au *recteur* *, sur les récompenses à accorder aux instituteurs primaires.

Le *recteur* * fait les propositions au ministre, et distribue les récompenses accordées.

Art. 16. Le conseil *académique* ** présente

1. « Quant au taux de la rétribution scolaire, il importe que, tout en respectant les habitudes locales, le conseil académique ne se borne pas à approuver purement et simplement les propositions des conseils municipaux. Il y a plus de 20 000 communes dans lesquelles les trois centimes spéciaux, réunis au produit de la rétribution scolaire, n'atteignent pas 600 francs, et qui se trouvent, par conséquent, désintéressées dans la question. Que, dans ces communes, la rétribution scolaire produise plus ou moins, les trois centimes communaux étant épuisés, les départements et l'État devront fournir le reste, et le conseil municipal pourrait être dès lors porté à fixer le plus bas possible le taux de la rétribution, et à ménager ainsi les ressources des habitants. Mais le conseil académique doit se placer à un autre point de vue. Il sait qu'une faible diminution de la quotité de cette rétribution se multipliant par le nombre des écoles, produira une somme considérable qui, en fin de compte, tombera à la charge du trésor ; il devra veiller avec soin, d'une part, à ce qu'en élevant outre mesure le taux de la rétribution, on n'éloigne pas les enfants des écoles ; d'autre part, à ce que cette rétribution soit toujours proportionnée aux ressources de la localité. Il s'entourera, à cet effet, de tous les avis propres à l'éclairer. » (Instruction du 24 décembre 1850.)

* Préfet.

** Départemental.

chaque année au ministre et au conseil général un exposé de la situation de l'enseignement dans le département[1].

Les rapports du conseil *académique* sont envoyés par le recteur au ministre, qui les communique au conseil supérieur.

CHAP. III. *Des écoles et de l'inspection.*

SECTION Ire. — Des écoles.

Art. 17. La loi reconnaît deux espèces d'écoles primaires ou secondaires[2] :

1° Les écoles fondées ou entrenues par les communes, les départements ou l'État, et qui prennent le nom d'ÉCOLES PUBLIQUES ;

2° Les écoles fondées et entretenues par des particuliers ou des associations[3], et qui prennent le nom d'ÉCOLES LIBRES[4].

1. L'enseignement secondaire public doit être excepté de cet exposé, d'après l'esprit de la loi du 14 juin 1854.

2. La loi de 1833 appelait écoles primaires *privées* celles que la loi nouvelle appelle *libres*.

Quant aux établissements d'instruction secondaire, autres que les lycées et colléges, tous (à l'exception des petits séminaires) étaient, comme les colléges, soumis au régime de l'Université, dont leurs directeurs-propriétaires étaient membres sous le nom de *chefs d'institution* et de *maîtres de pension*.

3. Il ne s'agit pas ici des associations enseignantes, mais de sociétés libres ayant pour but de soutenir le temporel de l'établissement. (Instruction adressée par Mgr l'évêque de Langres aux curés de son diocèse, page 39.)

4. Les petits séminaires sont classés parmi les *écoles secondaires libres*, mais avec des priviléges particuliers résultant de l'art. 70.

SECTION II. — De l'inspection.

Art. 18. L'inspection des établissements d'instruction publique ou libre[1] est exercée[2] :

1° Par les inspecteurs généraux [et supérieurs[3];]

2° Par les recteurs et les inspecteurs d'académie ;

3° Par les inspecteurs de l'enseignement primaire ;

4° Par les délégués cantonaux[4], le maire et le curé[5], le pasteur ou le délégué du consistoire israélite, en ce qui concerne l'enseignement primaire[6].

Les ministres des différents cultes n'inspecteront que les écoles spéciales à leur culte, ou les écoles mixtes[7] pour leurs coreligionnaires seulement.

1. Des *établissements publics ou libres* d'instruction.

2. Toutes les personnes dénommées en l'article 18 ont droit de dresser procès-verbal des contraventions qu'elles reconnaissent. (Décret du 29 juillet 1850, art. 42, p. 104.)

3. Le décret du 9 mars 1852 a donné aux inspecteurs supérieurs de l'instruction primaire le titre d'inspecteurs généraux.

4. Voy., pour les attributions des délégués cantonaux, les articles 42, 43, 45, pages 42 et suivantes, § 2, et 29, § 5, page 26. Voy. aussi le règlement du 29 juillet, art. 44 et suivants, page 106.

5. Sous ce mot de *curé*, les desservants sont compris. Dans les villes où il existe plusieurs paroisses, chaque curé ou desservant a la surveillance des écoles situées dans sa circonscription. Il en est de même pour les pasteurs protestants. C'est ce qui résulte des explications données à la tribune.

6. Voy., relativement aux délégués, au maire et au curé, etc., les articles 42, 43, 44, 45 de la même loi, p. 42 et suivantes.

7. *École mixte* signifie ici une école où sont reçus des

[Le recteur pourra, en cas d'empêchement, déléguer temporairement l'inspection[1] à un membre du conseil académique.]

Art. 19. Les inspecteurs d'académie sont choisis, par le ministre, parmi les anciens inspecteurs, les professeurs des Facultés, les proviseurs et censeurs des lycées, les principaux des colléges, les chefs d'établissements secondaires libres, les professeurs des classes supérieures dans ces diverses catégories d'établissements, les agrégés des Facultés et lycées, et les inspecteurs des écoles primaires, sous la condition commune à tous du grade de licencié, ou de dix ans d'exercice.

Les inspecteurs généraux [et supérieurs] sont choisis [par le ministre], soit dans les catégories ci-dessus indiquées, soit parmi les anciens inspecteurs généraux ou inspecteurs supérieurs de l'instruction primaire, les recteurs et inspecteurs d'académie, ou parmi les membres de l'Institut.

[Le ministre ne fait aucune nomination d'inspecteur général sans avoir pris l'avis du conseil supérieur.]

Art. 20. L'inspection de l'enseignement pri-

enfants appartenant à des communions différentes. Le curé ne s'occupera que de ce qui concerne les enfants appartenant aux familles catholiques; le ministre protestant, que de ce qui concerne les enfants appartenant aux familles protestantes.

1. Il s'agissait principalement de l'inspection des établissements secondaires. Ce paragraphe nous paraît maintenant sans objet.

maire est spécialement confiée à deux inspecteurs *supérieurs*[1].

Il y a en outre, dans chaque arrondissement, un inspecteur de l'enseignement primaire[2] choisi par le ministre [après avis du conseil académique].

[Néanmoins, sur l'avis du conseil académique, deux arrondissements pourront être réunis pour l'inspection[3].] Un règlement déterminera le classement[4], les frais de tournées[5], l'avancement et les attributions des inspecteurs de l'enseignement primaire.

Art. 21. L'inspection des écoles publiques s'exerce conformément aux règlements délibérés par le conseil supérieur.

Celle des écoles libres porte sur la moralité, l'hygiène et la salubrité.

1. Aujourd'hui à trois inspecteurs généraux. Voy. p. 82.

2. Pour ce qui concerne les inspecteurs de l'enseignement primaire, voy. le décret du 29 juillet 1850, art. 36, 37, 38, 39, 40, 41, 42, 43, p. 102 et suivantes. Voy. aussi l'arrêté du 16 décembre 1850, p. 164, l'arrêté du 3 janvier 1851, p. 166, la loi du 14 juin 1854, art. 5, p. 85, et le décret du 25 août 1854, art. 24, p. 120.

3. Voy. le décret du 29 juillet 1850, art. 36 et suiv., p. 102.

4. Les inspecteurs primaires sont divisés en trois classes, dont les traitements sont : 2000, 1800, 1600, 1400, 1200 francs ; le traitement des 4 inspecteurs de Paris est de 4000 francs.

5. « Les frais de tournées ne doivent pas être considérés par les inspecteurs comme des suppléments de traitement. Ces indemnités ne sont accordées que pour les dédommager du surcroît de dépenses que les tournées d'inspection leur imposent, et, soit que le règlement actuel continue d'être exécuté, soit que de nouvelles dispositions interviennent, les efforts de l'administration doivent tendre à ce que ces indemnités ne perdent pas leur caractère. »

Elle ne peut porter sur l'enseignement que pour vérifier s'il n'est pas contraire à la morale, à la Constitution et aux lois[1].

Art. 22. Tout chef d'établissement primaire ou secondaire[2] qui refusera de se soumettre à la surveillance de l'État telle qu'elle est prescrite par l'article précédent, sera traduit devant le tribunal correctionnel de l'arrondissement, et condamné à une amende de 100 fr. à 1000 fr.

1. Dans les écoles libres, secondaires ou primaires, les inspecteurs n'interrogeront donc pas les élèves, excepté dans le cas où ils croiraient devoir s'assurer par ce moyen si on ne leur a rien enseigné de contraire à la morale et aux lois.

« D'après la pensée unanime du gouvernement et de la commission, les inspecteurs n'auront à s'occuper dans les écoles libres que de cette morale naturelle et générale qui est aujourd'hui reconnue par tous les peuples civilisés, parce que tous l'ont reçue du christianisme. Ils pourront, par exemple, avoir à s'enquérir des précautions prises pour les écoles qui renferment des enfants de différents sexes, quelquefois de la disposition et du règlement des dortoirs, et bien plus encore des cas d'immoralité dont certains maîtres se seraient rendus coupables. Les inspecteurs n'auront pas le droit de rechercher, et bien moins encore de discuter devant les élèves aucune application morale sur des questions contestées qui peuvent tenir ou aux règlements religieux de la maison, ou à la direction des consciences. » (*La Vérité sur la loi de l'enseignement.*)

« On a demandé si les inspecteurs auront le droit, dans un établissement libre, d'interroger les élèves. Il est certain que toute interrogation ayant uniquement pour but de connaître la capacité des élèves et la force des études de la maison, est interdite aux inspecteurs; mais ils peuvent exiger qu'on leur montre les livres et les cahiers. » (*La Vérité sur la loi de l'enseignement.*)

2. Les institutrices et les directrices de pensionnats de jeunes personnes, étant assimilées par la loi aux instituteurs, seraient passibles des peines portées en cet article

En cas de récidive, l'amende sera de 500 fr. à 3000 fr. Si le refus de se soumettre à la surveillance de l'État a donné lieu à deux condamnations dans l'année, la fermeture de l'établissement pourra être ordonnée par le jugement qui prononcera la seconde condamnation[1].

Le procès-verbal des inspecteurs constatant le refus du chef d'établissement fera foi jusqu'à inscription de faux.

TITRE II.

DE L'ENSEIGNEMENT PRIMAIRE.

CHAP. Ier. *Dispositions générales.*

Art. 23. L'enseignement primaire comprend :

L'instruction morale et religieuse ;

La lecture[2] ;

L'écriture ;

Les éléments de la langue française ;

Le calcul et le système légal des poids et mesures.

Il peut comprendre, en outre :

L'arithmétique appliquée aux opérations pratiques ;

Les éléments de l'histoire et de la géographie ;

Des notions des sciences physiques et d'his-

1. Dans le cas où le tribunal reconnaîtrait qu'il existe des circonstances atténuantes, les peines prononcées par cet article pourraient être réduites de la manière indiquée par notre note sur l'article 80, note 2 de la p. 75.

2. Dans les écoles catholiques, la lecture du latin doit être enseignée aussi bien que celle du français, afin que les enfants puissent suivre le chant des offices divins et y prendre part.

toire naturelle, applicables aux usages de la vie;

Des instructions élémentaires sur l'agriculture, l'industrie et l'hygiène;

L'arpentage, le nivellement, le dessin linéaire;

Le chant et la gymnastique[1].

Art. 24. L'enseignement primaire est donné gratuitement à tous les enfants dont les familles sont hors d'état de payer[2].

1. Les cinq premiers objets forment dans chaque école primaire communale l'enseignement obligatoire : dans la commune la plus pauvre, dans la plus petite école de garçons ou de filles, ils devront être enseignés, et il ne pourra être permis à aucun instituteur communal de les négliger pour s'occuper d'autre chose. Mais, selon le vœu des communes, l'enseignement pourra s'étendre en tout ou en partie aux autres objets indiqués dans l'article : l'instituteur communal devra constater, s'il y a lieu, sa capacité à le enseigner par la mention qui en sera faite sur son brevet (art. 46, § 5).

Il est clair qu'une commune qui entretiendra deux écoles de garçons pourra réserver les cinq premiers objets d'enseignement à l'une, et le reste à l'autre, ce qui rétablit et fait les écoles primaires supérieures, supprimées implicitement par la loi.

Quant à l'instituteur libre, il choisira parmi les objets énoncés dans l'article, ceux qu'il lui plaira d'enseigner; il ne sera nullement astreint, par exemple, à s'occuper des cinq premiers, s'il lui convient de se borner à l'enseignement des autres. Il suffit que son enseignement soit moral (art. 21, § 3) pour que les autorités préposées à l'inspection n'aient point d'observations à lui faire.

Le programme de l'enseignement primaire obligatoire pour toutes les communes est exactement le même qu'était celui de l'enseignement élémentaire dans la loi de 1833. L'enseignement primaire supérieur créé par cette loi comprenait à peu près les mêmes objets que ceux qui complètent le programme de la présente loi.

2. Voy. l'article 45, page 46.

CHAP. II. *Des instituteurs.*

SECTION Ire. — Des conditions d'exercice de la profession d'instituteur primaire public ou libre.

Art. 25. Tout Français âgé de vingt et un ans accomplis[1] peut exercer dans toute la France la profession d'instituteur primaire, public ou libre, s'il est muni d'un brevet de capacité.

Le brevet de capacité peut être suppléé par le certificat de stage dont il est parlé à l'art. 47, par le diplôme de bachelier[2], par un certificat constatant qu'on a été admis dans une des écoles spéciales de l'État, ou par le titre de ministre, non interdit ni révoqué, de l'un des cultes reconnus par l'État[3].

1. La loi de 1833 n'exigeait que dix-huit ans d'âge.

2. Le conseil académique du Cantal ayant émis l'avis que le diplôme de bachelier ès lettres pouvait tenir lieu du brevet de capacité du degré supérieur existant sous l'empire de la loi de 1833, et du brevet portant mention des matières spéciales comprises dans l'article 23 de la nouvelle loi, le ministre de l'instruction publique, consulté, a rendu une décision conforme à cet avis (*Manuel général de l'instruction primaire*, numéro du 22 mars 1851).

3. Ainsi l'aptitude à l'enseignement primaire se constate des cinq manières suivantes :

1° Par un brevet *ad hoc* délivré par les commissions d'examen. Ce brevet doit énoncer les objets que l'impétrant est capable d'enseigner.

2° Par un certificat de stage, qui est délivré par les conseils départementaux, et qui, du moins en ce qui concerne les écoles publiques, n'est valable que pour l'enseignement élémentaire, puisqu'il ne constate que l'aptitude à enseigner les cinq premiers objets d'instruction (art. 47).

3° Par le diplôme de bachelier ès lettres ou ès sciences.

4° Par un certificat d'admission à l'une des écoles spéciales de l'État. Un décret en date du 31 mars 1851 dispose que les certificats d'admission dans les écoles spéciales, qui

Art. 26. Sont incapables de tenir une école publique ou libre[1], ou d'y être employés, les individus qui ont subi une condamnation pour crime, ou pour un délit contraire à la probité ou aux mœurs ; les individus privés par jugement de tout ou partie des droits mentionnés en l'art. 42 du Code pénal[2], et ceux qui ont été

suppléent aux brevets de capacité pour l'enseignement primaire, ne peuvent être délivrés, quant à présent, que par les chefs ou directeurs des établissements ci-après désignés, savoir : l'École normale supérieure, l'École polytechnique, l'École militaire de Saint-Cyr, l'École forestière, l'École de la marine, l'École des mineurs de Saint-Étienne et d'Alais, l'École des chartes. Les certificats d'admission, signés par les chefs d'établissements, indiqueront la date de l'entrée et de la sortie de l'élève, qui devra signer également. Les signatures seront légalisées par le maire.

5° Par des lettres de prêtrise, ou par une nomination de ministre protestant, ou même de rabbin, pourvu que le prêtre, le pasteur, le rabbin, n'ait été ni interdit, ni révoqué.

Les titres indiqués par ces trois derniers numéros supposant une instruction beaucoup plus élevée que l'instruction primaire, donnent à celui qui les a obtenus le droit d'enseigner tous les objets indiqués par l'article 23.

1. Soit primaire, soit secondaire. Voy. l'article 60, p. 57.

2. L'article 42 du Code pénal est ainsi conçu :

« Les tribunaux jugeant correctionnellement pourront, dans certains cas, interdire en tout ou en partie l'exercice des droits civiques, civils et de famille suivants : 1° de vote et d'élection ; 2° d'éligibilité ; 3° d'être appelé ou nommé aux fonctions de juré ou autres fonctions publiques, ou aux emplois de l'administration, ou d'exercer ces fonctions ou emplois ; 4° du port d'armes ; 5° de vote et de suffrage dans les délibérations de famille ; 6° d'être tuteur, curateur, si ce n'est de ses enfants, et sur l'avis seulement de la famille ; 7° d'être expert ou employé comme témoin dans les actes ; 8° de témoignage en justice, autrement que pour y faire de simples déclarations. »

interdits en vertu des art. 30 et 33 de la présente loi.

Section II. — Des conditions spéciales aux instituteurs libres.

Art. 27[1]. Tout instituteur[2] qui veut ouvrir une école libre[3] doit préalablement[4] déclarer son intention au maire de la commune où il veut s'établir, lui désigner le local, et lui donner l'indication des lieux où il a résidé et des professions qu'il a exercées pendant les dix années précédentes[5].

Cette déclaration doit être, en outre, adressée par le postulant au *recteur de l'académie* *, au procureur *de la République* **, et au sous-préfet.

Elle demeurera affichée, par les soins du maire, à la porte de la mairie, pendant un mois.

* Préfet.

** Impérial.

1. Voy., pour l'exécution de cet article, le décret du 7 octobre 1850, article 1er et suivants.

2. C'est-à-dire : *Quiconque, réunissant les conditions indiquées dans l'article* 25, *veut*, etc.

3. Quoique les congrégations religieuses dont il sera question dans l'article 31, § 1, soient légalement autorisées à enseigner, il est évident que cette exigence de la loi doit s'appliquer à ceux de leurs membres qui ouvrent une école libre ou qui succèdent à la direction d'une école déjà établie.

4. Un curé, ou un vicaire en exercice, peut-il établir une école primaire libre? Il le peut évidemment, pourvu que ses supérieurs y consentent, et qu'il ait soin de se conformer aux dispositions prescrites par l'article 27. Mais alors il se trouvera justiciable du conseil départemental, selon les dispositions de l'article 30.

5. Le chef d'une école primaire ou secondaire peut-il

Art. 28. Le *recteur* *, soit d'office, soit sur la plainte du procureur de la République ou du sous-préfet, peut former opposition à l'ouverture de l'école, dans l'intérêt des mœurs publiques, dans le mois qui suit la déclaration à lui faite.

Cette opposition est jugée dans un bref délai, contradictoirement et sans recours, par le conseil *académique* ** [1].

transférer son établissement d'une commune dans une autre? Non, à moins de remplir toutes les formalités prescrites par l'article 27. La loi ne reconnaît pas qu'un établissement puisse être transféré. S'établir dans une autre commune, et même dans un autre local de la même commune, c'est en réalité y *ouvrir* une école. L'opinion de l'autorité sur ce point est conforme à la nôtre. On lit dans l'instruction ministérielle du 26 décembre 1850 : « Nul ne devra être dispensé de l'accomplissement des formalités prescrites; ni l'instituteur libre qui, déjà en fonction, veut s'établir dans un autre local et ouvrir, par conséquent, une autre école; ni l'instituteur communal qui renonce, pour une cause quelconque, à ses fonctions, et qui veut ouvrir une école libre, soit dans la même commune, soit ailleurs. Toutes les fois, en un mot, qu'il y aura ouverture d'une nouvelle école, il devra y avoir une déclaration de l'instituteur, suivie d'un sérieux examen. Il en sera de même chaque fois qu'un instituteur appartenant à une congrégation religieuse enseignante succédera à un frère du même ordre, dans la même école. L'établissement, en changeant de directeur, doit être considéré comme un établissement nouveau. »

* Préfet.

** Départemental.

1. *Contradictoirement:* le postulant devra être entendu par le conseil, ou dûment appelé. *Sans recours :* si l'opposition est accueillie, l'école ne pourra être ouverte, et le postulant ne pourra appeler de cette décision.

Cette décision d'un conseil départemental est-elle valable hors du département, et oblige-t-elle tout autre conseil dé-

Si le maire refuse d'approuver le local, il est statué à cet égard par ce conseil. A défaut d'opposition, l'école peut être ouverte à l'expiration du mois, sans autre formalité [1].

Art. 29. Quiconque aura ouvert ou dirigé [2] une école en contravention aux articles 25, 26 et 27, ou avant l'expiration du délai fixé par le dernier paragraphe de l'art. 28, sera poursuivi devant le tribunal correctionnel du lieu du délit, et condamné à une amende de 50 fr. à 500 fr.

L'école sera fermée [3].

partemental d'opposer au postulant le même refus? Nous ne le croyons pas. Chaque conseil départemental étant juge souverain en cette matière, ne peut être lié par la décision d'autrui. Les membres qui croiront, *en conscience*, que l'ouverture de l'école n'est pas dangereuse pour les mœurs publiques, devront, *en conscience*, repousser l'opposition.

1. C'est dans l'intérêt des mœurs publiques que l'opposition peut être faite par le préfet; il peut donc évidemment demander que l'ouverture de l'école libre n'ait pas lieu, si le local est tel que le voisinage puisse être nuisible à l'innocence des enfants; il le peut si le postulant fait profession publique d'irréligion, ou s'il a exercé quelque profession incompatible avec les sentiments d'honneur et de délicatesse indispensables à un instituteur. Cet article s'applique aussi aux institutrices. On conçoit qu'une femme peut, sans avoir été frappée par les tribunaux, être tout à fait indigne de tenir école.

Si le maire juge que le local n'est pas convenable, soit sous le rapport de la salubrité, soit sous tout autre, il adresse ses observations au conseil départemental, qui statue et qui peut mettre pour condition à l'ouverture de l'école le choix d'un autre local.

2. On *ouvre* ou *dirige* une école toutes les fois que l'on réunit dans le même local des enfants qui n'appartiennent pas à la même famille, pour les instruire. (Arrêt de la Cour de cassation du 1er juin 1827.)

3. Voy. la note 5, page 63.

2

En cas de récidive, le délinquant sera condamné à un emprisonnement de six jours à un mois, et à une amende de 100 fr. à 1000 fr.

La même peine de six jours à un mois d'emprisonnement et de 100 fr. à 1000 fr. d'amende sera prononcée contre celui qui, dans le cas d'opposition formée à l'ouverture de son école, l'aura néanmoins ouverte avant qu'il ait été statué sur cette opposition, ou bien au mépris de la décision du conseil *académique** qui aurait accueilli l'opposition[1].

Ne seront pas considérées comme tenant école, les personnes qui, dans un but purement charitable, et sans exercer la profession d'instituteur, enseigneront à lire et à écrire aux enfants, avec l'autorisation du délégué cantonal[2].

Néanmoins cette autorisation pourra être retirée par le conseil *académique**.

Art. 30. Tout instituteur libre[3], sur la plainte

* Départemental.

1. La loi de 1833 édictait une amende de 50 à 200 francs, et, en cas de récidive, un emprisonnement de quinze à trente jours, et une amende de 100 à 600 francs. Elle n'admettait pas de circonstances atténuantes. La loi nouvelle en admet. Voy. p. 75 et 76 l'article 80 et notre note sur cet article.

2. Cette disposition n'avait été admise dans aucune des lois précédentes.

3. Sous l'empire de la loi de 1833, l'instituteur privé n'était justiciable que du tribunal siégeant en chambre du conseil, et avait droit d'appeler devant la cour; la seule peine qui pouvait être prononcée contre lui était l'interdiction de sa profession à temps ou à toujours; les seuls motifs écrits dans la loi étaient l'immoralité et l'inconduite.

La loi du 15 mars a transporté le jugement des tribunaux

du *recteur** ou du procureur *de la République***, pourra être traduit, pour cause de faute grave dans l'exercice de ses fonctions, d'inconduite ou d'immoralité [1], devant le conseil *académique**** du département****, et être censuré, suspendu pour un temps qui ne pourra excéder six mois, ou interdit de l'exercice de sa profession dans la commune où il exerce.

Le conseil *académique**** peut même le frapper d'une interdiction absolue. Il y aura lieu à appel devant le conseil supérieur de l'instruction publique [2].

Cet appel devra être interjeté dans le délai de dix jours, à compter de la notification de la décision, et ne sera pas suspensif.

aux conseils départementaux, ajouté aux peines celles de la censure et de la suspension, et aux motifs de condamnation les fautes graves commises dans l'exercice des fonctions.

Il n'y a lieu à appel devant le conseil impérial que lorsque le jugement prononce l'interdiction absolue.

* Préfet.

** Impérial.

*** Départemental.

**** Devant le conseil départemental d'instruction publique.

1. L'application des peines disciplinaires a lieu sans préjudice des peines encourues pour crimes et délits prévus par le Code pénal.

2. Le droit d'appel appartient au préfet aussi bien qu'à l'inculpé; d'où il résulte que, si le conseil départemental ne prononce pas l'interdiction absolue, le préfet peut appeler de cette décision au conseil impérial. Cet appel n'est pas suspensif, et, par conséquent, l'inculpé reste dans l'exercice de ses fonctions jusqu'à décision contraire du conseil impérial.

De même, si c'est l'instituteur condamné qui appelle, cet appel n'étant pas suspensif, il ne pourra exercer sa profession jusqu'à la décision définitive.

SECTION III. — Des instituteurs communaux[1].

Art. 31. Les instituteurs communaux sont [nommés par le conseil municipal de chaque commune, et] choisis soit sur une liste d'admissibilité et d'avancement[2] dressée par le conseil *académique* du département[3], soit sur la présentation qui est faite par les supérieurs pour les membres des associations religieuses vouées à l'enseignement et autorisées par la loi ou reconnues comme établissements d'utilité publique[4].

1. Le décret du 9 mars 1852, article 4, attribue la nomination des instituteurs communaux aux recteurs ; cette nomination, par une conséquence de la loi du 14 juin 1854, rentre dans les attributions des préfets (article 8, p. 87).

2. Voy., relativement à la formation de ces deux listes, l'article 13 du décret du 7 octobre 1850, p. 142 et suivantes, et les notes qui s'y rapportent.

3. Le décret du 31 décembre 1853 établit une condition de plus pour la nomination des instituteurs communaux, qui doivent d'abord avoir été instituteurs suppléants, et déclare ces instituteurs suppléants aptes à diriger certaines écoles communales. Voy., relativement aux instituteurs suppléants, les quatre premiers articles de ce décret, p. 152.

4. Voici la liste de ces associations :

Frères de la doctrine chrétienne ou *de Saint-Yon*, pour toute la France. Le siége de la société est établi à Paris, rue Plumet.

Société des frères Saint-Antoine, pour toute la France. Le siége de la société est établi à Paris, rue des Fossés-Saint-Victor.

Frères de la doctrine chrétienne du diocèse de Strasbourg, pour les départements du Haut-Rhin et du Bas-Rhin, à Strasbourg.

Congrégation de l'instruction chrétienne, pour les départements composant l'ancienne Bretagne, à Ploërmel.

Frères de la doctrine chrétienne du diocèse de Nancy

Les consistoires jouissent du droit de présentation pour les instituteurs appartenant aux cultes non catholiques[1].

[Si le conseil municipal avait fait un choix non conforme à la loi, ou n'en avait fait aucun, il sera pourvu à la nomination par le conseil académique, un mois après la mise en demeure adressée au maire par le recteur.]

[L'institution[2] est donnée par le ministre de l'instruction publique.]

pour les départements de la Meurthe, de la Meuse et des Vosges, à Vezelise (Meurthe).

Congrégation de l'instruction chrétienne du diocèse de Valence, pour les départements des Hautes-Alpes, de la Drôme et de l'Isère, à Saint-Paul-Trois-Châteaux (Drôme).

Congrégation des frères de Saint-Joseph, du diocèse du Mans, pour les départements de la Sarthe et de la Mayenne, à Ruillié-sur-Loir (Sarthe).

Frères de l'instruction chrétienne du Saint-Esprit, pour les départements de Maine-et-Loire, Deux-Sèvres, Charente-Inférieure et Vendée, à Saint-Laurent (Vendée).

Congrégation des frères de Saint-Joseph, pour les communes rurales du département de la Somme, à Amiens.

Société des frères de l'instruction chrétienne du diocèse de Viviers, pour les départements de la Haute-Loire et de l'Ardèche, à Viviers.

Frères de la Croix, pour les départements de l'Oise, Eure, Seine-et-Oise, Eure-et-Loir, Seine-et-Marne, à Saint-Germain-en-Laye (Seine-et-Oise).

Frères de Marie, pour toute la France, à Bordeaux.

Petits frères de Marie, dont le siége principal est à Notre-Dame-de-l'Ermitage-sur-Saint-Chamont, commune de Saint-Martin-en-Coailleux (Loire).

1. Pour une école protestante ou israélite, le choix sera fait (décret du 9 mars 1852) soit sur la liste du conseil départemental, soit sur la présentation faite par le consistoire.

2. Il n'y a plus pour les instituteurs communaux d'institution ministérielle. La nomination définitive, faite par le préfet, suffit.

Art. 32. Il est interdit aux instituteurs communaux d'exercer aucune fonction administrative[1] sans l'autorisation du conseil *académique**.

Toute profession commerciale ou industrielle leur est absolument interdite[2].

* Départemental.

1. L'instituteur ne pourra être secrétaire de la mairie qu'avec l'autorisation du conseil départemental. (Explication donnée par la commission.)

Le conseil supérieur a décidé qu'il pourra être, avec cette autorisation, receveur et buraliste (sans cumul d'occupations commerciales) et directeur de postes. (Instruction du 29 décembre 1850.)

Ce conseil a pensé aussi qu'il n'y a pas incompatibilité entre les fonctions d'instituteur communal et celles de notaire et de greffier de la justice de paix, qui n'ont point un caractère administratif.

Nous ne pouvons partager l'avis du conseil. Il y a entre les fonctions d'instituteur communal et celles de notaire ou de greffier de justice de paix, qui exigent de continuels déplacements dans la commune et hors de la commune, une incompatibilité qui résulte de la nature même des choses; et tout instituteur communal qui deviendrait greffier d'une justice de paix (car, pour le notariat, il est inutile d'en parler) devra à notre avis, être censé avoir donné sa démission.

L'instituteur pourra-t-il être clerc paroissial? Oui, sans doute. La commission, consultée, a répondu, par l'organe de son rapporteur : « Ce n'est pas là une fonction administrative. » Il pourra aussi être chantre, et même fabricien.

Un curé ou un vicaire *en exercice* peut-il exercer les fonctions d'instituteur public? — Il y a dans l'exercice des fonctions sacerdotales, qui peuvent à chaque instant exiger la présence du curé, un obstacle à ce que ce même curé soit instituteur public. En outre, la loi place les écoles sous sa surveillance immédiate. Or, il ne peut être tout à la fois, pour la même école, et surveillé et surveillant.

2. On a demandé si ces professions seront interdites aux femmes d'instituteurs. Le rapporteur a répondu que cet

Art. 33. Le *recteur* * peut, suivant les cas, réprimander, suspendre, avec ou sans privation totale ou partielle de traitement, pour un temps qui n'excédera pas six mois, ou révoquer l'instituteur communal.

L'instituteur révoqué est incapable d'exercer la profession d'instituteur, soit public, soit libre, dans la même commune.

Le conseil *académique* ** peut[1], après l'avoir entendu ou dûment appelé, frapper l'instituteur communal d'une interdiction absolue, sauf appel devant le conseil supérieur de l'instruction publique dans le délai de dix jours, à partir de la notification de la décision. Cet appel n'est pas suspensif[2].

article ne s'applique pas à elles. « Quand la femme fait un commerce, tout le monde sait qu'elle le fait séparément de son mari ; elle n'a besoin que de l'autorisation maritale. Sans doute il ne faudrait pas que l'instituteur déguisât une situation fausse sous le nom de sa femme ; mais c'est le cas de fraude, qu'on ne doit jamais présumer, qu'on doit seulement punir quand il se présente.

* Préfet.

** Départemental.

1. La loi ne dit pas pour quelles causes l'interdiction pourra être prononcée contre les instituteurs communaux ; cette omission est regrettable. Suivant les règles d'une bonne justice, un jugement qui prononce une peine doit énoncer la nature de l'infraction qui provoque l'application de la loi, et aucune peine ne peut être prononcée contre une infraction que la loi n'a pas désignée en termes exprès.

2. La révocation n'enlève à l'instituteur que son emploi ; il pourra en obtenir un autre, si les motifs qui nécessitaient pour lui un changement de résidence ne sont pas de nature à empêcher le conseil départemental de le placer sur la liste d'admissibilité. Il pourra devenir instituteur

En cas d'urgence, le maire peut suspendre provisoirement l'instituteur communal, à charge de rendre compte, dans les deux jours, au *recteur* *[1].

Art. 34. Le conseil *académique* ** détermine les écoles publiques auxquelles, d'après le nombre des élèves, il doit être attaché un instituteur adjoint[2].

Les instituteurs adjoints peuvent n'être âgés que de dix-huit ans, et ne sont pas assujettis aux conditions de l'art. 25[3].

---

libre, excepté dans la commune où il exerçait lors de sa révocation.

Le conseil départemental peut seul lui interdire l'exercice de sa profession. Jusqu'à présent ce droit avait appartenu au tribunal de première instance, jugeant en chambre du conseil, sauf appel à la cour, et seulement pour cause d'inconduite ou d'immoralité.

Par cet article, les motifs d'interdiction ne sont pas spécifiés pour les instituteurs communaux comme ils le sont par l'article 30 pour les instituteurs libres.

* Préfet.

** Départemental.

1. La loi de 1833 accordait déjà ce droit aux maires ; ils devaient, dans les vingt-quatre heures, rendre compte au comité d'arrondissement.

2. L'instituteur adjoint est-il passible des peines édictées par l'article 33 ? Il ne saurait y avoir de doute relativement aux instituteurs adjoints attachés aux écoles communales. L'instituteur adjoint attaché à une école libre est-il également soumis aux prescriptions de l'article 30? Dans le silence de la loi, la raison décide l'affirmative ; cette affirmative peut aussi s'induire des termes de l'article 68, par analogie. Ainsi, un frère employé comme adjoint dans une école libre est, aussi bien que son chef, justiciable du conseil académique.

3. C'est-à-dire qu'on n'exige d'eux ni le brevet ni les titres qui peuvent en tenir lieu. Ainsi, dans une école com-

Ils sont nommés et révocables[1] par l'instituteur, avec l'agrément du *recteur de l'académie**.

Les instituteurs adjoints appartenant aux associations religieuses dont il est parlé dans l'article 31, sont nommés et peuvent être révoqués par les supérieurs de ces associations.

Le conseil municipal fixe le traitement des instituteurs adjoints. Ce traitement est à la charge exclusive de la commune[2].

Art. 35. Tout département est tenu de pourvoir au recrutement des instituteurs communaux[3], en entretenant des élèves-maîtres, soit dans les établissements d'instruction primaire

munale de frères, il suffit que la capacité du frère directeur soit constatée.

Quant aux instituteurs adjoints dans les écoles primaires libres, la loi ne fait mention d'eux que dans les articles 26 et 53.

* Préfet.

1. La nécessité d'obtenir l'agrément de l'autorité corrige ce qu'aurait d'exorbitant cette faculté laissée à l'instituteur, qui, en renvoyant son adjoint, pourrait le contraindre au service militaire.

2. Le conseil départemental n'accordera un instituteur adjoint qu'aux communes qui lui assureront un traitement suffisant; et, de son côté, une commune à qui le conseil départemental voudrait imposer cette charge malgré elle, sera toujours libre de s'en débarrasser, en fixant un traitement tellement minime que personne ne voudra l'accepter.

3. Il ne faut pas induire de ces paroles que les instituteurs communaux autres que les frères seront tous choisis parmi les boursiers du département; l'esprit de la loi répugne à cette interprétation; elle ne saurait être admise. Quiconque satisfera aux conditions des articles 25 et 26, pourra être placé sur la liste d'admissibilité.

désignés par le conseil *académique**, soit aussi dans l'école normale établie à cet effet par le département[1].

Les écoles normales peuvent être supprimées par le conseil général du département; elles peuvent l'être également par le ministre en conseil supérieur, sur le rapport du conseil *académique**, sauf, dans les deux cas, le droit acquis aux boursiers en jouissance de leur bourse[2].

Le programme de l'enseignement, les conditions d'entrée et de sortie, celles qui sont relatives à la nomination du personnel, et tout ce qui concerne les écoles normales, sera déterminé par un règlement délibéré en conseil supérieur[3].

CHAP. III. *Des écoles communales.*

Art. 36. Toute commune doit entretenir une ou plusieurs écoles primaires[4].

* Départemental.

1. Dans un même département, ces deux modes de recrutement peuvent être simultanément employés.

2. Si une école normale est supprimée, les boursiers qui n'auraient pas achevé leur temps d'étude le compléteront, aux frais du département, dans une autre école normale, ou même dans une école autorisée à recevoir des stagiaires. (Explications données par le ministre.)

3. Voir plus loin ce règlement, page 171.

4. Ces écoles ne doivent être fermées que pendant le temps des vacances. Le ministre, par son instruction du 24 septembre, recommande à l'autorité de veiller à ce que les écoles communales restent ouvertes l'été, quelque petit que soit le nombre des élèves qui les fréquenteront. Le produit de la rétribution qu'ils payeront, quelque mi-

Le conseil *académique** du département peut autoriser une commune à se réunir à une ou plusieurs communes voisines pour l'entretien d'une école[1].

Toute commune a la faculté d'entretenir une ou plusieurs écoles entièrement gratuites, à la condition d'y subvenir sur ses propres ressources[2].

Le conseil *académique** peut dispenser une commune d'entretenir une école publique, à condition qu'elle pourvoira à l'enseignement primaire gratuit, dans une école libre, de tous les enfants dont les familles sont hors d'état d'y subvenir[3]. Cette dispense peut toujours être retirée[4].

nime qu'il soit, entrera en déduction des charges imposées au trésor. « Considérez donc comme une faute grave la fermeture de l'école pendant l'été, et réprimez sévèrement celui qui, après cet avertissement, continuerait de commettre cette faute. Le moins que vous pourriez faire alors serait de suspendre, avec privation de traitement, celui qui, par un calcul indigne, prétendrait recevoir de l'État le prix de services qu'il ne rendrait pas, tout en consacrant à des travaux particuliers le temps qu'il déroberait à ses devoirs. »

* Le conseil départemental.

1. Ces autorisations, d'après la loi de 1833, devaient être données par le ministre de l'instruction publique, ce qui entraînait d'assez longs délais; elles le sont maintenant par le conseil départemental, qui statuera plus promptement.

2. C'est ce qui a eu lieu de tout temps dans les villes importantes : toutes les écoles communales de Paris sont gratuites.

3. Ainsi là où il existe une école libre de frères, par exemple, se soutenant par ses propres ressources, l'école communale pourra être supprimée; mais il faudra une dispense du conseil départemental, et il n'est pas probable que cette dispense soit accordée à des communes qui ont des ressources suffisantes.

4. Le décret du 31 décembre 1853, article 9, permet de

Dans les communes où les différents cultes reconnus sont professés publiquement, des écoles séparées seront établies pour les enfants appartenant à chacun de ces cultes, sauf ce qui est dit à l'art. 15[1].

La commune peut, avec l'autorisation du conseil *académique**, exiger que l'instituteur communal donne, en tout ou en partie, à son enseignement les développements dont il est parlé à l'art. 23.

Art. 37. Toute commune doit fournir à l'instituteur un local convenable[2], tant pour son habitation que pour la tenue de l'école, le mobilier de l'école, et un traitement[3].

confier dans certaines circonstances, à une institutrice, la direction d'une école communale commune aux deux sexes. Voy. page 155.

* Départemental.

1. Il suit évidemment de là que le maître de chaque école devra appartenir au même culte que ses élèves. Voy. les deux derniers paragraphes de l'article 44, pages 45 et 46.

2. Le mot *convenable* s'applique à l'habitation de l'instituteur, aussi bien qu'à la salle d'école. On peut présumer qu'il devra être fourni à l'instituteur, dans les communes rurales, un logement *convenable* à un chef de famille, et comprenant, par conséquent, les aisances et les annexes dont aucun chef de famille, à la campagne, ne peut se passer : une chambre à four, un bûcher fermé ou un hangar; une étable pour placer une vache; un fenil ou une grange; une cave pour le vin et pour les légumes, ou un cellier, si dans le pays on ne peut pas avoir de cave; une citerne ou un puits, s'il est possible; un grenier.

3. Le décret du 31 décembre 1853 crée des instituteurs suppléants qui rempliront les mêmes fonctions que les instituteurs et dont le traitement sera inférieur. Voy. p. 152 et 153.

Art. 38. A dater du 1er janvier 1851, le traitement des instituteurs communaux[1] se composera :

1° D'un traitement fixe qui ne peut être inférieur à 200 fr. ;

2° Du produit de la rétribution scolaire ;

3° D'un supplément[2] accordé à tous ceux

1. Les diverses ressources dont se compose le traitement de l'instituteur primaire seront centralisées à la caisse municipale et portées au budget de la commune, savoir : En recette, aux trois articles suivants : 1° Rétribution scolaire; 2° Centimes spéciaux; 3° Subvention pour complément du département et de l'Etat; et en dépense, à un article unique, intitulé : *Traitement de l'instituteur primaire.* Lorsque le traitement fixe et la rétribution scolaire ne devront pas dépasser le minimum de 600 francs fixé par l'article 38 de la loi organique, il sera payé à l'instituteur 50 francs par mois, ou 150 francs par trimestre.

Lorsque ce minimum sera dépassé, et qu'il n'y aura pas lieu, par conséquent, d'allouer un supplément de traitement à l'instituteur, il lui sera payé par mois ou par trimestre une somme égale : 1° au douzième ou au quart de son traitement fixe; 2° au montant de la rétribution scolaire perçue pour son compte, soit dans le mois, soit dans le trimestre précédent.

Lorsque l'instituteur percevra lui-même la rétribution scolaire, le traitement fixe seulement lui sera payé par parties égales, comme il est dit ci-dessus. Quant au complément de traitement, il lui sera payé par semestre, savoir : la première partie égale à la moitié de la subvention allouée l'année précédente, et la seconde partie suivant le résultat du décompte mentionné à l'article 29 du décret du 9 octobre 1850 (Circulaire du 24 décembre 1850).

2. Ce supplément ne sera point accordé aux instituteurs qui n'ont pas obtenu une nomination définitive.

Dans sa circulaire du 26 décembre, le ministre dit en outre que ce supplément ne doit pas être accordé à l'instituteur qui jouirait déjà, à un titre quelconque, d'un traitement d'activité sur les fonds du département ou de l'État.

dont le traitement, joint au produit de la rétribution scolaire, n'atteint pas 600 fr.[1].

1. Le décret du 31 décembre 1853, article 5, permet d'élever, dans certains cas, le minimum à 7 et à 800 francs. Voy. page 153.

La loi de 1833 n'accordait à l'instituteur, outre le traitement fixe, dont le minimum était de 200 francs, que le produit de la rétribution scolaire, qui, dans quelques communes, ne s'élevait pas même à 100 francs.

La garantie d'un minimum de 600 fr. par l'État n'est consentie que dans la confiance que le gouvernement et les autorités de tout ordre préposées à l'instruction publique veilleront à ce qu'elle ne dégénère pas en abus. (Paroles du rapporteur.)

L'abus dont il est question est la diminution du produit de la rétribution scolaire.

Dans la prévision de cet abus, le ministre de l'Instruction publique a adressé aux recteurs (24 décembre 1850) de sérieuses recommandations :

« Il est évident que, désormais, moins il y aura dans une école d'enfants payant la rétribution scolaire, plus les départements et l'État auront à fournir pour parfaire le revenu de l'instituteur; il est aussi manifeste que celui-ci étant assuré d'un revenu suffisant, quel que soit le nombre de ses élèves, sera moins excité à faire des efforts pour attirer les enfants dans son école; il est à redouter, en outre, que quelques instituteurs ne soient portés désormais à préférer une petite école de village à une école plus nombreuse qui ne leur présenterait aucun avantage supérieur, et exigerait d'eux cependant des travaux plus considérables. Ce dernier inconvénient est compensé, il est vrai, par cette considération, que le séjour des villes ne sera plus si envié, et que de bons et modestes instituteurs ne répugneront plus à se fixer pour toujours dans de petites localités où ils pourront faire le bien. Mais rien ne compensera la perte qu'éprouvera l'État si, au lieu d'attirer les enfants dans l'école, l'instituteur les repousse, et s'il s'endort dans une funeste sécurité. J'aime à croire que vous saurez inspirer à ces fonctionnaires un mobile plus puissant que l'intérêt, et que le sentiment du devoir suffira souvent pour les retenir dans la bonne voie et les exciter

Ce supplément sera calculé d'après le total de la rétribution scolaire pendant l'année précédente.

Art. 39. Une caisse de retraite[1] sera substituée, par un règlement d'administration publique[2], aux caisses d'épargne des instituteurs.

au bien; mais s'il n'en était ainsi, il vous resterait à user avec fermeté du droit que vous confère l'article 33 de la loi. Prononcez sans hésiter la révocation de ceux qui, par la faiblesse de leur enseignement, leur négligence ou leur défaut de conduite, compromettraient tout à la fois, malgré vos avertissements, l'instruction des enfants, la prospérité de l'école et le trésor public. Gardiens des intérêts divers de l'État en tout ce qui touche l'instruction publique, vous ne devez pas, non plus, souffrir que certains instituteurs restent sans élèves dans des localités où ils sont privés, par des causes quelconques, de la confiance des familles. Votre initiative dans des cas semblables devrait au besoin provoquer l'usage par les communes de la faculté établie dans le quatrième paragraphe de l'art. 36, lorsque, en vertu des faits accomplis, l'école publique ne représente plus qu'une charge inutile pour la commune, le département et l'État. Vous aurez même à veiller à ce que des instituteurs, placés dans des situations semblables, soient mis en demeure d'accepter des fonctions dans d'autres localités. »

L'État ne complétera les 600 francs qu'autant que les ressources de la commune et du département seront épuisées.

Ces 600 francs sont assurés à l'instituteur indépendamment de ce qu'il peut recevoir de la commune et de la fabrique en dehors de ses fonctions d'instituteur.

1. A la seconde délibération, le texte portait « une caisse de retraite et de *secours*; » à la troisième, le mot *secours* a été supprimé. En effet, les instituteurs communaux, assurés d'un traitement convenable, ne sont plus dans le cas d'avoir besoin de *secours*.

2. Ce règlement n'a point été fait, toutes les caisses de retraite ayant été supprimées en principe; mais, dans la loi sur les pensions civiles (juin 1853), les instituteurs sont compris. Nous donnons le texte de cette loi, p. 382 et suiv.

Art. 40. A défaut de fondations, dons ou legs, le conseil municipal délibère sur les moyens de pourvoir aux dépenses de l'enseignement primaire dans la commune.

En cas d'insuffisance des revenus ordinaires, il est pourvu à ces dépenses au moyen d'une imposition spéciale votée par le conseil municipal, ou, à défaut du vote de ce conseil, établie par un décret du pouvoir exécutif. Cette imposition, qui devra être autorisée chaque année par la loi de finances, ne pourra excéder trois centimes additionnels au principal des quatre contributions directes.

Lorsque des communes, soit par elles-mêmes, soit en se réunissant à d'autres communes, n'auront pu subvenir, de la manière qui vient d'être indiquée, aux dépenses de l'école communale, il y sera pourvu sur les ressources ordinaires du département, ou, en cas d'insuffisance, au moyen d'une imposition spéciale votée par le conseil général, ou, à défaut du vote de ce conseil, établie par un décret. Cette imposition, autorisée chaque année par la loi de finances, ne devra pas excéder deux centimes additionnels au principal des quatre contributions directes.

Si les ressources communales et départementales ne suffisent pas, le ministre de l'Instruction publique accordera une subvention sur le crédit qui sera porté annuellement pour l'enseignement primaire au budget de l'État.

Chaque année, un rapport annexé au projet de budget fera connaître l'emploi des fonds alloués pour l'année précédente.

Art. 41. La rétribution scolaire est perçue dans la même forme que les contributions publiques directes ; elle est exempte des droits de timbre et donne droit aux mêmes remises[1] que les autres recouvrements.

Néanmoins, sur l'avis conforme du conseil général, l'instituteur communal pourra être autorisé par le conseil *académique** à percevoir lui-même la rétribution scolaire[2].

* Départemental.

1. La loi de 1833 n'accordait pas ces remises. Elles sont calculées à raison de 3 pour 100 du total des rôles.

2. Le conseil général sera donc juge de l'opportunité; sur son avis, le conseil départemental autorisera l'instituteur à percevoir lui-même la rétribution.

Autoriser n'est pas contraindre. L'instituteur, autorisé à percevoir lui-même la rétribution, pourra-t-il s'y refuser et laisser ce soin au percepteur? Cela nous paraît hors de doute.

On lit dans une circulaire adressée aux préfets par le ministre de l'instruction publique (24 décembre 1850) :

« La loi permet, il est vrai, au conseil *académique* d'autoriser, sur l'avis conforme du conseil général, l'instituteur à percevoir lui-même la rétribution scolaire. Cette disposition introduite dans la loi afin de ménager la transition d'un régime à l'autre, par égard pour d'anciennes habitudes, a été cette année l'objet d'une recommandation spéciale aux conseils généraux. Ces conseils n'ont pas cru devoir user de cette faculté; quelques-uns ont formellement demandé l'exécution du premier paragraphe de l'article 41 de la loi; d'autres, en petit nombre, ont donné des avis favorables à quelques demandes d'instituteurs qui croient avoir intérêt à percevoir directement cette rétribution. Il en résulte que, cette année, la rétribution scolaire devra être perçue, à peu près partout, dans la même forme que les contributions publiques directes. Le ministre considère ce résultat comme heureux, puisque, en donnant à la participation de l'État dans les dépenses de l'enseignement primaire une base plus certaine, il tend en même temps à

CHAP. IV. *Des délégués cantonaux et des autres autorités préposées à l'enseignement primaire.*

Art. 42. Le conseil *académique** du département désigne un ou plusieurs délégués[1] rési-

relever aux yeux des populations la considération des instituteurs. »

* Départemental.

1. Délégués du conseil académique, avec lequel ils peuvent correspondre directement, c'est de ce conseil surtout qu'ils doivent recevoir l'impulsion, c'est de ses pensées qu'ils doivent surtout s'inspirer. Leur mission, qui est toute de confiance, s'étend à tout; mais elle n'est qu'une mission de surveillance, et, s'il est à désirer qu'ils multiplient les avis et les remontrances paternelles partout où besoin sera, il est à désirer aussi qu'ils ne compromettent jamais leur autorité, en s'efforçant d'introduire directement dans les écoles, soit des livres, soit des principes d'éducation et d'enseignement dont ils apprécieraient les avantages, mais qui y seraient jusqu'alors inusités. C'est par le conseil académique et par le recteur que les réformes à introduire dans l'enseignement doivent être provoquées : c'est donc au conseil académique qu'ils doivent naturellement faire part de leurs vues à ce sujet. Le danger de leur situation, qu'ils ne se le dissimulent pas, c'est l'influence des passions locales. Tous leurs efforts doivent donc tendre à s'en affranchir et à conserver, avec leur indépendance, cette haute réputation d'impartialité qui doit honorer leur mission. Il est, en outre, important qu'ils s'entendent, sous tous les rapports, avec l'inspecteur de l'arrondissement. Placés plus près que lui des écoles, plus à portée que lui de recueillir journellement les faits isolés dont l'ensemble doit servir à constituer une opinion quelconque sur les écoles et sur les instituteurs, qu'ils ne négligent pas, ainsi que le leur recommande l'article 45 du règlement du 29 juillet, de lui faire part de toutes leurs craintes, de tous leurs doutes; en un mot, qu'ils éveillent son attention sur tous les faits qui intéressent la direction de l'enseignement dans leur canton. L'inspecteur, de son côté, devra leur faire toutes les communications utiles à l'accomplissement

dant dans chaque canton, pour surveiller les écoles publiques et libres du canton, et détermine les écoles particulièrement soumises à la surveillance de chacun[1].

Les délégués sont nommés pour trois ans; ils sont rééligibles et révocables[2]. Chaque délégué correspond, tant avec le conseil *académique* * auquel il doit adresser ses rapports[3], qu'avec les autorités locales, pour tout ce qui regarde l'état et les besoins de l'enseignement primaire dans sa circonscription[4].

Il peut, lorsqu'il n'est pas membre[5] du con-

de leur mission. En se prêtant ainsi un mutuel appui, les délégués cantonaux et les inspecteurs d'arrondissement parviendront à constituer un bon système de surveillance. (Instruction du 24 décembre 1850.)

* Départemental.

1. La surveillance des délégués cantonaux dans les écoles publiques s'étendra nécessairement sur l'enseignement; dans les écoles libres, elle se restreindra dans les limites posées par l'article 21.

2. Les fonctions des délégués sont gratuites. (Paroles du rapporteur.)

3. Les délégués cantonaux peuvent faire des *communications* aux diverses autorités et aux inspecteurs d'arrondissement; ils ne doivent adresser de *rapport* qu'au conseil départemental de qui seul ils tiennent leur mandat et à qui seul ils doivent rendre compte.

Regarder les délégués cantonaux comme faisant partie d'une hiérarchie administrative, et les considérer comme placés, dans cette hiérarchie, soit au-dessus, soit au-dessous des inspecteurs d'arrondissement, serait tomber dans une erreur très-grave.

4. Voy., pour les autres attributions des délégués cantonaux, les articles 18, 4°, et 29, § 5, pages 15 et 26.

5. A plus forte raison, lorsqu'il en est membre. Ces mots ont été insérés dans le texte de la loi, parce qu'il peut arriver qu'un membre du conseil général soit à la fois délégué cantonal et membre du conseil départemental.

seil *académique**, assister à ses séances, avec voix consultative pour les affaires intéressant les écoles de sa circonscription.

Les délégués se réunissent au moins une fois tous les trois mois au chef-lieu de canton, sous la présidence de celui d'entre eux qu'ils désignent, pour convenir des avis à transmettre au conseil *académique**[1].

Art. 43. A Paris, les délégués nommés pour chaque arrondissement par le conseil *académique** se réunissent au moins une fois tous les mois, avec le maire, un adjoint, le juge de paix, un curé de l'arrondissement et un ecclésiastique, ces deux derniers désignés par l'archevêque, pour s'entendre au sujet de la surveillance locale, et pour convenir des avis à transmettre au conseil *académique**. Les ministres des cultes non catholiques reconnus, s'il y a dans l'arrondissement des écoles suivies par des enfants appartenant à ces cultes, assistent à ces réunions avec voix délibérative.

La réunion est présidée par le maire.

Art. 44. Les autorités locales préposées à la surveillance et à la direction morale de l'enseignement primaire sont[2], pour chaque école,

* Départemental.

1. Voy., relativement aux délégués cantonaux, le décret du 29 juillet 1850, articles 44, 45, 46 et 47, p. 106 et suiv.

2. Il ne faut pas croire que la loi restreigne, comme le faisait le projet primitivement présenté à l'Assemblée, la surveillance du maire et du curé à l'hygiène et à la morale. Cette surveillance s'étend à tout ce qui concerne l'école.

le maire, le curé[1], le pasteur ou le délégué du culte israélite, et, dans les communes de 2000 âmes et au-dessus, un ou plusieurs habitants de la commune, délégués par le conseil *académique**[2].

Les ministres des différents cultes sont spécialement[3] chargés de surveiller[4] l'enseignement religieux de l'école.

L'entrée de l'école leur est toujours ouverte.

Dans les communes où il existe des écoles mixtes[5], un ministre de chaque culte aura tou-

* Départemental.

1. Voy. la note 5, p. 15.

2. Relativement à la durée des fonctions de ces délégués, la circulaire ministérielle du 12 avril 1854 est ainsi conçue :

« Il m'a été demandé quelle doit être la durée des fonctions des délégués nommés par le conseil *académique* dans les communes de 2000 âmes et au-dessus, conformément aux dispositions de l'article 44 de la loi du 15 mars 1850. J'ai examiné cette question en conseil impérial de l'Instruction publique : j'ai reconnu que la durée des fonctions des délégués communaux n'étant point déterminée par la loi, il semble y avoir lieu d'appliquer, par analogie, l'article 42, § 2, qui, pour des fonctions semblables, limite la durée à trois ans; il m'a paru, d'ailleurs, que cette fixation ne peut avoir aucun inconvénient, puisque les délégués sont en même temps révocables et rééligibles. J'ai décidé, d'après ces considérations, selon l'avis du conseil impérial, que les délégués mentionnés dans l'article 44 de la loi seront nommés pour trois ans. »

3. *Spécialement*, mais non *exclusivement;* le reste de l'enseignement est aussi de leur ressort.

4. Ce mot indique suffisamment que l'instituteur doit donner lui-même, sous la surveillance de l'ecclésiastique, l'enseignement religieux.

5. *Mixtes* sous le rapport religieux.

jours l'entrée de l'école pour veiller à l'éducation religieuse des enfants de son culte.

Lorsqu'il y a pour chaque culte des écoles séparées, les enfants d'un culte ne doivent être admis dans l'école d'un autre culte que sur la volonté formellement exprimée par les parents.

Art. 45. Le maire dresse chaque année, de concert avec les ministres des différents cultes la liste des enfants qui doivent être admis gratuitement dans les écoles publiques[1]. Cette liste est approuvée par le conseil municipal, et définitivement arrêtée par le préfet[2].

Art. 46. Chaque année, le conseil *académique** nomme une commission d'examen[3] char-

* Départemental.

1. Voy., pour ce qui concerne l'exécution de cet article, le décret du 7 octobre 1850, article 10, p. 141, et le décret du 31 décembre 1853, article 13, p. 156.

2. La liste dressée par le maire, de concert avec le pasteur, n'est que préparatoire; elle n'oblige point le conseil municipal, qui peut ajouter ou supprimer des noms.

Dans une circulaire en date du 24 décembre 1850, adressée aux préfets, le ministre les engage à s'armer d'une grande fermeté à cet égard : « Les combinaisons adoptées par la loi, en chargeant l'État de combler le déficit des ressources communales, désintéressent peut-être trop un grand nombre de conseils municipaux dans la question, et peuvent les déterminer à se montrer très-faciles quant à l'admission gratuite des élèves dans les écoles. Les délégués cantonaux pourront éclairer le préfet sous ce rapport dans beaucoup de circonstances, et aider à repousser de ces listes tous les enfants des familles qui ne sont pas absolument dans l'impossibilité de subvenir à cette faible dépense. C'est devant cette impossibilité seule qu'il doit s'arrêter. »

3. Ces commissions examineront tout candidat qui se présentera, qu'il soit domicilié ou non dans le départe-

gée de juger publiquement, et à des époques déterminées par le *recteur**, l'aptitude des aspirants au brevet de capacité, quel que soit le lieu de son domicile.

Cette commission se compose de sept membres, et choisit son président.

Un inspecteur d'arrondissement pour l'instruction primaire, un ministre du culte professé par le candidat, et deux membres de l'enseignement public ou libre[1], en font nécessairement partie.

L'examen ne portera que sur les matières comprises dans la première partie de l'art. 23.

Les candidats qui voudront être examinés sur tout ou partie des autres matières spécifiées dans le même article, en feront la demande à la commission. Les brevets délivrés feront mention des matières spéciales sur lesquelles les candidats auront répondu d'une manière satisfaisante.

Art. 47. Le conseil *académique*** délivre, s'il y a lieu[2], des certificats de stage aux personnes qui justifient avoir enseigné pendant trois ans

ment, et les brevets qu'elles décerneront seront valables dans toute la France. Voy., relativement à ces commissions, le décret du 29 juillet 1850, article 50, p. 108, et le règlement spécial, p. 183.

* Préfet.

** Départemental.

1. Soit supérieur, soit secondaire, soit primaire.

2. Le mot : *S'il y a lieu,* autorise le conseil départemental ne délivrer les certificats de stage qu'aux candidats qu'il a jugés dignes de les obtenir, d'après les rapports des inspecteurs chargés d'exercer une surveillance spéciale sur les stagiaires.

au moins[1] les matières comprises dans la première partie de l'art 23, dans les écoles publiques ou libres autorisées à recevoir des stagiaires.

Les élèves-maîtres sont, pendant la durée de leur stage, spécialement surveillés par les inspecteurs de l'enseignement primaire[2].

CHAP. V. *Des écoles de filles*[3].

Art. 48. L'enseignement primaire dans les écoles de filles comprend, outre les matières de l'enseignement primaire énoncées dans l'art. 23, les travaux à l'aiguille[4].

Art. 49. Les lettres d'obédience[5] tiendront

1. *Au moins* se rapporte évidemment à *trois ans*. On peut induire de ce texte que le certificat de stage n'a de valeur dans les établissements primaires publics que pour l'enseignement élémentaire, c'est-à-dire pour celui qui se borne aux matières comprises dans la première partie de l'article 23, et que l'instituteur pourvu du certificat de stage devra, s'il veut élever plus haut son enseignement dans une école cummunale, subir un examen devant la commission.

2. Pour les instituteurs appartenant aux congrégations, les lettres d'obédience ne remplacent ni le brevet, ni le certificat de stage; la commission de l'assemblée législative l'a formellement déclaré dans son rapport : cette déclaration était même superflue.

3. Voy., sur les écoles de filles et sur les institutrices, le décret du 31 décembre 1853, titre II, p. 154.

4. Cet article n'est point un obstacle à ce que les directrices des pensionnats de jeunes personnes introduisent ou maintiennent dans leur enseignement des objets non compris dans l'article 23 : par exemple, la langue italienne, la langue anglaise, la musique instrumentale, etc.

5. On appelle *lettres d'obédience* l'autorisation ou l'ordre, donné par écrit, à un religieux ou à une religieuse,

lieu de brevet de capacité aux institutrices appartenant à des congrégations religieuses vouées à l'enseignement et reconues par l'Etat.

L'examen des institutrices[1] n'aura pas lieu publiquement.

Art. 50. Tout ce qui se rapporte à l'examen des institutrices, à la surveillance et à l'inspection des écoles de filles, sera l'objet d'un règlement délibéré en conseil supérieur[2]. Les autres dispositions de la présente loi relatives aux écoles et aux instituteurs, sont applicables aux écoles de filles et aux institutrices, à l'exception des art. 38, 39, 40 et 41[3].

Art. 51. Toute commune de huit cents âmes de population et au-dessus est tenue, si ses propres ressources lui en fournissent les moyens, d'avoir au moins une école de filles, sauf ce qui est dit à l'art. 15.

Le conseil *académique** peut, en outre, obliger les communes d'une population inférieure à entretenir, si leurs ressources ordinaires le leur permettent, une école de filles; et, en cas de réunion de plusieurs communes pour l'enseignement primaire, il pourra, selon les cir-

par son supérieur, pour exercer un emploi quelconque dépendant de la communauté.

* Départemental.

1. *Institutrices* signifie évidemment ici et dans le paragraphe suivant *aspirantes au brevet de capacité.* Depuis l'ordonnance du 23 juin 1836, l'examen des aspirantes avait lieu publiquement.

2. Ces objets sont réglés par le décret du 31 décembre 1853, art. 6, 7, 8, 9, 10, 11 et 12. Voy. p. 154.

3. Ces quatre articles sont relatifs au traitement des instituteurs communaux.

constances, décider que l'école de garçons et l'école de filles seront dans deux communes différentes[1]. Il prend l'avis du conseil municipal.

Art. 52[2]. Aucune école primaire, publique[3]

1. Ce cas ne se présentera peut-être jamais; les communes ne seront guère réunies que quand leurs ressources isolées seraient insuffisantes pour l'entretien d'une seule école. D'ailleurs, il y aurait un grave inconvénient à envoyer les filles en classe dans une autre commune que celle de la résidence de leurs parents.

2. Quelles formalités devra remplir une institutrice pour établir un externat primaire libre? — Celles qu'indique l'article 27 : « Toute institutrice, etc. »

Quelles formalités devra-t-elle remplir pour établir un pensionnat de jeunes filles? — Celles qu'indique l'article 53, ainsi interprété par analogie : « Toute institutrice née ou naturalisée Française, âgée de vingt-cinq ans, ayant au moins cinq années d'exercice comme institutrice ou maîtresse dans un pensionnat primaire, et pourvue d'un brevet de capacité, peut ouvrir un pensionnat primaire, après avoir déclaré son intention au recteur de l'académie et au maire de la commune. *Le programme*, etc. »

Par analogie avec ce qui est dit des instituteurs adjoints (article 34, § 2), aucun brevet ne devra être exigé des sous-maîtresses ou institutrices adjointes.

3. A l'occasion de cet article, un membre de l'Assemblée avait proposé une disposition additionnelle, portant que les instituteurs libres pourraient admettre dans leurs classes des enfants au-dessous de six ans, même dans les communes où il existe des salles d'asile. Il avait rappelé à ce sujet que, le conseil royal de l'Instruction publique ayant interdit, par le règlement du 10 mars 1842, aux instituteurs privés de recevoir des enfants au-dessous de six ans et au-dessus de treize, la cour suprême cassa ce règlement en ce qui concerne les enfants au-dessus de treize ans, et déclara cette disposition attentatoire à la liberté des familles et à celle des instituteurs privés; mais que pour les enfants au-dessous de six ans, cette cour n'a rien statué, ce qui laisse subsister une atteinte à la liberté des familles. Le rapporteur, au nom de la commission, a répondu que le principe

ou libre[1] ne peut, sans l'autorisation du con-

établi par l'honorable membre est légitime jusqu'à un certain point; que cependant l'admission des enfants très-jeunes dans une école peut avoir des inconvénients; qu'au reste, les règlements faits sous l'empire de la loi précédente, tombent de plein droit par la promulgation de la loi actuelle, et que, pour les détails qui n'ont pu être introduits dans la loi, il faut s'en rapporter à la sagesse et à la prudence des nouvelles autorités qu'elle institue. Voy. la note 1 de la page 56.

1. Il semble résulter de la rédaction de cet article, que, dans une commune qui ne possède pas d'école de filles, un instituteur libre peut les recevoir; mais l'esprit général de la loi s'oppose à cette interprétation. Sauf les cas d'indispensable nécessité où l'école communale recevra les deux sexes, ce mélange ne saurait être permis.

Voici comment s'explique sur ce point l'instruction du 24 décembre 1850:

« Il semblerait au premier aperçu que, dans toutes les communes où il n'existerait aucune école publique ou libre de filles, les instituteurs libres pourraient recevoir les enfants des deux sexes. Il n'en est rien cependant. Cette disposition de la loi n'est qu'une conséquence du quatrième paragraphe de l'article 36 de la loi organique, qui permet au conseil académique de dispenser une commune d'entretenir une école publique, à condition qu'elle pourvoira à l'enseignement primaire gratuit, dans une *école libre*, de tous les enfants dont les familles sont hors d'état d'y subvenir. L'article 52 ne s'applique donc qu'aux écoles libres destinées à tenir lieu d'écoles publiques. S'il en était autrement, la loi irait contre son propre esprit et admettrait une situation qui n'était pas tolérée par l'ancienne législation. Elle étendrait les inconvénients qu'elle a voulu prévenir. Aucun instituteur libre ne doit donc recevoir des enfants des deux sexes, et ne peut être autorisé à en recevoir que par le conseil académique, hors le cas prévu par l'article 36 de la loi, paragraphe 4. »

La circulaire du 10 mai 1851 modifie ainsi les explications précédentes, en ce qui touche les enfants appartenant à des cultes différents :

« Tout en observant d'une manière générale les dispo-

seil *académique**, recevoir d'enfants des deux sexes[1], s'il existe dans la commune une école publique ou libre de filles[2].

CHAP. VI. *Institutions complémentaires.*

SECTION I. — Des pensionnats primaires[3].

Art. 53. Tout Français âgé de vingt-cinq ans, ayant au moins cinq années d'exercice comme instituteur, ou comme maître dans un pensionnat primaire, et remplissant les conditions[4] énumérées en l'art. 25, peut ouvrir un pensionnat primaire, après avoir déclaré son intention au *recteur de l'académie*** et au maire de la

sitions de la circulaire du 24 décembre 1850, il me paraît que les conseils académiques peuvent, selon les circonstances, autoriser l'admission des enfants des deux sexes dans une école libre, toutes les fois que cette école est spécialement consacrée à un culte différent de celui auquel appartiennent les autres écoles libres ou publiques existant dans la commune.

* Départemental.

** Préfet.

1. Voy. le décret du 31 décembre 1853, article 9, p. 155.

2. Cette prohibition pourrait avoir de graves inconvénients. Si une institutrice libre vient s'établir dans une commune qui n'a qu'une seule école, comment cette commune fera-t-elle pour pourvoir à l'instruction des jeunes filles pauvres, qui, dès ce moment, ne pourront plus être admises à l'école communale?

L'instruction du 24 décembre 1850 reconnaît que, dans le cas où l'école libre de filles que posséderait la commune refuserait de recevoir gratuitement les filles indigentes, l'instituteur communal ne serait pas déchargé de son devoir d'instruire les filles pauvres.

3. Voy. le décret sur les pensionnats primaires, p, 158.

4. Une des conditions.

commune. Toutefois, les instituteurs communaux ne pourront ouvrir de pensionnat qu'avec l'autorisation du conseil *académique**, sur l'avis du conseil municipal.

Le programme de l'enseignement et le plan du local doivent être adressés au maire et au *recteur***.

Le conseil *académique** prescrira, dans l'intérêt de la moralité et de la santé des élèves, toutes les mesures qui seront indiquées dans un règlement délibéré par le conseil supérieur.

Les pensionnats primaires sont soumis aux prescriptions des art. 26, 27, 28, 29 et 30 de la présente loi, et à la surveillance des autorités qu'elle institue.

Ces dispositions sont applicables aux pensionnats de filles en tout ce qui n'est pas contraire aux conditions prescrites par le chap. V de la présente loi.

SECTION II. — Des écoles d'adultes et d'apprentis.

Art. 54. Il peut être créé des écoles primaires communales pour les adultes au-dessus de dix-huit ans[1], pour les apprentis au-dessus de douze ans[2].

* Départemental.

** Préfet.

1. Il est clair que l'enseignement, dans les écoles d'adultes, ne peut rouler que sur les objets de l'instruction primaire.

2. Les écoles d'apprentis sont destinées aux enfants qui, étant occupés chez leurs maîtres d'apprentissage pendant la plus grande partie de la journée, n'ont la liberté d'aller en classe qu'à de certaines heures, particulièrement le soir.

Le conseil *académique** désigne les instituteurs chargés de diriger les écoles communales d'adultes et d'apprentis[1]. Il ne peut être reçu dans ces écoles d'élèves des deux sexes.

Art. 55. Les art. 27, 28, 29 et 30 sont applicables aux instituteurs libres qui veulent ouvrir des écoles d'adultes ou d'apprentis.

Art. 56. Il sera ouvert chaque année, au budget du ministère de l'Instruction publique, un crédit pour encourager les auteurs de livres ou de méthodes utiles à l'instruction primaire, et à[2] la fondation d'institutions, telles que : les écoles du dimanche; les écoles dans les ateliers et les manufactures; les classes dans les hôpitaux[3]; les cours publics ouverts conformément à l'art. 77; les bibliothèques de livres utiles, et autres institutions dont les statuts au-

* Départemental.

1. Ce paragraphe n'interdit pas, comme on pourrait le croire, à tout instituteur non désigné par le conseil départemental, la faculté de faire une classe d'adultes ou d'apprentis. Voici les propres paroles du rapporteur : « Cette faculté étant accordée à tout le monde, et tout le monde pouvant en user en se conformant aux lois, l'instituteur pourra en profiter comme les autres. Ainsi, il n'y aura pas pour lui une bien grande difficulté, après les classes du jour, à faire une classe pour les adultes, et il pourra le faire en se conformant à la loi. » Dans cette explication, l'*instituteur* signifie l'*instituteur communal*. *En se conformant à la loi* signifie qu'il ne doit pas recevoir d'adultes des deux sexes, et qu'il doit se conformer aux prescriptions des articles 27 et 28.

2. Nous avons dû respecter scrupuleusement le texte de la loi; mais il nous semble évident qu'il y a ici une grave faute d'impression, et que le mot *à* doit être supprimé. Le législateur a voulu dire : *encourager la fondation*, etc.

3. Par *hôpitaux* il faut entendre ici les *hospices*.

ront été soumis à l'examen de l'autorité compétente.

SECTION III. — Des salles d'asile [1].

Art. 57. Les salles d'asile sont publiques ou libres [2].

1. Un décret du 16 mai 1854 place les salles d'asile de l'enfance sous la protection de l'Impératrice.

Par un autre décret du même jour, un comité central de patronage, placé sous les auspices de l'Impératrice, est institué près le ministère de l'instruction publique et des cultes, pour la propagation et la surveillance des salles d'asile en France. Ce comité donnera tous ses soins à la propagation des salles d'asile ; il veillera au maintien des bons procédés d'éducation et de premier enseignement dans ces établissements ; il proposera les mesures propres à en améliorer le régime ; il donnera son avis sur les livres ou objets qui pourront y être utilement employés ; il recueillera et distribuera des offrandes qui lui seront faites pour l'entretien des enfants pauvres admis dans les salles d'asile ; il distribuera dans le même but la subvention qui sera mise, chaque année, à sa disposition, sur les fonds de l'État, par notre ministre de l'instruction publique et des cultes ; il pourra être appelé à donner son avis sur les concessions de secours demandés à l'État pour l'établissement et l'entretien des salles d'asile, et recevra communication des rapports des inspecteurs et des déléguées générales.

Chaque année, le ministre de l'instruction publique présentera à l'Impératrice un rapport du comité central de patronage, constatant la situation et les besoins des salles d'asile en France.

Le président de la commission d'examen des asiles du département de la Seine fait partie du comité central de patronage.

Les inspectrices des salles d'asile et la directrice du cours pratique peuvent être appelées au sein du comité central pour y donner verbalement des explications et leur avis, soit sur les affaires dont l'examen leur aura été renvoyé, soit sur des questions d'intérêt général concernant les salles d'asile.

2. Cet article fait une distinction entre les salles d'asile

Un décret *du Président de la République* * rendu sur l'avis du conseil supérieur, déterminera tout ce qui se rapporte à la surveillance et à l'inspection de ces établissements, ainsi qu'aux conditions d'âge, d'aptitude, de moralité des personnes qui seront chargées de la direction et du service dans les salles d'asile publiques.

Les infractions à ce décret seront punies des peines établies par les art. 29, 30 et 33 de la présente loi.

Ce décret déterminera également le programme de l'enseignement et des exercices dans les salles d'asile publiques, et tout ce qui se rapporte au traitement des personnes qui y seront chargées de la direction ou du service[1].

Art. 58. Les personnes chargées de la direc-

publiques et les salles d'asile libres, en ce qui concerne les conditions d'âge, d'aptitude et de moralité des personnes qui y seront chargées de la direction ou du service. Il dispense ces personnes, quant aux asiles libres, de toute espèce de justification d'âge et d'aptitude : toutefois, en leur rendant applicables les dispositions des articles 29, 30 et 33, il entend les frapper des incapacités portées en l'article 26, les soumettre à la formalité de la déclaration préalable prescrite par l'article 27, donner à l'inspecteur le droit de faire opposition à l'ouverture de l'asile, et au maire celui d'approuver le local, enfin, autoriser le conseil départemental à prononcer, pour faute grave, inconduite ou immoralité, contre les personnes dont nous venons de parler, la censure, la suspension ou l'interdiction absolue. Tel est évidemment le sens des paragraphes 2 et 3 de cet article, quoique la rédaction en soit un peu confuse.

* De l'Empereur.

1. Il résulte du rapprochement de ces diverses dispositions de la loi et des explications données à la tribune par le rapporteur (*Moniteur* du 15 mars 1850), à propos d'un amendement présenté, pendant le cours de la troisième délibération, sur l'article 52, que c'est aux règlements pu-

tion des salles d'asile publiques seront nommées par le conseil municipal, sauf l'approbation du conseil *académique* *.

Art. 59. Les salles d'asile libres peuvent recevoir des secours sur les budgets des communes, des départements et de l'État.

TITRE III.

DE L'INSTRUCTION SECONDAIRE[1].

CHAP. Ier. *Des établissements particuliers*[2] *d'instruction secondaire*[3].

Art. 60[4]. Tout Français âgé de vingt-cinq ans

bliés, sur l'avis des conseils départementaux et du conseil supérieur, qu'il appartient de fixer l'âge auquel et jusques auquel les enfants seront admis dans les salles d'asile, aussi bien que dans les écoles élémentaires et dans les écoles ou classes d'adultes, publiques ou libres.

* Départemental.

1. La loi du 14 juin 1854, p. 84, enlève aux conseils départementaux toute juridiction sur les établissements secondaires publics; elle leur laisse leur juridiction sur les établissements secondaires libres, en transportant aux inspecteurs d'académie, sous l'autorité des recteurs, les attributions que la loi du 15 mai 1850 conférait aux recteurs, relativement à l'instruction des affaires contentieuses et disciplinaires qui concernent ces établissements.

2. *Particuliers* signifie ici *libres*.

3. La loi ne définit point l'enseignement secondaire. Il reste donc tel qu'il est. La loi du 11 floréal an x, appelle écoles secondaires celles dans lesquelles on enseigne les langues latine et française, les premiers principes de la géographie, de l'histoire et des mathématiques. Le décret du 17 mars 1808 dit que les lycées sont établis pour les langues anciennes, l'histoire, la rhétorique, la logique, et les éléments des sciences mathématiques et physiques.

4. Cet article a supprimé la différence qui existait entre les

au moins, et n'ayant encouru aucune des incapacités comprises dans l'art. 26 de la présente loi, peut former un établissement d'instruction secondaire[1], sous la condition de faire au *recteur de l'académie** où il se propose de s'établir les déclarations prescrites par l'art. 27, et, en outre, de déposer entre ses mains les pièces suivantes, dont il lui sera donné récépissé[2].

1° Un certificat de stage constatant qu'il a rempli, pendant cinq ans, au moins, les fonctions de professeur ou de surveillant dans un établissement d'instruction secondaire public ou libre[3];

2° Soit le diplôme de bachelier, soit un brevet de capacité délivré par un jury

chefs d'institution et les maîtres de pension ; il a supprimé l'obligation où étaient ceux-ci de ne pouvoir élever leurs études au-dessus de la quatrième, et ceux-là au-dessus de la seconde ; ainsi que l'obligation qui était imposée aux uns et aux autres d'envoyer leurs élèves aux classes des lycées ou colléges établis dans la commune.

* A l'inspecteur d'académie siégeant dans le département, pour que cette déclaration soit par lui transmise au recteur.

1. Une école secondaire libre peut-elle prendre le titre de *collége libre?* La loi, en employant toujours ces deux mots réunis, *colléges communaux*, reconnaît implicitement qu'il peut y avoir d'autres colléges. Mais, avant de prendre ce titre, les établissements libres doivent attendre qu'un règlement, émané de l'autorité compétente, les y autorise.

2. On voit qu'aucune condition de capacité ou autre n'est imposée aux personnes que le chef de l'établissement chargera de le seconder dans l'enseignement et dans la surveillance.

3 Si le postulant a déjà dirigé un collége, il est clair qu'un certificat délivré par les autorités universitaires, et constatant ces cinq années de direction, doit équivaloir à un certificat de stage.

d'examen dans la forme déterminée par l'article 62[1];

3° Le plan du local et l'indication de l'objet de l'enseignement.

*Le recteur** à qui le dépôt des pièces aura été fait en donnera avis au préfet du département et au procureur *de la République*** de l'arrondissement dans lequel l'établissement devra être fondé.

Le ministre, sur la proposition des conseils *académiques****, et l'avis conforme du conseil supérieur, peut accorder des dispenses de stage[2].

Art. 61. Les certificats de stage sont délivrés par le conseil *académique***** sur l'attestation des chefs des établissements où le stage aura été accompli[3].

* L'inspecteur d'académie.

** Impérial.

*** Départementaux.

**** Départemental.

1. Ainsi, pour diriger une institution secondaire, il suffira du grade de bachelier soit ès lettres, soit ès sciences; ceux même qui, pour un motif quelconque, reculeraient devant cet examen, pourront y suppléer par l'obtention d'un *brevet spécial*.

Cette dispense d'un grade aussi facile à acquérir que le baccalauréat semble avoir été introduite dans la loi en faveur des ecclésiastiques à qui il répugnerait de se présenter devant une Faculté universitaire.

2. « Les demandes en dispense de stage doivent être accompagnées de tous les documents exigés par l'article 5 du décret du 20 décembre 1850, c'est-à-dire de la demande du postulant et des pièces qu'il a produites devant le conseil départemental. Les délibérations du conseil départemental portant propositions de dispense de stage doivent être motivées. » (Circulaire ministérielle du 14 mai.)

3. Voy., relativement à ces certificats de stage, le décret du 20 décembre 1850, page 238.

Toute attestation fausse sera punie des peines portées en l'art. 160 du Code pénal[1].

Art. 62. Tous les ans, le ministre nomme, sur la présentation du conseil *académique**, un jury chargé d'examiner les aspirants[2] au brevet de capacité. Ce jury est composé de sept membres, y compris *le recteur*** qui le préside[3].

Un ministre du culte professé par le candidat et pris dans le conseil *académique**, s'il n'y

* Départemental.

** L'inspecteur d'académie.

1. La peine portée par l'article 160 du Code pénal est un emprisonnement de deux à cinq ans : si celui qui a fait le certificat faux y a été mû par dons ou promesses, il sera puni du bannissement; les corrupteurs (c'est-à-dire les auteurs des dons ou promesses) seront punis de la même peine. Toutefois, s'il existe des circonstances atténuantes, les peines prononcées par cet article pourront, en vertu de l'article 80 de la présente loi combiné avec l'article 463 du Code pénal, être réduites de la manière suivante : l'emprisonnement prononcé par le premier paragraphe de l'article 160 pourra être réduit même au-dessous de six jours, ou remplacé par une amende même inférieure à 16 francs, sans cependant que la peine prononcée puisse être au-dessous des peines de simple police, c'est-à-dire d'un jour d'emprisonnement ou d'un franc d'amende; et le bannissement appliqué par le paragraghe 2 de l'article 160, pourra être remplacé par un emprisonnement d'un an au moins et de cinq ans au plus.

2. Les aspirants n'auront à produire d'autres pièces qu'un acte de naissance et un certificat d'individualité, délivré, sur l'attestation de deux témoins domiciliés dans la commune où ils résident, par le maire, le juge de paix ou le commissaire de police (Circulaire du 31 août 1850).

3. Voy., relativement à ces jurys d'examen le décret du 29 juillet 1850, articles 51 et 52, page 109.

en a déjà un dans le jury, sera appelé avec voix délibérative.

Le ministre, sur l'avis du conseil supérieur de l'instruction publique, instituera des jurys spéciaux pour l'enseignement professionnel[1].

Les programmes d'examen seront arrêtés par le conseil supérieur[2].

Nul ne pourra être admis à subir l'examen de capacité avant l'âge de vingt-cinq ans.

Art. 63. Aucun certificat d'études ne sera exigé des aspirants au diplôme de bachelier ou au brevet de capacité[3].

Le candidat peut choisir[4] la Faculté ou le

1. Par exemple, l'enseignement des arts qui ont pour objet la métallurgie; l'enseignement des arts industriels qui ont pour objet la confection des tissus; l'enseignement agricole, en concurrence avec celui des écoles publiques ressortissant au ministère de l'agriculture et du commerce, etc.

Pour préparer l'organisation de cet enseignement dans les établissements de l'Etat, le ministre de l'instruction publique a institué, par arrêt du 4 juin 1850, une commission de douze membres sous la présidence de M. Thénard.

2. Le conseil supérieur, dans sa session d'août, n'ayant point arrêté ces programmes, le ministre a décidé que provisoirement les programmes du baccalauréat en tiendraient lieu (Circulaire du 31 août 1850).

3. Voir le règlement relatif aux deux baccalauréats ès lettres et ès sciences, pages 303 et 307. Voir aussi le décret du 29 juillet 1850, articles 53 et 54, page 110.

4. Jusqu'ici on avait obligé les candidats de se présenter devant la Faculté du chef-lieu de l'académie dans le ressort de laquelle ils avaient achevé leurs études, ou de solliciter une dispense, qui n'était pas toujours accordée.

jury académique[1] devant lequel il subira son examen.

Un candidat refusé ne peut se présenter avant trois mois à un nouvel examen, sous peine de nullité du diplôme indûment obtenu[2].

Art. 64. Pendant le mois qui suit le dépôt des pièces requises par l'art. 60, *le recteur**, le préfet et le *procureur de la République*** peuvent se pourvoir devant le conseil *académique****, et s'opposer à l'ouverture de l'établissement, dans l'intérêt des mœurs publiques ou de la santé des élèves[3].

— Après ce délai, s'il n'est intervenu aucune opposition, l'établissement peut être immédiatement ouvert.

En cas d'opposition, le conseil *académique**** prononce, la partie entendue ou dûment ap-

* L'inspecteur d'académie.

** Procureur impérial.

*** Départemental.

1. Il est bien entendu que ce jury académique ne peut être choisi que par les candidats qui veulent être reconnus aptes à diriger un établissement d'enseignement secondaire, et non par les aspirants au baccalauréat.

2. Le candidat refusé par une Faculté pourra-t-il se présenter devant une autre, sans qu'il soit besoin d'une autorisation *ad hoc*, pourvu qu'entre les deux examens il y ait trois mois d'intervalle? Cela semble évident.

« La Faculté pourra, après trois mois écoulés, l'admettre à un nouvel examen pendant l'intervalle de ses sessions, s'il en fait la demande. » (Circulaire du 17 décembre 1850.)

3. L'exécution de l'article 64 et des suivants est réglementée par le décret du 20 décembre 1850. Voy. page 236.

pelée, sauf appel[1] devant le conseil supérieur de l'instruction publique[2].

Art. 65. Est incapable de tenir un établissement public ou libre d'instruction secondaire, ou d'y être employé[3], quiconque est atteint de l'une des incapacités déterminées par l'art. 26 de la présente loi, ou qui, ayant appartenu à l'enseignement public, a été révoqué avec interdiction conformément à l'art. 14[4].

Art. 66. Quiconque, sans avoir satisfait aux conditions prescrites par la loi, aura ouvert un établissement d'instruction secondaire, sera poursuivi devant le tribunal correctionnel du lieu du délit, et condamné à une amende de 100 fr. à 1000 fr. L'établissement sera fermé[5].

1. On a vu (art. 28, § 2) que, relativement à l'ouverture des écoles primaires libres, le conseil départemental est juge sans appel; relativement aux écoles secondaires, sa décision peut être infirmée. Le postulant peut appeler au conseil supérieur : le préfet, l'inspecteur d'académie et le procureur impérial le peuvent-ils aussi? telle paraît être la pensée du législateur.

Le postulant refusé par une décision du conseil départemental confirmée par le conseil impérial, peut-il être admis par un autre conseil départemental?... Nous ne le croyons pas; la décision du conseil impérial, rendue dans *l'intérêt des mœurs publiques,* doit être valable dans toute la France.

2 Voy. sur la procédure du conseil impérial en matière contentieuse le décret du 29 juillet 1850, articles 8, 9 et 12, page 91 et 92.

3. Relativement aux personnes employées dans les établissements secondaires libres, voy. le décret du 20 décembre 1850, article 6, page 238.

4. Voy. relativement à l'interdiction les articles 30, 33 et 68, et le paragraphe 7 de l'article 5.

5. « Si l'énoncé du jugement ne prescrit point la fermeture de l'établissement, cette fermeture doit nécessaire-

En cas de récidive, ou si l'établissement a été ouvert avant qu'il ait été statué sur l'opposition, ou contrairement à la décision du conseil *académique* * qui l'aurait accueillie, le délinquant sera condamné à un emprisonnement de quinze jours à un mois et à une amende de 1000 à 3000 francs [1].

Les ministres des différents cultes reconnus[2] peuvent donner l'instruction secondaire à quatre

ment avoir lieu par mesure administrative, quelque indulgent que le tribunal se soit montré dans l'application de la peine. La loi, à cet égard, est impérative. » Circulaire du 24 février 1851.)

* Départemental.

1. Dans le cas où le tribunal reconnaît qu'il existe des circonstances atténuantes, les peines prononcées par cet article pourraient être réduites de la manière indiquée par notre note sur l'article 80.

2. Les ordonnances précédemment en vigueur accordaient aux ecclésiastiques l'autorisation d'instruire trois élèves se destinant aux ordres sacrés.

La loi nouvelle étend ce nombre à quatre.

Ces quatre élèves peuvent être en pension chez l'ecclésiastique. Leur réunion ne formera point ce qu'on appelle une école et ne sera soumise à aucune surveillance.

Il est impossible de s'assurer si ces enfants se destinent ou non aux écoles ecclésiastiques : la vocation à cet âge n'est jamais inébranlable ; d'ailleurs les intentions de la famille et celles des enfants peuvent changer dans la suite; et, pour être admis par l'ecclésiastique, ils diront ce qu'on voudra qu'ils disent.

Ce paragraphe accorde donc en réalité à tout ecclésiastique le droit d'avoir chez lui quatre élèves pour l'enseignement secondaire, sans préjudice du droit qu'il a de tenir une école primaire libre, en se conformant aux prescriptions de la loi.

Les ministres des cultes qui auraient été ou interdits ou révoqués ne peuvent profiter de la faculté accordée par ce paragraphe (décret du 20 décembre 1850, article 5, p. 238).

jeunes gens, au plus, destinés aux écoles ecclésiastiques, sans être soumis aux prescriptions de la présente loi, à la condition d'en faire la déclaration *au recteur* *.

Le conseil *académique* ** veille à ce que ce nombre ne soit pas dépassé [1].

Art. 67. En cas de désordre grave [2] dans le régime intérieur d'un établissement libre d'instruction secondaire, le chef d'établissement peut être appelé devant le conseil *académique*** et soumis à la réprimande avec ou sans publicité.

La réprimande ne donne lieu à aucun recours.

Art. 68. Tout chef d'établissement libre d'instruction secondaire, toute personne [3] attachée à l'enseignement ou à la surveillance d'une maison d'éducation [4], peut, sur la plainte du ministère public ou *du recteur****, être traduit, pour

* A l'inspecteur d'académie siégeant dans le département.

** Départemental.

*** De l'inspecteur d'académie agissant par ordre du recteur.

1. Si ce nombre est dépassé, la réunion des enfants sera considérée comme une école secondaire tenue en dehors des conditions prescrites par la loi.

2. *Désordre grave.* Ce mot ne doit pas être entendu des fautes graves commises par les élèves, si le chef a fait ce qu'il devait pour les prévenir et pour les réprimer : il s'agit de désordre grave provenant de la négligence ou de l'incapacité du chef ou de ses subordonnés.

3. Les professeurs et surveillants d'un établissement secondaire libre peuvent-ils être réprimandés par le conseil ? Non : pour des fautes qui n'entraînent que la réprimande, ils ne sont justiciables que de leur chef; et c'est lui qui sera réprimandé, s'il a autorisé leur négligence par la sienne.

4. Libre.

cause d'inconduite ou d'immoralité, devant le conseil *académique* *, et être interdit de sa profession, à temps ou à toujours, sans préjudice des peines encourues pour crimes ou délits prévus par le Code pénal[1].

Appel de la décision rendue peut toujours avoir lieu dans les quinze jours de la notification devant le conseil supérieur[2].

L'appel ne sera pas suspensif[3].

Art. 69. Les établissements libres[4] peuvent

* Départemental.

1. Ainsi, les membres de l'enseignement secondaire libre ne sont pas soumis, comme les membres de l'enseignement primaire, à une suspension de six mois au plus, mais à une interdiction temporaire dont la durée n'est pas limitée; la réprimande, qui remplace pour eux la censure, ne pourra leur être infligée que pour *désordre grave* dans le régime de leur établissement; l'interdiction ne pourra être prononcée contre eux que pour *immoralité* ou *inconduite*, et non pour faute grave commise dans l'exercice de leur profession. Ils ont quinze jours pour se pourvoir; les instituteurs primaires n'ont que dix jours.

2. Voy. sur la procédure du conseil impérial en matière disciplinaire le décret du 29 juillet 1850, articles 8, 9 et 12, pages 91, 92 et 93.

Et sur l'exécution de l'article 68 et de l'article 66, le décret du 20 décembre 1850, article 4, page 237.

3. Il est bien entendu que sur cet article, comme sur l'article 30, le droit d'appel est réciproque (Explications données par le ministre).

4. Dans son instruction du 12 janvier 1851, le ministre de l'instruction publique manifeste le désir que les départements et les communes, en accordant aux établissements libres de tels avantages, y mettent pour condition que ces établissements se soumettent à l'inspection comme les établissements publics.

Il rappelle que les départements et les communes ne peuvent traiter avec une association, que si elle est re-

obtenir des communes, des départements ou de l'État, un local[1] et une subvention, sans que cette subvention puisse excéder le dixième des dépenses annuelles de l'établissement[2].

Les conseils *académiques** sont appelés à donner leur avis préalable sur l'opportunité de ces subventions[3].

Sur la demande des communes, les bâtiments[4] compris dans l'attribution générale faite à l'Université par le décret du 10 décembre 1808,

connue par la loi, et que dans tous les cas le chef de l'établissement doit intervenir personnellement dans le traité.

* Départementaux.

1. Il ne s'agit dans ce paragraphe que d'un local appartenant incontestablement, en toute propriété et en toute jouissance, à la commune ou au département, ou loué à leurs frais et non des bâtiments dont il est question dans le troisième paragraphe de cet article.

2. Ceci est une grave innovation. Jusqu'à ce jour toute subvention de ce genre donnait à une maison d'enseignement le caractère d'établissement public. Cependant quelques villes fournissaient à un maître de pension le local et le traitement d'un sous-maître. C'était là la seule exception à la règle générale. L'État et les départements n'accordaient aucune subvention de cette nature.

La loi décide que cette subvention ne pourra excéder le dixième des dépenses. Il est clair que les frais de la pension des élèves internes ne sont pas compris sous le mot *dépenses*. Autrement la subvention pourrait s'élever à des sommes excessives, et les intentions du législateur seraient outrepassées.

3. Voy. la note 1, page 4.

4. A qui appartiennent ces bâtiments? à l'Université, selon le conseil d'État (avis du 22 août 1843); aux communes, selon la cour de cassation (arrêté du 6 mai 1844), mais avec l'obligation d'en laisser à l'Université la jouissance.

pourront être affectés à ces établissements[1] par décret du pouvoir exécutif[2].

Art. 70[3]. Les écoles secondaires ecclésiastiques actuellement existantes sont maintenues,

1. Ainsi, la jouissance d'un local appartenant à l'Université, pourra être concédée à une école libre, dirigée soit par des laïques, soit par des ecclésiastiques.

Il est évident que cette jouissance ne peut être affectée à ces établissements que par un décret du pouvoir exécutif, à qui seul il appartient d'accéder à la demande de la commune ou de la rejeter.

2. Lorsqu'il s'agira d'affecter les bâtiments d'un collége communal à un établissement libre, ou de lui accorder une subvention municipale, les pièces suivantes sont indispensables :

1° Délibération du conseil municipal;

2° Convention passée entre la commune et le fondateur du futur établissement;

3° Pièces constatant la capacité légale du directeur;

4° Budget présumé de l'établissement projeté;

5° Avis du préfet;

6° Délibération motivée du conseil départemental;

7° Pièces constatant l'origine et la propriété des bâtiments;

8° Rapport motivé du recteur (Circulaire ministérielle du 14 mai 1851).

3. Par cet article, les petits séminaires sont dispensés de toutes les règles établies par la présente loi, et notamment de la juridiction des conseils académiques. Ils resteront organisés et dirigés comme ils le sont aujourd'hui, et le personnel continuera d'être à la nomination des évêques, sans qu'aucun grade soit exigé ni du directeur ni des professeurs.

Il a été déclaré dans la discussion que les écoles ecclésiastiques sont affranchies des conditions qui leur étaient imposées par les ordonnances de 1828 : le nombre de leurs élèves était limité; elles ne pouvaient pas recevoir d'externes; le directeur, nommé par l'évêque, devait être agréé par le gouvernement; leurs élèves devaient porter l'habit ecclésiastique. Ces quatre conditions sont supprimées. La dernière, du reste, n'a jamais été observée.

sous la seule condition de rester soumises à la surveillance de l'État[1].

Il ne pourra en être établi de nouvelles sans l'autorisation du gouvernement[2].

CHAP. II. *Des établissements publics d'instruction secondaire*[3].

Art. 71. Les établissements publics d'instruction secondaire sont les lycées et les colléges communaux.

Il peut y être annexé des pensionnats[4].

Art. 72. Les lycées sont fondés et entretenus par l'État, avec le concours des départements et des villes[5].

1. Les associations religieuses, reconnues ou non reconnues par la loi, auront le droit d'enseigner. C'est ce qui ressort de toute la discussion, et particulièrement du rejet d'un amendement par lequel on voulait exclure ces associations. Les jésuites ont été désignés nominativement comme pouvant jouir de ce droit aussi bien que tout autre citoyen français.

« Les évêques pourront leur confier leurs petits séminaires. » (*La Vérité sur la loi de l'enseignement.*)

2. « Un évêque pourra fonder un *collége ecclésiastique* et placer exclusivement dans son petit séminaire les enfants dont la vocation paraîtra décidée. » (*La Vérité sur la loi de l'enseignement.*)

3. Ces établissements sont soumis directement à l'autorité du recteur, et ne relèvent ni des préfets, ni des conseils départementaux, depuis la mise à exécution de la loi du 16 juin 1854.

4. Ce paragraphe est remarquable. Jusqu'ici les lycées et colléges sans pensionnaires formaient une exception extrêmement rare. Il semble maintenant que le pensionnat ne doive plus être pour les colléges et lycées qu'une annexe accidentelle.

5. Jusqu'ici les départements et les communes n'ont

Les colléges communaux sont fondés et entretenus par les communes.

Ils peuvent être subventionnés par l'État[1].

Art. 73. Toute ville dont le collége communal sera, sur la demande du conseil municipal, érigé en lycée, devra faire les dépenses de construction et d'appropriation requises à cet effet, fournir le mobilier et les collections nécessaires à l'enseignement, assurer l'entretien et la réparation des bâtiments.

Les villes qui voudront établir un pensionnat près du lycée devront fournir le local et le mobilier nécessaires, et fonder pour dix ans, avec ou sans le concours du département, un nombre de bourses fixé de gré à gré avec le ministre. A l'expiration de dix ans, les villes et départements seront libres de supprimer les bourses, sauf le droit acquis aux boursiers en jouissance de leur bourse[2].

Dans le cas où l'État voudrait conserver le pensionnat, le local et le mobilier resteront à sa disposition, et ne feront retour à la commune que lors de la suppression de cet établissement[3].

guère concouru aux dépenses des lycées qu'en entretenant des boursiers; mais le pensionnat n'étant plus considéré comme partie intégrante du lycée, en quoi consistera le concours des départements et des villes? C'est ce qu'une loi ou un décret réglera plus tard.

1. Pourquoi les départements ne pourraient-ils pas subventionner un collége? Il leur est bien permis de subventionner une école libre!

2. Le boursier placé dans un pensionnat supprimé achèvera ses études dans un pensionnat annexé à un autre lycée.

3. L'article 73 ne parle pas des lycées déjà existants, ni

Art. 74. Pour établir un collége communal, toute ville doit satisfaire aux conditions suivantes : fournir un local approprié à cet usage, et en assurer l'entretien ; placer et entretenir dans ce local le mobilier nécessaire à la tenue des cours, et à celle du pensionnat, si l'établissement doit recevoir des élèves internes ; garantir pour cinq ans au moins le traitement fixe du principal et des professeurs[1], lequel sera considéré comme dépense obligatoire pour la commune, en cas d'insuffisance des revenus propres du collége, de la rétribution collégiale payée par les externes, et des produits du pensionnat[2].

des bourses qui y ont été fondées. S'y applique-t-il par analogie, en comptant les dix ans depuis la date de la promulgation de la loi? C'est ce qui nous paraît fort douteux.

1. Cette expression de *professeur* est remarquable. Puisqu'elle est employée dans la loi organique, elle devient l'appellation légale des hommes honorables qui enseignent dans les colléges communaux, et à qui, par une exception discourtoise, l'administration refuse ce titre, que personne ne conteste aux maîtres qui enseignent dans les autres établissements de l'État et dans les écoles ecclésiastiques. Dès ce moment le titre de *régent* doit disparaître de tous les actes officiels, comme il a depuis longtemps disparu du langage usuel.

2. Il a été entendu que le principal pourra continuer d'administrer le pensionnat à son compte, auquel cas les bénéfices présumés de cette gestion pourront être considérés comme son traitement ; et que les bureaux d'administration sont maintenus.

« Le budget de chaque collége communal doit être préparé par le bureau d'administration, discuté et voté par le conseil municipal dans la session ordinaire du mois de mai, puis examiné par le conseil académique. Cette dernière assemblée, sans pouvoir modifier les décisions municipales, a

Dans le délai de deux ans, les villes qui ont fondé des colléges communaux en dehors de ces conditions devront y avoir satisfait[1].

Art. 75. L'objet et l'étendue de l'enseignement dans chaque collége communal seront déterminés, eu égard aux besoins de la localité, par le ministre de l'instruction publique, en conseil supérieur, sur la proposition du conseil municipal et l'avis du conseil académique[2].

Art. 76.[3] [Le ministre prononce disciplinairement[4] contre les membres de l'instruction

cependant le droit de faire des observations sur l'ensemble ou les détails du budget. Afin que ces observations ne restent pas infructueuses, il convient que le recteur, avant de transmettre les pièces au ministre, s'efforce d'obtenir des autorités locales les réformes ou les améliorations que le bureau d'administration ou le conseil académique auraient indiquées, ou celles qu'il croirait utiles au bien du service. Ces budgets doivent être dressés conformément à la garantie quinquennale qui a été donnée. » (Circulaire du 13 avril 1854.)

1. Ainsi, le principal et les professeurs, dans tous les colléges communaux, seront assurés que pendant cinq ans leur traitement ne subira pas de diminution ; leur sort ne dépendra plus des variations de volonté du conseil municipal.

2. On voit que la loi ne divise pas les colléges communaux en deux classes, de plein exercice et de demi-exercice, comme ils avaient été divisés par le décret de 1811.

3. Cet article est remplacé par l'article 3 du décret du 9 mars 1852. Voy. p. 79 et 80.

4. Le décret organique de 1808 édictait contre les membres de l'Université un grand nombre de peines ; la plus grave était la *radiation du tableau*, qui entraînait la privation des droits civiques. Par la nouvelle loi cette peine odieuse se trouve abrogée. Du reste, l'application, dans l'Université, en a été excessivement rare. Nous ne savons pas si on en trouverait deux exemples.

secondaire publique, suivant la gravité des cas :]

1° [La réprimande devant le conseil académique ;]

2° [La censure devant le conseil supérieur ;]

3° [La mutation pour un emploi inférieur ;]

4° [La suspension des fonctions, pour une année au plus, avec ou sans privation totale ou partielle du traitement ;]

5° [Le retrait d'emploi, après avoir pris l'avis du conseil supérieur ou de la section permanente[1].]

[Le ministre peut prononcer les mêmes peines, à l'exception de la mutation pour un emploi inférieur, contre les professeurs de l'enseignement supérieur.]

[Le retrait d'emploi ne peut être prononcé contre eux que sur l'avis conforme du conseil supérieur.]

1. Il est regrettable, nous le répétons, que la loi ne spécifie point les cas dans lesquels les membres de l'enseignement public pourront être frappés des peines disciplinaires. Voy. ce que nous disons à ce sujet dans la note 1 de la page 31.

Voici quels étaient, d'après les décrets impériaux, avant 1815, les motifs pour lesquels les mesures disciplinaires pouvaient être appliquées à un membre de l'Université (c'est-à-dire à un membre de l'enseignement secondaire ou de l'enseignement supérieur) : s'être écarté des bases d'enseignement prescrites par les lois et règlements ; avoir manqué à la subordination établie par les statuts et règlements, et au respect dû aux supérieurs ; être repris pour des faits portant le scandale dans l'établissement ou blessant la délicatesse et l'honnêteté (articles 64, 66, 67, 68, du décret du 15 novembre 1811). Ces peines pouvaient aussi être infligées par suite de plaintes et réclamations contre les membres relativement à l'exercice de leurs fonctions, et

[La révocation aura lieu dans les formes prévues par l'art. 14.]

TITRE IV.

DISPOSITIONS GÉNÉRALES.

Art. 77. Les dispositions de la présente loi concernant les écoles primaires ou secondaires sont applicables aux cours publics sur les matières de l'enseignement primaire ou secondaire. Les conseils académiques[1] peuvent, selon les degrés de l'enseignement, dispenser ces cours de l'application des dispositions qui précèdent, et spécialement de l'application du dernier paragraphe de l'art. 54[2].

Art. 78. Les étrangers peuvent être autorisés à ouvrir ou diriger des établissements d'instruction primaire ou secondaire, aux conditions déterminées par un règlement délibéré en conseil supérieur[3].

Art. 79. Les instituteurs adjoints des écoles publiques[4], les jeunes gens qui se préparent à

pour cause d'injures, diffamations et scandale entre les membres (article 41 du même décret).

1. Ou départementaux.

2. Quelquefois, sans ouvrir une école, on peut faire un cours public sur quelqu'un des objets de l'enseignement, et admettre à ce cours des personnes de différents âges. Pour ouvrir ces cours, il faudra se soumettre aux prescriptions de la présente loi, sur tous les points, à moins d'une dispense du conseil académique ou départemental, qui pourra même, pour certains cours, autoriser la présence simultanée d'auditeurs des deux sexes. Voy. le décret du 31 décembre 1853, article 9, p. 155.

3. Voy. ce règlement, p. 132.

4. « Pour qu'un instituteur adjoint soit admis à con-

l'enseignement primaire public dans les écoles désignées à cet effet, les membres ou novices des associations religieuses vouées à l'enseignement et autorisées par la loi ou reconnues comme établissements d'utilité publique, les élèves de l'École normale supérieure, les maîtres d'étude, régents et professeurs des colléges et lycées, sont dispensés du service militaire, s'ils ont, avant l'époque fixée pour le tirage, contracté devant le recteur l'engagement de se vouer, pendant dix ans, à l'enseignement public, et s'ils réalisent cet engagement[1].

Art. 80. L'art 463 du Code pénal pourra être appliqué aux délits prévus par la présente loi[2].

tracter l'engagement décennal, il faut qu'il touche un traitement, soit de la commune, soit par toute autre voie certainement connue. » (Circulaire du 18 novembre 1850.)

1. Les instituteurs ne sont pas compris dans cette énumération, parce qu'on ne peut être nommé instituteur communal ou instituteur suppléant qu'après avoir passé l'âge fixé pour le recrutement.

Un jeune homme qui se destine à l'enseignement primaire public, et qui ne sera pas élève-maître, soit dans les écoles normales, soit dans les écoles de stage, devra nécessairement, pour être dispensé du service militaire, obtenir une place d'instituteur adjoint dans une école communale.

2. L'article 463 du Code pénal, qui admet les circonstances atténuantes, se termine ainsi :

« Dans tous les cas où la peine de l'emprisonnement et celle de l'amende sont prononcées par le Code pénal, si les circonstances paraissent atténuantes, les tribunaux correctionnels sont autorisés, même en cas de récidive, à réduire l'emprisonnement même au-dessous de six jours, et l'a-

Art. 81. Un règlement d'administration publique déterminera les dispositions de la présente loi qui seront applicables à l'Algérie.

Art. 82. Sont abrogées toutes les dispositions des lois, décrets ou ordonnances contraires à la présente loi.

DISPOSITIONS TRANSITOIRES.

Art. 83. Les chefs ou directeurs d'établissements d'instruction secondaire ou primaire libres, maintenant en exercice, continueront d'exercer leur profession sans être soumis aux prescriptions des art. 53 et 60.

Ceux qui en ont interrompu l'exercice pourront le reprendre sans être soumis à la condition du stage.

Le temps passé par les professeurs et les surveillants dans ces établissements leur sera compté pour l'accomplissement du stage prescrit par ledit article.

Art. 84. La présente loi ne sera exécutoire qu'à dater du 1er septembre 1850.

Les autorités actuelles continueront d'exercer leurs fonctions jusqu'à cette époque.

Néanmoins, le conseil supérieur pourra être

mende même au-dessous de seize francs; ils pourront aussi prononcer séparément l'une ou l'autre de ces peines, et même substituer l'amende à l'emprisonnement, sans qu'en aucun cas elle puisse être au-dessous des peines de simple police.

Cet adoucissement pourra être appliqué aux peines prononcées par les articles 22, 29 et 66.

Voy., en outre, la note 1 de la page 60.

constitué et il pourra être convoqué par le ministre avant le 1er septembre 1850; et, dans ce cas, les art. 1, 2, 3, 4, l'art. 5 à l'exception de l'avant-dernier paragraphe, les art. 6 et 76 de la présente loi, deviendront immédiatement applicables.

[La loi du 11 janvier 1850[1] est prorogée jusqu'au 1er septembre 1850.]

[Dans le cas où le conseil supérieur aurait été constitué avant cette époque, l'appel des instituteurs révoqués sera jugé par le ministre de l'instruction publique, en section permanente du conseil supérieur.]

Art. 85. Jusqu'à la promulgation de la loi sur l'enseignement supérieur, le conseil supérieur de l'Instruction publique et sa section permanente, selon leur compétence respective, exerceront, à l'égard de cet enseignement, les attributions qui appartenaient au conseil de l'Université, et les nouveaux conseils académiques[2], les attributions qui appartenaient aux anciens.

1. Cette loi plaçait l'instruction primaire sous la surveillance des préfets, et leur attribuait la droit de réprimander, suspendre et révoquer les instituteurs communaux.

2. Les conseils académiques prononcent disciplinairement contre les étudiants des Facultés la perte de deux à quatre inscriptions; l'exclusion de la Faculté et de l'académie de six mois à deux ans, sauf recours au conseil de l'Université; ils provoquent contre eux l'exclusion de toutes les académies, qui est prononcée par le conseil de l'Université, sauf recours au conseil d'État.

Ces peines peuvent être infligées aux étudiants, lorsqu'ils se sont rendus coupables d'un manque de respect ou d'un acte d'insubordination envers les professeurs ou le chef de

DÉCRET[1]

CONTENANT DES DISPOSITIONS ORGANIQUES CONCERNANT L'INSTRUCTION PUBLIQUE.

(9 mars 1852.)

CHAP. Ier. *De l'autorité supérieure de l'enseignement public.*

Art. 1er. Le *Président de la République**, sur la proposition du ministre de l'instruction publique, nomme et révoque les membres du conseil supérieur, les inspecteurs généraux, les recteurs, les professeurs des Facultés, du collége de France, du Muséum d'histoire naturelle, de l'École des langues orientales vivantes, les membres du Bureau des longitudes et de l'Observatoire de Paris et de Marseille, les administrateurs et conservateurs des bibliothèques publiques.

Art. 2. Quand il s'agit de pourvoir à la nomination d'un professeur titulaire dans une

l'établissement; lorsqu'ils ont dans l'école cherché à exciter les autres étudiants au trouble; lorsqu'ils ont, hors de l'école, pris part à des désordres publics; lorsqu'ils ont, par des discours ou par des actes, outragé la religion, les mœurs ou le gouvernement, ou lorsqu'ils ont tenu une conduite notoirement scandaleuse (Ordonnances du 5 juillet 1820, du 2 février 1823; décision royale du 2 février 1826).

* L'Empereur.

1. Ce décret a force de loi, en vertu de l'article 58 de la Constitution de 1852.

Faculté, le ministre propose *au Président de la République** un candidat choisi soit parmi les docteurs âgés de trente ans au moins, soit sur une double liste de présentation, qui est nécessairement demandée à la Faculté où la vacance se produit, et au conseil académique.

Le même mode de nomination est suivi dans les Facultés des lettres, des sciences, de droit, de médecine, et dans les écoles supérieures de pharmacie.

En cas de vacance d'une chaire au collége de France, au Muséum d'histoire naturelle, à l'école des langues orientales vivantes, ou d'une place au Bureau des longitudes, à l'Observatoire de Paris et de Marseille, les professeurs ou membres de ces établissements présentent deux candidats; la classe correspondante de l'Institut en présente également deux. Le ministre peut, en outre, proposer au choix *du Président de la République*** un candidat désigné par ses travaux.

Art. 3. Le ministre, par délégation *du Président de la République***, nomme et révoque les professeurs de l'École nationale des chartes, les inspecteurs d'académie, les membres des conseils *académiques**** qui procédaient précédemment de l'élection[1], les fonctionnaires et

* A l'Empereur.
** De l'Empereur.
*** Départementaux.
1. C'est-à-dire le membre de la cour d'appel ou du tribunal de première instance; les quatre membres désignés

professeurs des écoles préparatoires de médecine et de pharmacie, les fonctionnaires et professeurs de l'enseignement secondaire public, les inspecteurs primaires, les employés des bibliothèques publiques, et généralement toutes les personnes attachées à des établissements d'instruction publique appartenant à l'État.

Il prononce directement et sans recours contre les membres de l'enseignement secondaire public :

La réprimande devant le conseil académique;

La censure devant le conseil supérieur;

La mutation ;

La suspension des fonctions avec ou sans privation totale ou partielle du traitement;

La révocation.

Il peut prononcer les mêmes peines contre les membres de l'enseignement supérieur, à l'exception de la révocation, qui est prononcée, sur sa proposition, par un décret *du Président de la République* *.

Art. 4. Les *recteurs* **, par délégation du ministre, nomment les instituteurs communaux, les conseils municipaux entendus, d'après le mode prescrit par les deux premiers paragraphes de l'art. 31 de la loi du 15 mars 1850[1].

par le conseil général; la personne désignée par le consistoire israélite.

* De l'Empereur.

** Les préfets (loi du 14 juin 1854, article 8, page 87).

1. Circulaire ministérielle du 3 avril 1852 :

« J'ai été consulté sur le sens dans lequel doit être interprété l'article 4 du décret du 9 mars qui attribue aux recteurs, par délégation du ministre, la nomination des insti-

CHAP. II. *Du conseil supérieur de l'Instruction publique.*

Art. 5. Le conseil supérieur se compose :
De trois membres du Sénat ;
De trois membres du conseil d'État ;
De cinq archevêques ou évêques ;
De trois membres des cultes non catholiques ;
De trois membres de la cour de cassation ;
De cinq membres de l'Institut ;
De huit inspecteurs généraux ;
De deux membres de l'enseignement libre.

Les membres du conseil supérieur sont nommés pour un an.

Le ministre préside le conseil et détermine

tuteurs communaux, « *les conseils municipaux entendus.* » La pensée de ce décret est que le conseil municipal soit mis par le *recteur* en demeure de déclarer s'il désire que la direction de son école soit confiée à un instituteur laïque ou à un membre d'une association religieuse. Le *recteur* choisira ensuite, selon le vœu exprimé par le conseil municipal, l'instituteur qu'il nommera, soit sur la liste d'admissibilité, soit parmi les présentations faites par les supérieurs des associations religieuses vouées à l'enseignement et reconnues comme établissements d'utilité publique. Il m'a été demandé, en outre, si l'institution mentionnée dans l'article 34 de la loi du 15 mars 1850 est encore nécessaire, même pour ceux des instituteurs nommés avant la promulgation du décret, et à l'égard desquels cette formalité n'aurait pas encore été remplie. Je ne puis que répondre négativement à cette question.... Vous pourrez toutefois, comme par le passé, ne délivrer aux instituteurs que des autorisations provisoires, et suspendre pendant six mois leur nomination définitive. Les instituteurs communaux n'auront droit au traitement supplémentaire alloué par l'État qu'à partir du jour de leur nomination définitive. »

l'ouverture des sessions, qui auront lieu au moins deux fois par an.

CHAP. III. *Des inspecteurs généraux de l'instruction publique.*

Art. 6. Huit inspecteurs généraux de l'enseignement supérieur :

Trois pour les lettres;

Trois pour les sciences;

Un pour le droit;

Un pour la médecine,

sont chargés, sous l'autorité du ministre, de l'inspection des Facultés, des écoles supérieures de pharmacie, des écoles préparatoires de médecine et de pharmacie, et des établissements scientifiques et littéraires ressortissant au ministère de l'instruction publique.

Ils peuvent être chargés de missions extraordinaires dans les lycées *nationaux** et dans les établissements d'instruction secondaire libres.

Six inspecteurs généraux de l'enseignement secondaire libre :

Trois pour les lettres;

Trois pour les sciences,

sont chargés, sous l'autorité du ministre, de l'inspection des lycées *nationaux**, des colléges communaux les plus importants et des établissements d'instruction secondaire libres.

Deux inspecteurs généraux[1] de l'enseigne-

* Impériaux.

1. Un décret en date du 15 février 1854 a porté le nombre des inspecteurs généraux de l'instruction primaire à trois.

ment primaire sont chargés des mêmes attributions en ce qui concerne l'instruction de ce degré.

Le ministre peut appeler au conseil supérieur, pour des questions spéciales, avec voix consultative, des inspecteurs généraux qui n'auraient pas été désignés pour en faire partie.

CHAP. IV. *Dispositions particulières.*

Art. 7. Un nouveau plan d'étude sera discuté par le conseil supérieur dans sa prochaine session [1].

Art. 8. En cas d'urgence, les recteurs peuvent, par mesure administrative, suspendre un professeur de l'enseignement public, secondaire ou supérieur, à la charge d'en rendre compte immédiatement au ministre, qui maintient ou lève la suspension.

Art. 9. Les professeurs, les gens de lettres, les savants et les artistes dépendant du ministère de l'instruction publique ne peuvent cumuler que deux fonctions rétribuées sur les fonds du trésor public.

Le montant des traitements cumulés, tant fixes qu'éventuels, pourra s'élever à 20 000 fr.

Art. 10. A l'avenir, la liquidation des pensions [2] de retraite des fonctionnaires de l'instruction publique n'aura lieu qu'après avis de la section des finances du conseil d'État.

1. Voy., p. 242, le décret du 10 avril 1852, et p. 259 et suivantes, les règlements rendus en exécution de ce décret.
2. Voy. la loi sur les pensions de retraite, page 332.

Art. 11. Sont maintenues les dispositions de la loi du 10 mars 1850 qui ne sont pas contraires au présent décret.

LOI

SUR L'ORGANISATION DE L'ENSEIGNEMENT.

(14 juin 1854.)

TITRE PREMIER.

DE L'ADMINISTRATION DE L'INSTRUCTION PUBLIQUE.

Art. 1er. La France est divisée en seize circonscriptions académiques, dont les chefs-lieux sont : Aix, Besançon, Bordeaux, Caen, Clermont, Dijon, Douai, Grenoble, Lyon, Montpellier, Nancy, Paris, Poitiers, Rennes, Strasbourg, Toulouse.

Art. 2. Chacune des académies est administrée par un recteur, assisté d'autant d'inspecteurs d'académie qu'il y a de départements dans la circonscription.

Un décret déterminera le nombre des inspecteurs d'académie du département de la Seine.

Art. 3. Il y a au chef-lieu de chaque académie un conseil académique, composé :

1° Du recteur, président;
2° Des inspecteurs de la circonscription;
3° Des doyens des facultés;

4° De sept membres, choisis, tous les trois ans, par le ministre de l'instruction publique,

Un parmi les archevêques ou évêques de la circonscription;

Deux parmi les membres du clergé catholique, ou parmi les ministres des cultes non catholiques reconnus;

Deux dans la magistrature;

Deux parmi les fonctionnaires publics ou autres personnes notables de la circonscription.

Art. 4. Le conseil académique veille au maintien des méthodes d'enseignement prescrites par le ministre, en conseil impérial de l'instruction publique, et qui doivent être suivies dans les écoles publiques d'instruction primaire, secondaire ou supérieure du ressort.

Il donne son avis sur les questions d'administration, de finances ou de discipline qui intéressent les colléges communaux, les lycées et les établissements d'enseignement supérieur.

Art. 5. Il y a au chef-lieu de chaque département un conseil départemental de l'instruction publique, composé :

1° Du préfet, président;

2° De l'inspecteur d'académie;

3° D'un inspecteur de l'instruction primaire désigné par le ministre;

4° Des membres que les paragraphes 5, 6, 7, 8, 9, 10 et 11 de l'art. 10 de la loi du 15 mars 1850 appelaient à siéger dans les anciens conseils, et dont le mode de désignation demeure réglé conformément à ladite loi et à l'art. 3 du décret du 9 mars 1852[1].

Art. 6. Pour le département de la Seine, le conseil départemental de l'instruction publique se compose :

1° Du préfet, président ;

2° Du recteur de l'académie de Paris, vice-président ;

3° De deux des inspecteurs d'académie attachés au département de la Seine ;

4° De deux inspecteurs de l'instruction primaire dudit département ;

5° Des membres que les paragraphes 4, 5, 6, 7, 8, 11, 12, 13, 14 et 15 de l'art. 11 de la loi du 15 mars 1850 appelaient à faire partie de l'ancien conseil académique de la Seine, et dont le mode de désignation demeure réglé conformément à ladite loi et à l'art. 3 du décret du 9 mars 1852.

Art. 7. Le conseil départemental de l'in-

1. C'est-à-dire l'évêque ou un ecclésiastique désigné par l'évêque ;

Un ministre de l'une des deux églises protestantes désigné par le ministre de l'instruction publique dans les départements où il existe une église légalement établie ;

Un membre du consistoire israélite désigné par le ministre dans chacun des départements où il existe un consistoire légalement établi ;

Le procureur général près la cour impériale dans les villes où siége une cour impériale, et dans les autres le procureur impérial près le tribunal de première instance ;

Un membre de la cour impériale ou à défaut de cour impériale un membre du tribunal de première instance ;

Quatre autres membres, présentés par le conseil général, dont deux au moins pris dans son sein, tous quatre nommés par le ministre de l'instruction publique.

struction publique exerce, en ce qui concerne les affaires de l'instruction primaire et les affaires disciplinaires et contentieuses relatives aux établissements particuliers d'instruction secondaire, les attributions déférées au conseil académique par la loi du 15 mars 1850.

Les appels de ses décisions, dans les matières qui intéressent la liberté d'enseignement, sont portés directement devant le conseil impérial de l'Instruction publique, en conformité des dispositions de ladite loi.

Art. 8. Le préfet exerce, sous l'autorité du ministre de l'instruction publique, et sur le rapport de l'inspecteur d'académie, les attributions déférées au recteur par la loi du 15 mars 1850 et par le décret organique du 9 mars 1852, en ce qui concerne l'instruction primaire publique ou libre.

Art. 9. Sous l'autorité du préfet, l'inspecteur d'académie instruit les affaires relatives à l'enseignement primaire du département.

Sous l'autorité du recteur, il dirige l'administration des colléges et lycées, et exerce, en ce qui concerne l'enseignement secondaire libre, les attributions déférées au recteur par la loi du 15 mars 1850.

Art. 10. Le local de l'académie, le mobilier du conseil académique et des bureaux du recteur sont fournis par la ville chef-lieu.

Le local et le mobilier nécessaires à la réunion du conseil départemental, et les bureaux de l'inspecteur d'académie, ainsi que les frais de bureau, sont à la charge du département.

Ces dépenses sont obligatoires.

Art. 11. Un décret, rendu en la forme des règlements d'administration publique, déterminera les circonscriptions des académies, ainsi que tout ce qui concerne la réunion et la tenue des conseils académiques et départementaux[1].

Art. 12. Les dispositions du présent titre sont exécutoires à partir du 1er septembre 1854.

TITRE II.

DISPOSITIONS SPÉCIALES AUX ÉTABLISSEMENTS D'ENSEIGNEMENT SUPÉRIEUR.

Art. 13. A partir du 1er janvier 1855, les établissements d'enseignement supérieur chargés de la collation des grades formeront un service spécial subventionné par l'État; le budget de ce service spécial sera annexé à celui du ministère de l'instruction publique et des cultes; le compte des recettes et des dépenses sera annexé à la loi des comptes, conformément à l'art. 17 de la loi du 9 juillet 1836.

Les fonds destinés à acquitter les dépenses régulièrement effectuées, qui n'auraient pu recevoir leur emploi dans le cours de l'exercice, seront reportés, après clôture, sur l'exercice en cours d'exécution; les fonds restés libres seront cumulés avec les ressources du budget nouveau.

Art. 14. Un décret, rendu en la forme des règlements d'administration publique, déter-

1. Voy. ce décret, page 111.

minera le tarif des droits d'inscription, d'examen et de diplôme à percevoir dans les établissements d'enseignement supérieur chargés de la collation des grades[1].

Un décret, rendu en la même forme, après avis du conseil impérial de l'Instruction publique, réglera les conditions d'âge et d'études pour l'admission aux grades, sans qu'il puisse être dérogé à l'art. 63 de la loi du 15 mars 1850[2].

Art. 15. Les dispositions des lois, décrets, ordonnances et règlements contraires à la présente loi, sont et demeurent abrogées.

1. Voy. ce décret, page 317.
2. Voy. page 61.

ADMINISTRATION GÉNÉRALE.

DÉCRET

PORTANT RÈGLEMENT D'ADMINISTRATION PUBLIQUE POUR L'EXÉCUTION DE LA LOI DU 15 MARS 1850.

(29 juillet 1850.)

DES AUTORITÉS PRÉPOSÉES A L'ENSEIGNEMENT.

CHAP. Ier. *Du conseil supérieur de l'Instruction publique.*

Art. 1er. En l'absence du ministre de l'instruction publique, le conseil supérieur est présidé par un vice-président nommé, chaque année, par *le Président de la République* *, et choisi parmi les membres de ce conseil.

Art. 2. *Le Président de la République* * désigne également, chaque année, un secrétaire choisi parmi les membres du conseil.

Art. 3. [Le conseil supérieur tient une session ordinaire par trimestre[1].]

Il est convoqué par arrêté du ministre.

La durée de chacune des sessions, soit ordi-

* L'Empereur.

1. Il tient au moins deux sessions par an. (Décret du 9 mars 1852, art. 5, dernier paragraphe.)

naire, soit extraordinaire, est fixée par l'arrêté de convocation. Elle peut être prolongée par un arrêté ultérieur.

Art. 4. Des commissaires peuvent être chargés par le ministre de l'assister dans la discussion des projets de loi, de règlements d'administration publique, de décrets et arrêtés portant règlement permanent, qu'il renvoie à l'examen du conseil supérieur.

Le conseil peut aussi appeler dans son sein les personnes dont l'expérience lui semble devoir être utilement consultée, tant pour la discussion de ces projets, que pour ce qui concerne l'état général de l'enseignement.

Il ne peut user de cette faculté à l'égard des fonctionnaires publics, que de l'agrément du ministre du département auquel ils appartiennent.

[Art. 5. La section permanente[1] est présidée par un de ses membres, désigné, chaque année, par le ministre.]

[Art. 6. Les fonctions de membres de la section permanente sont incompatibles avec toute autre fonction administrative rétribuée.]

Art. 7. Dans les affaires soumises au conseil supérieur, le rapporteur est nommé par le ministre, ou, sur sa délégation, par le vice-président du conseil supérieur.

Art. 8. En matière contentieuse ou disciplinaire, les affaires sont inscrites au secrétariat du conseil supérieur, d'après l'ordre de leur arrivée, sur un registre à ce destiné.

1. La section permanente n'existe plus.

Elles sont jugées suivant l'ordre de leur inscription et dans la plus prochaine session.

Les rapports sont faits par écrit; ils sont déposés au secrétariat par les rapporteurs, la veille du jour fixé pour la délibération, avec le projet de décision et le dossier, pour être tenu à la disposition de chacun des membres du conseil.

En matière disciplinaire, le rapporteur est tenu d'entendre l'inculpé dans ses explications, s'il est présent et s'il le demande. L'inculpé a également droit d'être entendu par le conseil.

Art. 9. La présence de la moitié plus un des membres est nécessaire pour la validité des délibérations du conseil supérieur.

En cas de partage, si la matière n'est ni contentieuse, ni disciplinaire, la voix du président est prépondérante. Si la matière est contentieuse, il en sera délibéré de nouveau, et les membres qui n'auraient pas assisté à la délibération seront spécialement convoqués; s'il y a de nouveau partage dans la deuxième délibération, il sera vidé par la voix prépondérante du président. Si la matière est disciplinaire, l'avis favorable à l'inculpé prévaut.

Art. 10. Les délibérations du conseil supérieur sont signées par le président et par le secrétaire.

Le secrétaire a seul qualité pour en délivrer des ampliations certifiées conformes aux procès-verbaux.

A moins d'une autorisation du ministre, il ne peut être donné communication des procès-verbaux qu'aux membres du conseil supérieur.

Art. 11. Les décrets ou arrêtés qui interviennent sur l'avis du conseil supérieur portent la mention : *Le conseil supérieur de l'Instruction publique entendu.*

Les avis du conseil supérieur ne peuvent être publiés qu'avec l'autorisation du ministre.

Art. 12. En matière contentieuse ou disciplinaire, les décisions du conseil sont notifiées par le ministre.

Les parties ont toujours le droit d'en obtenir expédition.

Art. 13. Un règlement délibéré en conseil supérieur déterminera l'ordre intérieur des travaux du conseil.

[Un règlement, préparé par la section permanente et arrêté par le ministre, déterminera l'ordre intérieur des travaux de cette session.]

CHAP. II. *De l'administration académique.*

§ 1er. Du local affecté à l'administration académique.

Art. 14. Le local que les départements doivent fournir pour le service de l'administration académique, d'après l'article 13 de la loi organique du 15 mars 1850[1], comprend au moins, avec le mobilier nécessaire au service,

Un cabinet pour le recteur;

1. Lisez : Le local que les *villes* doivent fournir pour le service de l'administration académique, *conformément au premier paragraphe de l'article* 10 *de la loi du* 14 *juin* 1854.

Une salle de délibérations pour le conseil académique et pour les examens des candidats au brevet de capacité ;

Un cabinet pour le secrétaire de l'académie ;

Une pièce pour les commis de l'académie et pour les archives.

§ 2. Des recteurs [1].

Art. 15. Les fonctions de recteur sont incompatibles avec tout autre emploi public salarié.

Art. 16. Les recteurs sont nommés par *le Président de la République* *.

[Ils sont partagés en classes, dont le nombre est déterminé par décret du Président de la République.]

[Les traitements varient suivant les classes.]

[La classe est attachée à la personne, et non à la résidence.]

§ 3. Des conseils *académiques* ** [2].

[Art. 17. Sur l'invitation du ministre de l'instruction publique, les cours et tribunaux, les conseils généraux et les consistoires israélites

* Par l'Empereur.

** Départementaux.

1. Voy., pour les attributions du recteur, le décret du 21 août 1854, article 17 et suivants, page 117.

2. Voy., pour ce qui concerne les conseils académiques, le décret du 21 août 1854, article 14, page 116.

procèdent à la nomination des membres qu'ils sont appelés à élire dans les conseils académiques.]

[Lorsqu'il y a lieu de pourvoir à des nominations nouvelles, les cours et tribunaux et les consistoires israélites, sur l'avis donné par le recteur, procèdent immédiatement au remplacement des membres pris dans leur sein; les conseils généraux pourvoient, dans leur plus prochaine session, au remplacement des membres dont la nomination leur appartient.]

[Les élections sont faites au scrutin secret et à la majorité absolue.]

[Le président de la cour ou du tribunal, celui du consistoire et le préfet, selon les cas, adresse le procès-verbal de chaque élection au recteur, qui le communique au conseil académique, lors de sa première réunion.]

[Il est transcrit sur le registre des délibérations du conseil.]

Art. 18. Les membres délégués, en exécution de l'article 10 de la loi organique[1], ne peuvent exercer leur délégation qu'en vertu d'une décision spéciale.

Le ministre de l'instruction publique et l'évêque adressent au *recteur** les décisions par lesquelles ils ont fait choix des membres dont la désignation leur appartient.

Ces décisions sont communiquées au conseil

*Préfet.

1. C'est-à-dire les membres désignés par le ministre de l'instruction publique, le délégué de l'évêque, le délégué du préfet.

*académique**, et sont transcrites sur le registre des délibérations de ce conseil.

Art. 19. Lorsque deux archevêques ou évêques ont leur siége dans le même département, tous deux font partie du conseil *académique**. Dans ce cas, il n'y a pas lieu à la désignation, prévue par le sixième alinéa de l'article 10 de la loi organique.

Art. 20. [En l'absence du recteur] le conseil *académique* * est présidé par le préfet.

Le secrétaire du conseil *académique* * est choisi, chaque année, par le ministre, parmi les membres dudit conseil.

A moins d'une autorisation du *recteur***, les procès-verbaux du conseil *académique** ne peuvent être communiqués qu'aux membres du conseil[1].

[Art. 21. Les conseils académiques se réunissent au moins deux fois par mois. Ils peuvent être convoqués extraordinairement. Le jour de la réunion est fixé par le président[2].]

* Départemental.

** Préfet.

1. Le conseil, dans chaque séance, fixe l'ordre du jour de la séance suivante. (Instruction du 30 août 1850.)

2. Le conseil sera composé de onze, douze ou treize membres : il nous semble que, dans le premier cas, la présence de six membres suffira; on ne peut pas prendre la moitié de onze. Dans le troisième cas, le nombre nécessaire serait sept.

« Le conseil vote par main levée; l'appel nominal est de droit s'il est réclamé par trois membres; l'appel se fait suivant l'ordre indiqué par l'article 10, si ce n'est que le président vote le dernier. S'il s'agit de nominations et présentations individuelles, elles ont lieu au scrutin secret et

[Art. 22. Les conseils académiques ne peuvent délibérer sur les affaires intéressant une Faculté, qu'autant que le doyen de cette Faculté a été expressément convoqué par le président.]

Art. 23. En cas de partage, lorsque la matière n'est ni contentieuse ni disciplinaire, la voix du président est prépondérante.

Dans les matières contentieuses et disciplinaires, il est procédé, par le conseil académique, conformément à l'article 9.

Art. 24. Lorsque l'instruction d'une affaire disciplinaire est renvoyée au conseil *académique** en vertu du sixième paragraphe de la loi organique[1], le conseil désigne un rapporteur[2] qui recueille les renseignements et les témoignages, appelle l'inculpé, l'entend s'il se présente, et fait son rapport au jour le plus prochain indiqué par le conseil.

Le conseil peut toujours ordonner un supplément d'instruction.

L'avis du conseil exprime s'il y a lieu de

à la majorité absolue des suffrages exprimés; les nominations de commissions et de jurys ont lieu par scrutin de listes à la majorité relative (Instruction du 30 août 1850).

* Départemental.

1. Lisez : Du sixième paragraphe *de l'article* 14 de la loi organique. Ce paragraphe est ainsi conçu : « Il instruit les affaires disciplinaires relatives aux membres de l'enseignement public secondaire ou supérieur, qui lui sont renvoyées par le ministre ou le recteur. »

2. Le conseil peut aussi, en matière disciplinaire, nommer une commission, qu'il importe de ne pas composer de plus de trois membres, et qui choisira elle-même son rapporteur. (Instruction du 30 août 1850.)

donner suite à l'affaire, et, en cas d'affirmative, quelle peine doit être prononcée.

Art. 25. En matière contentieuse, les réclamations des parties, avec les pièces et mémoires à l'appui, sont déposées au *secrétariat de l'académie* *; il en est donné récépissé.

Ces réclamations reçoivent un numéro d'enregistrement et sont examinées dans l'ordre où elles sont parvenues au *secrétariat* *.

Pour chaque affaire, le conseil désigne un rapporteur, qui fait son rapport à la plus prochaine réunion du conseil.

Art. 26. Lorsque le conseil est appelé à prononcer en matière disciplinaire, un membre désigné par lui est chargé de l'instruction; il recueille les informations et fait son rapport à l'époque fixée par le conseil.

Sur le rapport, le conseil *académique* ** déclare d'abord s'il y a lieu à suivre.

En cas d'affirmative, il entend l'inculpé dans ses moyens de défense, et, s'il y a lieu, les témoins[1].

* Au bureau de l'inspecteur de l'académie.

** Départemental.

1. En matière disciplinaire, voici donc quelle marche sera suivie :

Un membre de l'enseignement est-il traduit devant le conseil en vertu de l'article 30, du troisième paragraphe de l'article 33, des articles 67 et 68 de la loi du 15 mars 1850, la notification en est faite à l'inculpé, et le conseil choisit un de ses membres, qu'il charge d'instruire l'affaire dans l'intervalle des séances (et par conséquent d'entendre l'inculpé); ce membre recueille les informations et fait son rapport au conseil. Après avoir entendu le rapport, le conseil peut décider qu'il n'y a lieu à suivre, décision qui

Art. 27. En matière contentieuse et disciplinaire, la décision du conseil *académique** est notifiée, dans les huit jours, par les soins du *recteur***.

Le *recteur*** est tenu d'avertir les parties, s'il y a lieu, qu'elles ont le droit de se pourvoir

annule la dénonciation ou la plainte, du moins pour le moment : car il pourrait arriver que plus tard le conseil, éclairé par de nouveaux renseignements, voulût une nouvelle instruction, et il aurait toujours le droit de l'ordonner. S'il y a décision de non-lieu, l'inculpé n'est point appelé devant le conseil; si, au contraire, il y a lieu à suivre, l'inculpé doit être appelé et entendu dans une séance suivante : les témoins à charge et à décharge sont également entendus, s'ils ont été appelés au nom du conseil, ou s'ils sont produits par l'inculpé et que le conseil consente à les entendre, et si eux-mêmes consentent à se présenter et à s'expliquer : car le conseil n'a pas le droit de les y contraindre.

Le conseil délibère et décide hors de la présence de l'inculpé et des témoins; si les voix sont partagées, celle du président n'est pas considérée comme prépondérante, et ce partage profite à l'inculpé, qui dans ce cas est absous.

L'instituteur ou professeur acquitté pour un fait quelconque ne sera pas cité de nouveau devant le conseil pour le même fait; mais si une nouvelle plainte a lieu et nécessite une nouvelle instruction, il sera toujours loisible au rapporteur et au conseil de revenir sur le premier fait, et d'y puiser, par une investigation itérative, des éléments pour l'appréciation du fait nouveau.

Il n'en est point en matière disciplinaire comme en matière criminelle; il n'y a point de prescription pour les faits disciplinaires. Ainsi, un acte d'immoralité commis il y a quinze ans n'est plus justiciable des tribunaux; mais il l'est toujours du conseil jugeant disciplinairement : car un fait de ce genre, à quelque époque qu'il ait eu lieu, rend celui qui l'a commis indigne de prendre part à l'éducation de la jeunesse.

* Départemental.

** Préfet.

devant le conseil supérieur dans le délai prescrit par la loi.

Art. 28. Le recours de la partie contre la décision du conseil *académique** est reçu au *secrétariat de l'académie***; il en est donné récépissé.

Le recours du *recteur**** est formé par un arrêté qu'il notifie à la partie intéressée. Ampliation de cet arrêté est adressée, avec les pièces de l'affaire, au ministre de l'instruction publique, qui en saisit le conseil supérieur.

Art. 29. Les conseils *académiques***** peuvent appeler dans leur sein les membres de l'enseignement et toutes autres personnes dont l'expérience leur paraîtrait devoir être utilement consultée.

Les fonctionnaires de l'instruction publique ne peuvent être appelés que de l'agrément du recteur[1].

Les personnes ainsi appelées par les conseils *académiques***** n'ont pas voix délibérative.

§ 4. Des secrétaires d'académie.

Art. 30. [Les secrétaires d'académie sont partagés en classes dont le nombre est déterminé par décret du président de la République.]

* Départemental.

** Bureau de l'inspecteur d'académie.

*** Préfet.

**** Départementaux.

1. Ou du préfet s'ils appartiennent à l'enseignement primaire.

2. Voy. le décret du 21 août 1854, article 15, page 117.

[Les traitements varient suivant les classes.]

[La classe est attachée à la personne et non à la résidence.]

Art. 31. [Le fonctionnaire appelé pour la première fois à l'emploi de secrétaire d'académie est nécessairement de la dernière classe.]

[Nul ne peut être promu à une classe supérieure sans avoir passé deux ans au moins dans la classe immédiatement inférieure.]

[Les dispositions du présent article ne sont pas applicables à la première organisation de l'administration académique.]

Art. 32. Nul ne peut être nommé aux fonctions de secrétaire d'académie, s'il ne justifie du grade de bachelier ou du brevet de capacité pour l'enseignement primaire.

Sont exceptés de cette condition les secrétaires et commis d'académie qui exercent actuellement ou qui ont précédemment exercé ces fonctions.

Art. 33. Dans chaque académie, le secrétaire est chargé de la rédaction des procès-verbaux du conseil académique, sous la direction du secrétaire de ce conseil.

Il est préposé à la garde des archives de l'académie. Il peut être chargé par les recteurs de délivrer copie des pièces dont il est dépositaire.

Il dirige, sous les ordres du recteur, le travail des bureaux de l'académie.

Il reçoit la consignation des droits perçus au profit du trésor public[1] dans les chefs-lieux

1. Pour le baccalauréat.

académiques où il n'existe pas d'agent comptable préposé à cette perception. Dans ce cas, il est commissionné par le ministre des finances et est tenu de fournir un cautionnement, conformément aux règlements.

CHAP. III. *De l'inspection.*

[Art. 34. Les inspecteurs généraux et les inspecteurs supérieurs sont choisis sur une liste de candidats formée par le ministre; le conseil supérieur est appelé à donner son avis sur cette liste avant la nomination.]

[Art. 35. Pour la nomination des inspecteurs de l'instruction primaire, la liste des candidats, composée par le recteur, est communiquée au conseil académique, et transmise ensuite au ministre avec l'avis de ce conseil.]

Art. 36. Les fonctions d'inspecteur d'académie et d'inspecteur de l'enseignement primaire sont incompatibles avec tout autre emploi public rétribué.

Le ministre, sur l'avis du conseil *académique* *, peut toutefois autoriser les inspecteurs de l'instruction primaire à accepter les fonctions d'inspecteur, soit des enfants trouvés et abandonnés, soit des enfants employés dans les manufactures.

Art. 37. Les inspecteurs de l'instruction primaire[1] sont partagés en classes dont le nombre

* Départemental.

1. Voy., relativement aux inspecteurs primaires, la note 2 de la page 17.

est déterminé par décret *du Président de la République* *.

Les traitements varient suivant les classes.

La classe est attachée à la personne et non à la résidence.

Le fonctionnaire appelé pour la première fois à l'emploi d'inspecteur de l'instruction primaire est nécessairement de la dernière classe.

Nul ne peut être promu à la classe supérieure sans avoir passé un an au moins dans la classe immédiatement inférieure.

Les dispositions du présent article ne sont pas applicables à la première organisation de l'inspection de l'enseignement primaire.

Art. 38. Nul ne peut être appelé aux fonctions d'inspecteur de l'instruction primaire s'il n'a été déclaré apte à ces fonctions, après un examen spécial dont le programme sera déterminé conformément à l'article 5 de la loi organique[1]. Jusqu'à ce que ce programme ait été arrêté, l'examen aura lieu conformément aux règlements en vigueur.

Art. 39. Nul ne peut être admis à l'examen que les candidats qui justifient :

1° De vingt-cinq ans d'âge ;

2° Du diplôme de bachelier ès lettres, ou d'un brevet de capacité pour l'enseignement primaire supérieur, si le brevet a été délivré avant la promulgation de la loi organique, et dans le cas contraire, d'un brevet attestant que

* De l'Empereur.

1. Ce programme a été arrêté le 16 décembre 1850 : nous le donnons plus loin, p. 164.

l'examen a porté sur toutes les matières d'enseignement comprises dans l'article 23 de la même loi;

3° De deux ans d'exercice au moins dans l'enseignement ou dans les fonctions de secrétaire d'académie, de membre d'un ancien comité supérieur d'instruction primaire, ou de délégué d'un conseil *académique* * pour la surveillance des écoles.

La condition exigée par le paragraphe précédent ne sera point applicable à la première organisation de l'inspection.

Art. 40. Sont dispensés de l'examen exigé par l'art. 38 les anciens inspecteurs ou sous-inspecteurs de l'instruction primaire, les directeurs d'écoles normales primaires, les principaux des collèges communaux, les chefs d'établissements particuliers d'instruction secondaire et les licenciés.

Art. 41. Ont seuls droit aux frais de tournée déterminés par les règlements, les membres du conseil supérieur délégués par le ministre pour une mission spéciale, les inspecteurs généraux, [les inspecteurs supérieurs], les recteurs, [les membres des conseils académiques délégués par le recteur en vertu de l'article 18 de la loi organique,] les inspecteurs d'académie et les inspecteurs de l'instruction primaire.

Art. 42. Les personnes chargées de l'inspection en vertu de l'article 18 de la loi organique dressent procès-verbal de toutes les contraventions qu'elles reconnaissent.

* Départemental.

Si la contravention consiste dans l'emploi d'un livre défendu en vertu de l'article 5 de la même loi, l'ouvrage est saisi et envoyé, avec le procès-verbal, au recteur de l'académie, qui soumet l'affaire au conseil académique[1].

Art. 43. Les inspecteurs de l'instruction primaire donnent *au recteur** leur avis sur les secours et encouragements de tout genre relatifs à l'instruction primaire; ils s'assurent que les allocations accordées sont employées selon leur destination.

Ils font *au recteur** des propositions pour la liste d'admissibilité et d'avancement des instituteurs communaux, qui doit être dressée par le conseil académique. Ils donnent *au recteur** leur avis sur les nominations des instituteurs communaux [et sur les demandes d'institution.]

Ils assistent avec voix délibérative, aux réunions des délégués cantonanx prescrites par le quatrième paragraphe de l'article 42 de la loi organique et à celles dont il est fait mention en l'article 46 du présent règlement.

Ils donnent leur avis *au recteur* * sur les demandes formées par les instituteurs communaux et sur les déclarations faites par les instituteurs libres à l'effet d'ouvrir un pensionnat libre primaire.

* Au préfet par l'intermédiaire de l'inspecteur d'académie.

1. Lisez : au recteur qui en réfère au ministre (enseignement secondaire public, enseignement supérieur), ou au préfet qui en saisit le conseil départemental (enseignement primaire, enseignement secondaire libre).

Ils inspectent les écoles normales primaires, et surveillent particulièrement les élèves-maîtres entretenus par le département dans les établissements d'instruction primaire.

Ils surveillent l'instruction donnée aux enfants admis pour le compte des communes dans les écoles libres, en exécution du quatrième paragraphe de l'art. 36 de la loi organique.

Ils adressent, tous les trois mois, *au recteur* *, *de l'académie*, un rapport sur la situation de l'instruction primaire dans les communes qu'ils ont parcourues pendant le trimestre, et des notes détaillées sur le personnel des écoles[1].

CHAP. IV. *Des délégués cantonaux*[2] *et des autorités préposées à l'enseignement primaire.*

Art. 44. Nul chef ou professeur dans un établissement d'instruction primaire, public ou libre, ne peut être nommé délégué du *conseil académique* **.

Art. 45. Les délégués ont entrée dans toutes les écoles libres ou publiques de leur circonscription ; ils les visitent au moins une fois par mois.

* Au préfet par l'intermédiaire de l'inspecteur d'académie.

** Départemental.

1. Voy., relativement aux frais de tournée des inspecteurs, l'arrêté du 3 janvier 1851, p. 166.

2. Voy., relativement aux délégués cantonaux, la loi du 15 mars 1850, article 18, p. 15, et articles 42 et 43, p. 42 et suivantes.

Ils communiquent aux inspecteurs de l'instruction primaire tous les renseignements utiles qu'ils ont pu recueillir[1].

Art. 46. Sur la convocation et sous la présidence du sous-préfet, les délégués des cantons d'un arrondissement peuvent être réunis au chef-lieu de l'arrondissement, pour délibérer sur les objets qui leur sont soumis par le *recteur** ou par le conseil *académique***.

Art. 47. A Paris, le conseil *académique*** désigne, dans chaque arrondissement, un délégué au moins par quartier. Il peut désigner, en outre, dans chaque arrondissement, des délégués spéciaux pour les écoles des cultes protestant et israélite.

L'inspecteur de l'instruction primaire assiste aux réunions mensuelles des délégués de l'arrondissement, avec voix consultative.

Art. 48. Lorsqu'il y a dans une commune une école spécialement affectée aux enfants d'un culte et qu'il ne s'y trouve en résidence aucun ministre de ce culte, l'évêque ou le consistoire désigne, pour l'exécu-

* Préfet.

** Départemental.

1. Mgr l'évêque de Langres. (Instructions aux curés de son diocèse, p. 91 et 93) regarde cette dernière disposition comme illégale, et engage les délégués cantonaux à ne pas s'y conformer.

Les communications dont il est parlé dans cet article n'ont lieu qu'à titre de renseignement, et peuvent être utiles à l'inspecteur; il nous semble que, à moins de motifs très-graves, les délégués cantonaux ne doivent pas les refuser.

tion de l'art. 44 de la loi organique, le curé, le pasteur ou le délégué d'une commune voisine.

Art. 49. Les autorités préposées par l'art. 44 de la loi organique à la surveillance des écoles[1] peuvent se réunir, sous la présidence du maire, pour convenir des avis à transmettre à l'inspecteur de l'instruction primaire et aux délégués cantonaux.

CHAP. V. *Des commissions d'examen pour la délivrance des brevets de capacité pour l'enseignement primaire*[2].

Art. 50. Les commissions d'examen pour le brevet de capacité pour l'enseignement primaire tiennent au moins deux sessions par an.

La commission ne peut délibérer régulièrement qu'autant que cinq au moins de ses membres sont présents.

Les délibérations sont prises à la majorité des suffrages.

En cas de partage, la voix du président est prépondérante.

La forme des brevets est réglée par le ministre de l'instruction publique.

Nul ne peut se présenter devant une commission d'examen, s'il n'est âgé de dix-huit ans au moins.

1. Le maire, le ministre ou les ministres des divers cultes, les délégués communaux.

2. Voy. le règlement relatif à ces commissions, p. 183.

CHAP. VI. *Autorités chargées de délivrer le brevet de capacité pour l'enseignement secondaire et les diplômes de différents grades.*

Art. 51. Les jurys chargés d'examiner les aspirants au brevet de capacité pour l'enseignement secondaire[1] tiennent quatre sessions par an, le premier lundi des mois de janvier, d'avril, de juillet et d'octobre.

Les jurys ne peuvent délibérer régulièrement qu'autant que cinq de leurs membres au moins sont présents.

Les délibérations sont prises à la majorité des suffrages.

En cas de partage, la voix du président est prépondérante.

Des registres destinés à recevoir les inscriptions des aspirants au brevet sont ouverts huit jours avant chaque session au secrétariat de l'académie, et clos la veille de l'ouverture de la session.

Art. 52. Les brevets délivrés par les jurys spéciaux[2] font mention de l'enseignement pour lequel ils ont été obtenus.

Le brevet n'est remis au candidat que dix jours après la décision du jury.

Pendant ce temps, le recteur peut se pourvoir devant le conseil *académique** pour violation des formes ou de la loi. En cas de pourvoi, le brevet n'est remis qu'après la décision

* Départemental.

1. Voy. la loi du 15 mars 1850, article 62 et 63, p. 60.
2. Paragraphe 3 de l'article 62 cité ci-dessus.

du conseil *académique**, et, s'il y a recours, du conseil supérieur.

Les brevets sont signés par *le recteur***, président du jury.

Art. 53. Pour l'examen des candidats au baccalauréat ès lettres, des professeurs ou des agrégés des Facultés des sciences, et, à défaut de professeurs ou d'agrégés, des docteurs ès sciences, sont adjoints aux professeurs des Facultés des lettres pour la partie scientifique de l'examen[1].

Art. 54. Les délibérations prises par les diverses Facultés pour la collation des grades sont transmises aux recteurs par leurs doyens respectifs.

Le diplôme n'est remis au candidat que dix jours après que la délibération de la Faculté est parvenue au recteur.

Dans les dix jours de la réception, le recteur peut se pourvoir, pour violation de formes et de la loi, devant le conseil académique [du département où l'examen a été passé.]

En cas de pourvoi, le diplôme n'est remis qu'après la décision du conseil académique, et, s'il y a recours, du conseil supérieur.

* Départemental.

** L'inspecteur d'académie.

1. Voy., relativement au baccalauréat, la loi du 15 mars 1850, article 63, p. 61, et le règlement du 5 septembre 1852, p. 303.

DÉCRET

SUR L'ORGANISATION DES ACADÉMIES.

(21 août 1854.)

§ 1er. *Des circonscriptions académiques.*

Art. 1er. L'académie d'Aix comprend les départements des Basses-Alpes, des Bouches-du-Rhône, de la Corse, du Var, de Vaucluse.

L'académie de Besançon comprend les départements du Doubs, du Jura, de la Haute-Saône.

L'académie de Bordeaux comprend les départements de la Dordogne, de la Gironde, des Landes, de Lot-et-Garonne, des Basses-Pyrénées.

L'académie de Caen comprend les départements du Calvados, de l'Eure, de la Manche, de l'Orne, de la Sarthe, de la Seine-Inférieure.

L'académie de Clermont comprend les départements de l'Allier, du Cantal, de la Corrèze, de la Creuse, de la Haute-Loire, du Puy-de-Dôme.

L'académie de Dijon comprend les départements de l'Aube, de la Côte-d'Or, de la Haute-Marne, de la Nièvre, de l'Yonne.

L'académie de Douai comprend les départements de l'Aisne, des Ardennes, du Nord, du Pas-de-Calais, de la Somme.

L'académie de Grenoble comprend les départements des Hautes-Alpes, de l'Ardèche, de la Drôme, de l'Isère.

L'académie de Lyon comprend les départements de l'Ain, de la Loire, du Rhône, de Saône-et-Loire.

L'académie de Montpellier comprend les départements de l'Aude, du Gard, de l'Hérault, de la Lozère, des Pyrénées-Orientales.

L'académie de Nancy comprend les départements de la Meurthe, de la Meuse, de la Moselle, des Vosges.

L'académie de Paris comprend les départements du Cher, d'Eure-et-Loir, de Loir-et-Cher, du Loiret, de la Marne, de l'Oise, de la Seine, de Seine-et-Marne, de Seine-et-Oise.

L'académie de Poitiers comprend les départements de la Charente, de la Charente-Inférieure, de l'Indre, d'Indre-et-Loire, des Deux-Sèvres, de la Vendée, de la Vienne, de la Haute-Vienne.

L'académie de Rennes comprend les départements des Côtes-du-Nord, du Finistère, d'Ille-et-Vilaine, de la Loire-Inférieure, de Maine-et-Loire, de la Mayenne, du Morbihan.

L'académie de Strasbourg comprend les départements du Bas-Rhin, du Haut-Rhin.

L'académie de Toulouse comprend les départements de l'Ariége, de l'Aveyron, de la Haute-Garonne, du Gers, du Lot, des Hautes-Pyrénées, du Tarn, de Tarn-et-Garonne.

§. 2. *Des Facultés et des écoles d'enseignement supérieur.*

Art. 2. Les Facultés actuellement existantes

continueront à siéger dans les villes où elles sont actuellement établies.

Les Facultés instituées par la présente organisation académique ont leur siége dans les villes ci-après :

La Faculté des sciences de l'académie d'Aix, à Marseille;

La Faculté des lettres et la Faculté des sciences de l'académie de Clermont, à Clermont;

La Faculté des lettres de l'académie de Douai, à Douai; la Faculté des sciences de la même académie, à Lille;

La Faculté des lettres et la Faculté des sciences de l'académie de Nancy, à Nancy;

La Faculté des sciences de l'académie de Poitiers, à Poitiers.

Art. 3. Les nouvelles Facultés seront organisées dès que les villes qui en sont le siége auront fait les frais d'une installation provisoire, et qu'elles auront pris l'engagement de fournir à toutes les dépenses d'une installation définitive. L'organisation définitive desdites Facultés aura lieu lorsque, après vérification contradictoire entre les délégués du ministre de l'instruction publique et ceux de l'autorité municipale, le ministre aura reconnu que les bâtiments sont complétement appropriés aux besoins de l'enseignement supérieur, et qu'ils sont pourvus de la bibliothèque et des collections indispensables.

Art. 4. Les villes qui ne sont pas siéges de Facultés et qui ont établi des cours municipaux sur quelques parties élevées des sciences et des lettres, pourront obtenir que ces cours prennent le titre et le rang d'écoles préparatoires à l'enseignement supérieur des sciences et des lettres, à la charge par lesdites villes de fournir un local convenable, les collections nécessaires à l'enseignement, et une subvention annuelle pour le traitement des professeurs et les dépenses du matériel.

Les écoles préparatoires à l'enseignement supérieur des sciences et des lettres sont assimilées aux écoles préparatoires de médecine et de pharmacie.

Le ministre de l'instruction publique en nomme les professeurs, qui deviennent membres du corps enseignant et jouissent dès lors de tous les droits et avantages attachés à cette qualité.

Les étudiants sont admis à prendre dans les écoles préparatoires des sciences et des lettres des inscriptions qui peuvent être converties en inscriptions des Facultés correspondantes, sous les conditions déterminées par un arrêté délibéré en conseil impérial de l'Instruction publique.

Art. 5. Dans les Facultés des sciences et dans les écoles préparatoires à l'enseignement supérieur des sciences, les professeurs pourront être autorisés, par décision du ministre, à ouvrir des cours pour des applications spéciales. Dans ce cas, les Facultés et les écoles préparatoires pourront, après examen, délivrer des certificats de capacité pour les sciences appliquées. Lorsque l'examen sera subi devant une école préparatoire, le jury sera présidé par un professeur de la Faculté des sciences.

Art. 6. Pour être nommé professeur dans une Faculté, il faut être âgé de trente ans au moins, être docteur dans l'ordre de cette Faculté, et avoir fait, pendant deux ans au moins, soit un cours dans un établissement de l'État, soit un cours particulier dûment autorisé, analogue à ceux qui sont professés dans les Facultés.

Art. 7. Peuvent être également nommés professeurs dans les Facultés les membres de l'Institut, qui ont fait, pendant six mois au moins, un cours dans les conditions de l'article précédent.

Art. 8. Lorsqu'il y a lieu de pourvoir à une chaire vacante dans une des Facultés de l'académie de Paris, les Facultés du même ordre dans les départements en reçoivent avis; elles peuvent recommander au ministre la candidature d'un de leurs membres.

Art. 9. Les suppléances dans les Facultés sont confiées par le ministre à des agrégés des Facultés ou à des docteurs.

Art. 10. Les agrégés continuent à être nommés au concours.

Art. 11. Les agrégés sont à la disposition du ministre, qui peut les attacher temporairement aux diverses Facultés du même ordre, selon les besoins du service.

Art. 12. Les suppléants actuellement en exercice dans les Facultés de droit conservent, quant à la durée et aux émoluments de leurs fonctions, les avantages qui leur étaient assurés par les lois et règlements antérieurs et qui ne sont pas contraires au présent décret.

Art. 13. Il est formé, à l'école normale supérieure, une division spéciale d'élèves choisis, d'après les résultats des examens, parmi ceux qui ont terminé le cours triennal.

Pendant une quatrième et une cinquième année, ces élèves se préparent, soit dans l'intérieur de l'école, soit près des grandes écoles ou établissements du gouvernement, soit même à l'étranger, à l'épreuve du doctorat ès lettres ou ès sciences et à l'enseignement supérieur.

§ 3. *Des conseils académiques.*

Art. 14. Le conseil académique se réunit deux fois par an, au mois de juin et au mois de novembre, sur la convocation du recteur. Chacune de ses sessions dure huit jours au moins et un mois au plus.

Il peut être convoqué en session extraordinaire par le ministre de l'instruction publique.

Dans la session de juin, le conseil académique entend les comptes rendus des inspecteurs d'académie touchant le service de l'instruction secondaire et de l'instruction primaire dont ils sont spécialement chargés dans les départements.

Dans la session de novembre, il entend les rapports détaillés des doyens sur l'état des études et sur les résultats des examens dans chaque Faculté. Le recteur détermine les parties de ces rapports qui seront lues dans la séance solennelle de rentrée.

Dans l'une et l'autre session, le conseil académique délibère en outre sur les questions qui lui sont soumises par le recteur en vertu de l'art. 4 de la loi du 14 juin 1854.

§ 4. *De l'administration académique.*

Art. 15. Les fonctionnaires de l'administration académique sont :

1° Le recteur;

2° Les inspecteurs d'académie;

3° Les inspecteurs de l'instruction primaire;

4° Le secrétaire de l'académie.

Art. 16. Nul ne peut être nommé recteur s'il n'est pourvu du grade de docteur.

Art. 17. Les attributions du recteur comprennent :

1° La direction et la surveillance des établissements d'enseignement supérieur;

2° La direction et la surveillance des établissements d'enseignement secondaire;

3° La surveillance de l'enseignement secondaire libre;

4° Le maintien des méthodes de l'enseignement primaire public.

Art. 18. Le recteur dirige personnellement et surveille, soit par lui-même, soit avec le concours des inspecteurs d'académie, les établissements d'enseignement supérieur.

Il assiste, quand il le juge convenable, aux délibérations des Facultés et des écoles préparatoires; dans ce cas, il les préside, mais il ne prend point part aux votes.

Il réunit, tous les mois, en comité de perfectionnement, les doyens des Facultés et les directeurs des écoles préparatoires du ressort.

Il convoque les Facultés, soit ensemble, soit séparément, pour délibérer sur les programmes particuliers de chaque cours et les coordonner entre eux.

Il transmet ces programmes au ministre, avec son avis motivé.

Il fait au ministre ses propositions sur les budgets et sur les comptes annuels des établissements d'enseignement supérieur.

Il statue, après avis des Facultés et des écoles préparatoires, sur toutes les questions relatives aux inscriptions des étudiants.

Art. 19. Le recteur dirige, assisté, au besoin, des inspecteurs d'académie, les établissements publics d'enseignement secondaire.

Il reçoit, avec l'avis de l'inspecteur d'académie, les rapports des proviseurs des lycées et des principaux des colléges communaux. Il les résume dans le rapport mensuel qu'il adresse au ministre.

Il dresse le tableau d'avancement des fonctionnaires des lycées et des régents des classes supérieures des colléges communaux.

Il propose des candidats pour les emplois vacants de maître répétiteur des lycées et de régent des classes de grammaire des colléges communaux.

Il donne son avis au ministre sur les comptes administratifs et sur les budgets des lycées et des colléges.

Lorsqu'il est en tournée, il réunit, s'il y a lieu, les bureaux d'administration placés près des lycées et des colléges communaux.

Art. 20. Le recteur surveille, soit par lui-même, soit par l'intermédiaire des inspecteurs d'académie, l'enseignement secondaire libre.

Il pourvoit à ce que les établissements particuliers soient inspectés une fois au moins par an, et il adresse au ministre le résumé des rapports de l'inspection.

Art. 21. Le recteur veille, par l'intermédiaire des inspecteurs d'académie et des inspecteurs primaires, à l'exécution des règlements d'études dans toutes les écoles primaires publiques du ressort.

Il propose au ministre les mesures propres à améliorer les méthodes d'enseignement dans les écoles normales primaires et dans les écoles primaires publiques.

Il lui fait annuellement un rapport sur l'état de l'instruction primaire publique et libre dans l'académie.

Il peut, lorsqu'il est en tournée, réunir et présider les commissions de surveillance des écoles normales primaires.

Art. 22. L'inspecteur d'académie correspond avec le recteur pour tout ce qui concerne les affaires de l'enseignement supérieur, celles de l'enseignement secondaire public ou libre, et les méthodes de l'enseignement primaire public.

Il lui adresse tous les trois mois un rapport sur l'état de l'enseignement dans l'école normale et dans les écoles primaires du département.

En l'absence du recteur, il préside, s'il y a lieu, les bureaux d'administration placés près des lycées et des collèges communaux et les commissions de surveillance des écoles normales primaires.

Art. 23. L'inspecteur d'académie est tenu de soumettre au préfet un rapport, écrit et signé, sur les nominations et mutations des instituteurs communaux et sur les peines disciplinaires prévues par l'art. 33 de la loi du 15 mars 1850 qu'il pourrait y avoir lieu de leur appliquer.

Pour l'instruction des affaires de l'enseignement primaire, il correspond avec les délégués du conseil départemental de l'instruction publique, avec les maires et curés, et avec les instituteurs primaires publics ou libres.

Art. 24. Il y a un inspecteur primaire par arrondissement.

L'inspecteur d'académie exerce les fonctions d'inspecteur primaire pour l'arrondissement chef-lieu; il a pour auxiliaire dans cette partie de son service un des inspecteurs primaires d'arrondissement, qu'il désigne annuellement à tour de rôle, et qui reçoit pour cette mission temporaire un supplément de traitement dont la quotité est fixée par le ministre de l'instruction publique.

Les inspecteurs de l'instruction primaire sont sous les ordres immédiats de l'inspecteur d'académie.

Art. 25. L'inspecteur d'académie délégué en Corse prend le titre de vice-recteur; il correspond directement avec le ministre de l'instruction publique pour tout ce qui concerne l'administration des lycées et colléges, ainsi que la surveillance de l'enseignement secondaire libre. Il reste, d'ailleurs, soumis à toutes les autres obligations imposées aux inspecteurs d'académie.

§ 5. *Du conseil départemental de l'instruction publique.*

Art. 26. Les membres des conseils départementaux de l'instruction publique sont nommés pour trois ans, conformément à l'art. 12 de la loi du 15 mars 1850.

Art. 27. Le conseil départemental de l'instruction publique se réunit au moins deux fois par mois. Ses réunions sont suspendues du 15 août au 15 octobre.

Il peut être convoqué extraordinairement. Le jour de la réunion est fixé par le président.

Le conseil départemental siége à la préfecture; les bureaux de l'inspecteur d'académie y sont également placés.

Art. 28. Dans les matières disciplinaires et contentieuses, le conseil départemental de l'instruction publique procède suivant les formes déterminées par les art. 23, 24, 25, 26, 27 et 28 du règlement d'administration publique du 29 juillet 1850, rendu pour l'exécution de la loi du 15 mars 1850, et par le décret du 20 décembre 1850.

§ 6. *Dispositions spéciales à l'académie de Paris.*

Art. 29. Le ministre de l'instruction publique peut exercer les fonctions de recteur de l'académie de Paris.

Il est assisté dans les fonctions rectorales par un vice-recteur.

Les attributions du vice-recteur de l'académie de Paris sont fixées par un arrêté ministériel.

Art. 30. Il y a huit inspecteurs au chef-lieu de l'académie de Paris.

Sous l'autorité du recteur,

Quatre d'entre eux sont attachés aux facultés de droit, de médecine, des lettres et des sciences;

Deux à l'enseignement littéraire et scientifique des lycées et colléges de la ville de Paris;

Un est chargé des affaires qui concernent l'enseignement secondaire libre.

Le huitième inspecteur d'académie est chargé, sous l'autorité du préfet, des affaires qui concernent les écoles primaires publiques ou libres. Les inspecteurs primaires du département de la Seine lui sont particulièrement adjoints et subordonnés.

DÉCRET

RELATIF A L'ACADÉMIE DE PARIS.

(22 août 1854.)

Jusqu'à ce qu'il en soit autrement ordonné, le ministre de l'instruction publique et des cultes exerce les fonctions de recteur de l'académie de Paris.

Le vice-recteur chargé d'assister le ministre

de l'instruction publique et des cultes dans les fonctions rectorales est nommé par Nous.

DÉCRET

RELATIF AUX TRAITEMENTS DE RÉFORME.

(19 décembre 1851.)

Art. 1er. Les fonctionnaires ou agents que l'administration de l'instruction publique ne peut plus employer ni conserver dans ses cadres, et qui comptent cinq ans de service au moins, pourront obtenir un traitement de réforme.

Art. 2. De cinq à quinze ans de service, ce traitement de réforme sera égal au quart du dernier traitement d'activité.

De quinze à vingt-cinq ans, il sera égal au tiers.

De vingt-cinq ans et au-dessus, il sera égal à la moitié.

Art. 3. Le traitement de réforme subira une réduction d'un dixième chaque année.

Il ne pourra se cumuler avec une allocation quelconque (traitement d'activité, pension, indemnité, secours) prélevée sur les fonds de l'État, des départements et des communes.

Art. 4. Le temps pendant lequel un fonctionnaire aura joui d'un traitement de réforme n'entrera pas en ligne de compte pour la liquidation de sa pension de retraite.

DÉCRET

SUR L'ORGANISATION DE L'ADMINISTRATION CENTRALE.

(18 juillet 1854.)

Art. 1er. L'administration de l'instruction publique comprend trois divisions, dont les attributions sont réglées ainsi qu'il suit :

1re Division. Administration académique et instruction supérieure :

1er *Bureau*. Administration académique.

2e *Bureau*. Personnel de l'instruction supérieure.

3e *Bureau*. Matériel de l'instruction supérieure.

2e Division. Instruction secondaire :

1er *Bureau*. Personnel de l'instruction secondaire.

2e *Bureau*. Matériel de l'instruction secondaire.

3e Division. Instruction primaire :

1er *Bureau*. Personnel de l'instruction primaire.

2e *Bureau*. Matériel de l'instruction primaire.

Art. 2. Notre ministre de l'instruction publique et des cultes peut déléguer les membres du corps enseignant pour remplir temporairement des emplois dans l'administration centrale. Dans ce cas, les membres ainsi délégués conservent tout ou partie de leur traitement, et tous les droits attachés à leur qualité de membres du corps enseignant.

ARRÊTÉ

SUR LE PERSONNEL DES BUREAUX DE L'ADMINISTRATION CENTRALE.

(28 juillet 1854.)

Art. 1er. Le personnel de l'administration centrale de l'instruction publique comprend :

Les chefs de division;

Les chefs et sous-chefs des bureaux;

Les employés de 1re, de 2e et de 3e classe;

Les surnuméraires.

Art. 2. Nul n'est admis en qualité de surnuméraire dans l'administration de l'instruction publique : 1° s'il n'est Français ou naturalisé; 2° s'il n'est âgé de dix-huit ans au moins et de vingt-cinq ans au plus ; 3° s'il n'est pourvu du diplôme de bachelier ès lettres ou de bachelier ès sciences.

Art. 3. Les surnuméraires ne reçoivent pas de traitement. Au bout de trois ans, s'ils n'ont pas été employés, ils cessent de faire partie de l'administration.

Art. 4. Nul n'est nommé employé, s'il n'a été surnuméraire pendant un an.

Nul n'est nommé sous-chef, s'il n'a été employé de 1re classe pendant trois ans.

Nul n'est nommé chef de bureau, s'il n'a été sous-chef pendant cinq ans.

Art. 5. Les dispositions de l'article 4 ne s'appliquent pas aux membres du corps enseignant, qui peuvent être nommés directement aux emplois ci-après désignés :

Peuvent être nommés employés des différentes classes, les inspecteurs des écoles primaires, les régents des colléges communaux, les professeurs adjoints et les professeurs de 4e classe et de 3e classe des lycées des départements.

Peuvent être nommés sous-chefs, les directeurs des écoles normales primaires, les professeurs de 1re et de 2e classe, et les censeurs des lycées des départements.

Peuvent être nommés chefs de bureau, les inspecteurs d'académies, les censeurs et professeurs des lycées de Paris, et les proviseurs.

Art. 6. Il est interdit aux fonctionnaires de l'administration de remplir aucun emploi salarié au dehors, sans l'autorisation du ministre.

DÉCRET

SUR LES DISTINCTIONS HONORIFIQUES.

(9 décembre 1850.)

Art. 1er. Les distinctions honorifiques spécialement attribuées aux membres de l'enseignement public et de l'enseignement libre sont au nombre de deux :

Celle d'officier d'académie;

Celle d'officier de l'instruction publique.

[La palme sera brodée en soie bleue et blanche pour les officiers d'académie[1];]

[Elle sera brodée en argent pour les officiers de l'instruction publique[2].]

Art. 2. Peuvent être nommés officiers d'académie les membres de l'enseignement primaire après quinze ans de services, et les membres de l'enseignement secondaire et supérieur, ainsi que les fonctionnaires de l'administration et de l'inspection, après cinq ans de services.

Peuvent être nommés officiers de l'instruction publique les officiers d'académie pourvus de ce titre depuis cinq ans au moins.

Art. 3. Les distinctions honorifiques attribuées aux membres de l'enseignement public et de l'enseignement libre sont conférées par le ministre de l'instruction publique, sur la proposition des recteurs et l'avis des conseils académiques[3].

Art. 4. Les officiers d'académie, pourvus de ce titre par une nomination spéciale, ou qui l'étaient de droit en vertu de leurs fonctions, restent de droit officiers d'académie[4].

1. Voy. la modification introduite par le décret du 24 décembre 1852, article 2, § 2, page 131.

2. Voy. l'article cité dans la note ci-dessus, § 3, page 131.

3. Un décret du 20 janvier dispose que ces distinctions seront directement accordées par le ministre, lorsqu'il s'agira des membres d'un conseil académique ou de l'administration supérieure.

4. Étaient de droit officiers d'académie les proviseurs, les censeurs, les professeurs de premier et de second or-

Les officiers de l'Université, pourvus de ce titre par une nomination spéciale, ou qui l'étaient de droit en vertu de leurs fonctions, sont de droit officiers de l'instruction publique[1].

DÉCRET

SUR LE COSTUME DES FONCTIONNAIRES DU MINISTÈRE DE L'INSTRUCTION PUBLIQUE ET DES CULTES.

(24 décembre 1852.)

Art. 1er. Le costume officiel des fonctionnaires dépendant du ministère de l'instruction publique et des cultes est réglé ainsi qu'il suit :

DISPOSITIONS GÉNÉRALES.

Habit de drap noir coupé droit sur le devant en forme de frac avec un cran au collet, le devant garni de neuf boutons.

Gilet blanc, coupé droit, garni de six boutons.

Pantalon noir.

Broderies de palmes entrelacées de branches d'olivier.

Chapeau français en feutre noir avec ganse.

Épée.

dre des lycées, les principaux de colléges et les inspecteurs primaires.

1. Étaient de droit officiers de l'Université les inspecteurs généraux, les recteurs et inspecteurs d'académie et les professeurs des Facultés.

DISPOSITIONS PARTICULIÈRES A CHAQUE SERVICE.

1° *Administration centrale.*

Directeur général de l'administration des cultes : broderies en or au collet, parements, taille, bouquet de poches, baguette et bord courant de quatre centimètres (modèle 1); bande brochée en or au pantalon; chapeau à plumes noires avec ganse brodée en or; épée à poignée de nacre avec garde dorée; boutons dorés avec un aigle en relief.

Chef de division : même uniforme et mêmes broderies, moins le bord courant de quatre centimètres.

Chefs de bureau : même uniforme, broderies au collet et parements.

2° *Membres du conseil supérieur de l'Instruction publique et inspecteurs généraux de l'enseignement supérieur.*

Broderies en soie violette et or au collet, parements, taille, bouquet de poches, baguette autour de l'habit et bord courant sur la poitrine élargi jusqu'à dix centimètres (modèle 2); bande brochée en soie violette sur fond noir au pantalon; boutons de l'habit brodés en soie et or; chapeau à plumes noires; épée à poignée de nacre avec garde dorée.

3° *Inspecteurs généraux de l'enseignement secondaire.*

Même uniforme, mêmes broderies en soie violette et argent.

4° Inspecteurs généraux de l'enseignement primaire.

Même uniforme, mêmes broderies en soie violette.

5° Recteurs des académies.

Broderies en soie et or au collet, parements, taille, baguette autour de l'habit; bord courant de quatre centimètres sur la poitrine (modèle 1); bande brochée en soie violette sur fond noir au pantalon; chapeau à plumes; épée à poignée de nacre avec garde dorée.

6° Inspecteurs des académies.

Même uniforme, mêmes broderies en soie violette et argent, moins le bord courant sur la poitrine.

7° Doyens et professeurs des Facultés; directeurs de l'école normale supérieure et des écoles supérieures de pharmacie; administrateurs et professeurs du collége de France, du Muséum d'histoire naturelle, de l'école des langues orientales vivantes, de l'école des chartes et de l'école d'Athènes; membres du Bureau des longitudes; administrateurs et conservateurs des bibliothèques.

Broderies en soie violette et or au collet, parements, taille (modèle 1); bande brochée en soie violette sur fond noir au pantalon; chapeau à plumes noires; épée à poignée de nacre, garde dorée.

8° *Secrétaires et autres fonctionnaires dépendant des Facultés.*

Même uniforme, mêmes broderies en soie violette et jaune.

9° *Proviseurs et censeurs des lycées, directeurs des écoles préparatoires de médecine.*

Même uniforme, mêmes broderies en soie et argent au collet, parements et taille (modèle 1).

10° *Inspecteurs des écoles primaires.*

Palmes en soie au coin du collet, baguette aux parements (modèle 3); épée à poignée noire, garde argentée; chapeau sans plumes avec ganse en soie.

Art. 2. Le costume commun de tous les membres du corps enseignant qui ne sont pas mentionnés au présent décret, est l'habit de ville noir avec palme brochée en soie violette sur la partie gauche de la poitrine.

Le signe distinctif des officiers d'académie est la double palme brodée en soie violette et argent.

Le signe distinctif des officiers de l'instruction publique est la double palme brodée en soie violette et or.

Art. 3. Les dispositions qui précèdent ne sont pas applicables aux fonctionnaires dépendant du ministère de l'instruction publique et des cultes, à qui un costume différent serait assigné à raison d'autres titres ou d'autres fonctions.

DÉCRET

PORTANT RÈGLEMENT SUR LES CONDITIONS AUXQUELLES LES ÉTRANGERS PEUVENT ÊTRE ADMIS A ENSEIGNER EN FRANCE [1].

(5 décembre 1850.)

§ 1er. *Des étrangers dans les établissements libres d'instruction primaire et secondaire.*

Art. 1er. Pour ouvrir et diriger une école primaire ou secondaire libre, tout étranger admis à jouir des droits civils en France est soumis aux mêmes obligations que les nationaux. Il devra, en outre, avoir préalablement obtenu et produire une autorisation spéciale du ministre de l'instruction publique, accordée après avis du conseil supérieur.

1. Ce décret a pour objet de réglementer les dispositions de l'article 78 de la loi du 15 mars 1850.

Une circulaire ministérielle, en date du 14 mai 1851, prescrit les dispositions suivantes :

« Les demandes de ce genre ne seront soumises à l'examen du conseil supérieur que si elles sont accompagnées :

« 1° D'un certificat constatant que le postulant est admis à jouir des droits civils en France ;

« 2° Des pièces exigées par l'article 25 ou par l'article 60 de la loi du 15 mars, s'il se propose de diriger un établissement d'instruction primaire ou secondaire ;

« Si le postulant se propose d'exercer des fonctions de surveillance ou d'enseignement dans un établissement particulier d'instruction publique, il devra fournir l'indication des lieux où il a résidé, et des professions qu'il a exercées pendant les dix dernières années, le tout appuyé d'attestations émanées, soit des autorités de son pays, soit des au-

Cette dernière condition est imposée à tout étranger appelé à remplir, dans un établissement d'instruction primaire ou secondaire libre, une fonction de surveillance ou d'enseignement.

L'autorisation accordée par le ministre, après avis du conseil supérieur, pourra toujours être retirée dans les mêmes formes.

Art. 2. Dans le cas particulier d'écoles primaires ou d'établissements secondaires spécialement autorisés, conformément à l'article précédent, et uniquement destinés à des enfants étrangers résidant en France, des dispenses de brevets de capacité ou de grade pourront être accordées par le ministre de l'instruction publique, après avis du conseil supérieur.

Art. 3. Le ministre de l'instruction publique pourra, après avoir pris l'avis du conseil supérieur, déclarer équivalents aux brevets ou diplômes nationaux exigés par la loi, tous brevets et grades obtenus par l'étranger des autorités scolaires de son pays.

Art. 4. Pourront être également accordées par le ministre, en conseil supérieur, des dis-

torités françaises, et pouvant prouver la sincérité de ses déclarations;

« 3° D'un rapport motivé du recteur. »

Une circulaire ministérielle, en date du 7 juin 1851, modifie ainsi les dispositions précédentes :

« Des actes émanés des autorités françaises, comme la concession d'un secours, la permission régulièrement accordée d'exercer le ministère ecclésiastique ou tout autre délégation authentique, pourront suppléer au certificat de jouissance des droits civils. C'est ce qu'il faut laisser à l'appréciation du ministre et du conseil supérieur, à qui il appartient de résoudre ces questions délicates. »

penses de brevets et de grades aux étrangers qui se seraient fait connaître par des ouvrages dont le mérite aura été reconnu par le conseil de l'instruction publique.

Art. 5. Les chefs ou directeurs étrangers d'établissements d'instruction secondaire ou primaire libres, régulièrement autorisés avant le 1er septembre 1850, continueront d'exercer leur profession sans être soumis aux prescriptions de l'art. 1er du présent décret.

§ 2. *Cours publics.*

Art. 6. L'autorisation et les dispenses laissées à la discrétion des conseils académiques par l'art. 77 de la loi du 15 mars 1850 ne pourront, quand il s'agira d'étrangers admis à jouir des droits civils, être accordées que par le ministre de l'instruction publique, en conseil supérieur; lesdites autorisations et dispenses sont toujours révocables dans les mêmes formes.

§ 3. *Des étrangers dans les écoles et établissements publics.*

Art. 7. Nul étranger ne pourra être nommé instituteur communal ou instituteur adjoint dans une école publique, inspecteur primaire, directeur ou maître adjoint dans une école normale primaire, s'il n'a préalablement obtenu des lettres de naturalisation.

Il en sera de même pour toute fonction à titre définitif dans les établissements publics d'instruction secondaire.

INSTRUCTION PRIMAIRE.

DÉCRET

POUR L'EXÉCUTION DE LA LOI EN CE QUI CONCERNE L'INSTRUCTION PRIMAIRE[1].

(7 octobre 1850.)

CHAP. Ier. *De l'enseignement libre.*

Art. 1er. Il est ouvert, dans chaque mairie, un registre[2] spécial destiné à recevoir les déclarations des instituteurs qui veulent établir des écoles libres, conformément à l'article 27 de la loi organique du 15 mars 1850[3].

Indépendamment des indications exigées par cet article, chaque déclaration doit être accompagnée :

1. Pour ce qui concerne les inspecteurs de l'instruction primaire, les délégués cantonaux et les autorités préposées à l'instruction primaire, et les commissions d'examen, voy. le décret du 29 juillet 1850, depuis l'article 36 jusqu'à l'article 50, p. 102 et suivantes.

2. « Ce registre devra être tenu avec une grande régularité ; il devra plus tard servir à suivre les instituteurs, et à constater leurs antécédents ; les inspecteurs devront toujours, dans leurs tournées, s'assurer de l'état de ce registre. » (Instruction du 24 décembre 1850.)

3. Voy. cet article, p. 23.

1° De l'acte de naissance de l'instituteur;

2° De son brevet de capacité ou du titre reconnu équivalent au brevet de capacité par le second paragraphe de l'article 25 de la loi organique[1].

Cette déclaration est signée sur le registre par l'instituteur et par le maire.

Une copie est immédiatement affichée à la porte de la mairie, et y demeure pendant un mois.

Art. 2. Dans les trois jours qui suivent cette déclaration, le maire adresse au *recteur** les pièces jointes à ladite déclaration et le certificat d'affiche.

Dans le même délai, le maire, après avoir visité ou fait visiter le local destiné à l'école, est tenu de délivrer gratuitement à l'instituteur, en triple expédition, une copie légalisée de sa déclaration.

S'il refuse d'approuver le local, il doit faire mention de cette opposition et des motifs sur lesquels elle est fondée, au bas des copies légalisées qu'il délivre à l'instituteur.

Une de ces copies est remise par l'instituteur au procureur *de la République***, et une autre au sous-préfet, lesquels en délivrent récépissé. La troisième copie est remise au *recteur de l'académie** par l'instituteur, avec les récépissés du procureur *de la République*** et du sous-préfet.

* Préfet.
** Impérial.
1. Page 21.

Art. 3. A l'expiration du délai[1] fixé par le dernier paragraphe de l'article 27 de la loi organique, le maire transmet au *recteur** les observations auxquelles la déclaration affichée peut avoir donné lieu, ou l'informe qu'il n'en a pas été reçu à la mairie.

Art. 4. Si le *recteur** croit devoir faire opposition à l'ouverture de l'école, par application de l'article 28 de la loi organique, il signifie son opposition à la partie par un arrêté motivé.

Trois jours au moins avant la séance fixée pour le jugement de l'opposition, la partie est citée à comparaître devant le conseil *académique***.

Cette opposition est jugée par le conseil *académique***, suivant les formes prescrites au chapitre II du règlement d'administration publique du 29 juillet 1850[2].

Copie de la décision du conseil *académique*** est transmise par le *recteur** au maire de la commune, qui fait transcrire cette décision en marge de la déclaration de l'instituteur sur le registre spécial.

Art. 5. Lorsqu'un instituteur libre a été suspendu de l'exercice de ses fonctions, il peut

* Préfet.

** Départemental.

1. Ce délai est d'un mois.

« Par ces mots : *à l'expiration du délai*, le décret n'a pas entendu dire lorsque le délai sera expiré, mais seulement lorsqu'il approchera de sa fin. » (Instruction du 24 décembre 1850.)

2. Voy. p. 93.

être admis, par le conseil *académique**, à présenter un suppléant pour la direction de son école[1].

Art. 6. Lorsque, par application des articles 29, 30 et 53 de la loi organique, un pensionnat primaire se trouve dans le cas d'être fermé, le *recteur*** et le procureur *de la République**** doivent se concerter pour que les parents ou tuteurs des élèves soient avertis, et pour que les élèves pensionnaires dont les parents ne résident pas dans la localité soient recueillis dans une maison convenable.

S'il se présente une personne digne de confiance qui offre de se charger des élèves pensionnaires ou externes, le *recteur*** peut l'y autoriser provisoirement.

Cette autorisation n'est valable que pour trois mois au plus.

CHAP. II. *De l'enseignement public.*

SECTION Ire. — Des écoles primaires publiques.

Art. 7. Le local que la commune est tenue de fournir, en exécution de l'article 37 de la

* Départemental.

** Préfet.

*** Impérial.

1. Il est bien entendu que le conseil est seul juge de l'opportunité d'une semblable mesure, et qu'il devra, toutes les fois qu'il aura à sévir contre un instituteur libre, déclarer si l'instituteur suspendu devra fermer son école pendant la durée de sa peine, ou s'il sera admis à présenter un suppléant. » (Instruction du 24 décembre 1850.)

loi organique, doit être visité, avant l'ouverture de l'école, par le délégué cantonal, qui fait connaître au conseil *académique** si ce local convient pour l'usage auquel il est destiné[1].

Art. 8. Lorsque des communes demandent à se réunir pour l'entretien d'une école, le local destiné à la tenue de cette école doit être visité par l'inspecteur de l'arrondissement, qui transmet son rapport au conseil *académique**.

* Départemental.

1. On ne se préoccupe pas assez, dans les communes, de la nécessité d'une bonne organisation matérielle des écoles. Depuis l'année 1833, l'État a constamment secouru les communes qui s'imposaient, pour l'établissement d'une école, d'honorables sacrifices; mais, malgré les instructions les plus précises, constamment reproduites depuis dix-sept ans, il arrive encore des demandes de secours destinés à la construction ou à l'appropriation de bâtiments d'école mal disposés. Là où cinquante ou soixante enfants doivent être réunis, on ne ménage de place que pour un nombre infiniment moindre; là où les enfants des deux sexes doivent être reçus, on néglige de les séparer en classe par une cloison, ainsi que le prescrivent les instructions et que le commande le simple sentiment des convenances; enfin, les autres dépendances de l'école sont souvent, quoique affectées à l'usage des garçons et des jeunes filles, placées loin de toute surveillance. « Dans quelques écoles, enfin, on ne consacre au logement personnel de l'instituteur qu'un emplacement insuffisant, et on l'expose à prendre promptement en dégoût une position à laquelle on doit, au contraire, s'efforcer de l'attacher, non par une recherche d'appropriation qu'il ne doit ni connaître ni désirer, mais par une installation aussi commode et saine que simple et modeste. Enfin, dans quelques villes, on ne fait nulle attention au voisinage des écoles, et on expose ainsi les enfants à recevoir des impressions, soit morales, soit physiques, non moins contraires à leurs mœurs qu'à leur santé. » (Instruction du 24 décembre 1850.)

A défaut de conventions contraires, les dépenses auxquelles l'entretien des écoles donne lieu sont réparties entre les communes réunies, proportionnellement au montant des quatre contributions directes. Cette répartition est faite par le préfet.

Art. 9. Lorsqu'il est reconnu que le local fourni par une commune, en exécution de l'article 37 de la loi organique, ne convient pas pour l'usage auquel il est destiné, le préfet, *après s'être concerté avec le recteur*[1] et avoir pris l'avis du conseil municipal, décide s'il y a lieu, en raison des circonstances, de faire exécuter des travaux pour approprier le local à sa destination, ou bien d'en prononcer l'interdiction[2].

S'il s'agit de travaux à exécuter, il met la commune en demeure de pourvoir à la dépense nécessaire pour leur exécution dans un délai déterminé. A défaut d'exécution dans ce délai, il peut y pourvoir d'office.

Si l'interdiction du local a été prononcée, le préfet *et le recteur* pourvoient[3] à la tenue de l'école, soit par la location d'un autre local, soit

1. Lisez : Après avoir reçu le rapport de l'inspecteur d'académie.

2. Désormais le préfet devra interdire tout local d'école qui ne conviendra pas à l'usage auquel il est destiné. Ainsi les enfants ne seront plus exposés à demeurer entassés dans des pièces basses, humides, mal aérées, et dans lesquelles les inspecteurs constataient, trop souvent, avec douleur, l'absence presque totale d'air vital.

3. Lisez : Le préfet, après avoir pris l'avis de l'inspecteur d'académie, pourvoit, etc.

par les autres moyens prévus par l'article 36 de la loi organique[1].

Les dépenses occasionnées par ces mesures seront à la charge de la commune, dans les limites déterminées par la loi.

Art. 10. Chaque année, à l'époque fixée par le *recteur**, la liste des enfants admis gratuitement dans les écoles publiques est dressée conformément à ce qui est prescrit par l'article 45 de la loi organique[2]; les modifications apportées à cette liste dans le cours de l'année sont soumises aux mêmes formalités[3].

Art. 11. Dans les écoles où des enfants de divers cultes sont réunis, chaque ministre procède séparément à l'examen des élèves de son culte en ce qui concerne l'enseignement religieux.

Art. 12. Lorsque, dans une école spécialement affectée aux enfants d'un culte, sont admis les enfants d'un autre culte, il est tenu par l'instituteur un registre sur lequel est inscrite la déclaration du père, ou, à son défaut, de la mère ou du tuteur, attestant que leur enfant ou

* Préfet.

1. En demandant au conseil départemental de réunir cette commune à d'autres pour l'entretien d'une école, ou en engageant cette commune à se concerter avec un instituteur libre pour l'admission des enfants indigents.

2. « Il en sera fait *trois* expéditions : une pour la mairie, une pour l'instituteur, une pour *le recteur.* » (Circulaire du 24 décembre 1850.)

3. Relativement à cette liste, voy. le décret du 31 décembre 1853, art. 13, p. 156.

pupille a été admis dans l'école sur leur demande.

Ladite déclaration est signée par les père, mère ou tuteur. S'ils ne savent signer, l'instituteur fait mention de cette circonstance, et certifie leur déclaration.

Ce registre doit être représenté à toute personne préposée à la surveillance de l'école[1].

SECTION II. — Des instituteurs publics[2].

Art. 13. Tous les ans, à l'époque déterminée

1. L'instruction du 24 décembre prescrit de veiller à ce que ce registre soit exactement tenu : « Si rien ne doit gêner la liberté des familles en ce qui concerne l'enseignement religieux de leurs enfants, rien ne doit être négligé, non plus, pour qu'elles soient complétement éclairées sous ce rapport. Il faut donc que les familles soient mises en demeure de déclarer en quelque sorte d'avance, par leur signature sur le registre, qu'elles connaissent les conséquences auxquelles elles exposent leurs enfants, en les plaçant dans une école où un culte étranger au leur est professé et suivi. Il faut enfin que ce registre, contrairement à quelques prétentions qui se sont manifestées, soit constamment tenu à la disposition de l'autorité. C'est là une garantie que toutes les familles religieuses, à quelque culte qu'elles appartiennent, ne manqueront pas d'apprécier. »

2. Le règlement général de comptabilité du 16 décembre 1841, dans la nomenclature générale des pièces à produire aux payeurs du trésor public, prescrit, pour le payement du traitement fixe des instituteurs et des loyers de maison d'école ou des indemnités de logement, la production d'un certificat d'exercice, délivré par les membres du comité local de surveillance.

Les comités locaux ayant cessé d'exister par suite de la mise à exécution de la loi du 15 mars 1850, le ministre a décidé (7 octobre 1850) que les certificats d'exercice qui seront annexés aux mandats de payement devront être, à l'avenir, délivrés par les maires des communes.

par le *recteur* *, le conseil *académique* **, dans chaque département, dresse :

1° Une liste de tous les candidats qui se sont fait inscrire pour être appelés aux fonctions d'instituteur communal, et qu'ils jugent dignes d'être nommés ;

2° La liste des instituteurs communaux du département qui, à raison de leurs services, sont jugés dignes d'avancement[1].

Cette dernière liste doit faire connaître le traitement dont jouissent les instituteurs qui y sont portés.

* Préfet.

** Départemental.

1. Quant à la liste d'avancement, le conseil supérieur a pensé « qu'il n'était pas possible de limiter le nombre des instituteurs qu'elle devra contenir ; qu'on devait s'en rapporter à cet égard au conseil départemental ; il a pensé, enfin, qu'il fallait laisser au conseil académique le soin de décider si cette liste devra être unique, ou si elle devra être divisée en plusieurs catégories correspondantes à des catégories établies d'avance entre les communes.

« Le conseil *académique* est invité à en écarter ceux qui prétendraient s'y faire placer par d'autres moyens que par l'accomplissement le plus exact et le plus consciencieux de leurs devoirs, et à y placer ceux qui leur seront signalés comme dignes de ce témoignage d'estime par les inspecteurs d'arrondissement et les délégués cantonaux. Les instituteurs apprendront ainsi, non-seulement que la modestie et la résignation ne sont pas des causes d'oubli, mais encore que ces qualités si rares sont appréciées à leur juste valeur et qu'elles constituent déjà à leur égard un préjugé favorable. Ainsi s'établira parmi ces fonctionnaires une utile émulation dont on doit favoriser le développement avec autant de soin qu'on doit résister aux obsessions de ces esprits inquiets et remuants qui cherchent constamment dans de nouvelles voies une situation plus en rapport avec l'importance personnelle qu'ils se supposent. » (Instruction du 24 décembre.)

Ces deux listes peuvent être modifiées pendant tout l'année.

[Elles doivent être insérées au bulletin des actes administratifs de la préfecture, et communiquées par le recteur aux conseils municipaux des communes dans lesquelles il y a lieu de pourvoir à la nomination d'un instituteur communal.]

[Art. 14. Aussitôt que le conseil municipal a nommé un instituteur, le maire envoie une copie de la nomination au recteur de l'académie, qui délivre, s'il y a lieu, à l'instituteur une autorisation provisoire, et qui propose au ministre d'accorder ou de refuser l'institution [1].]

[L'institution doit être donnée ou refusée dans le délai de six mois.]

[Si l'institution est refusée, le recteur met immédiatement le conseil municipal en demeure de pourvoir au choix d'un autre instituteur.]

[Art. 15. Lorsque les fonctions d'instituteur communal viennent à vaquer par suite de décès, de démission ou autrement, le recteur pourvoit à la direction de l'école, en attendant le remplacement de l'instituteur.]

1. L'instituteur, sauf le cas de mutation, n'aura droit au supplément de traitement accordé par l'État qu'à dater du jour où il aura été institué par le ministre. Jusqu'à ce que l'institution lui soit conférée, il n'est point instituteur définitif de la commune, et il n'a point à réclamer de l'État les avantages qui ne sont dus qu'à ceux que le ministre en a jugés dignes. » (Instruction du 24 décembre 1850.)

Maintenant, la nomination définitive remplace l'institution ministérielle. Voy. la note sur l'article 4 du décret du 9 mars 1852, p. 80.

Art. 16. Le *recteur* * pourvoit également à la direction de l'école lorsque l'instituteur se trouve frappé de suspension par application de l'article 33 de la loi organique, ou lorsque, en attendant une instruction plus complète sur une demande en révocation, l'instituteur a été suspendu provisoirement de ses fonctions.

Dans ce cas, le *recteur* * fixe la portion de traitement qui peut être laissée au titulaire et celle qui est attribuée à son suppléant, et il décide si le suppléant doit jouir, en totalité ou en partie du logement affecté à l'instituteur communal.

Art. 17. Lorsqu'un maire croit devoir suspendre, en cas d'urgence, un instituteur communal, il en informe immédiatement l'inspecteur de l'instruction primaire, sans préjudice du compte qu'il doit rendre dans les deux jours au *recteur* *.

Art. 18. Chaque année, trois jours avant la session de février des conseils municipaux, le receveur municipal remet au maire de la commune le rôle de la rétribution scolaire de l'année précédente[1].

* Préfet.

1. Il doit remettre le rôle primitif et les rôles supplémentaires de la rétribution scolaire de l'année précédente, appuyés d'un résumé faisant connaître : 1° le montant de ces rôles ; 2° la non-valeur résultant des cotes indûment imposées et des sorties d'élèves dans le courant de l'année ; 3° les sommes recouvrées ; 4° celles dont la rentrée est réalisable ; 5° celles qui seront à porter sur l'état des cotes irrecouvrables et dont la commune est responsable envers l'instituteur. Les rôles seront rendus au receveur municipal

Art. 19. Les conseils municipaux délibèrent, chaque année, dans leur session du mois de février, pour l'année suivante :

Sur le taux de la rétribution scolaire ;

Sur le traitement de l'instituteur ;

Sur les centimes spéciaux qu'ils doivent voter, à défaut de leur revenus ordinaires : 1° pour assurer le traitement fixe de l'instituteur au minimum de 200 fr. ; 2° pour élever au minimum de 600 fr. le revenu de l'instituteur, quand son traitement fixe, joint au produit de la rétribution scolaire, n'atteint pas cette somme.

Les délibérations des conseils municipaux relatives aux écoles sont envoyées, avant le 1er mai, pour l'arrondissement chef-lieu, au préfet, et pour les autres arrondissements aux sous-préfets, qui les transmettent dans les dix jours au préfet, avec leur propre avis, celui des délégués cantonaux et celui de l'inspecteur primaire.

Art. 20. Le préfet soumet au conseil *académique** les délibérations des conseils municipaux relatives aux taux de la rétribution scolaire dans leur commune.

Le conseil *académique** fixe définitivement le taux de cette rétribution scolaire, et en informe le préfet, qui présente les résultats de ses diverses délibérations au conseil général, dans sa session ordinaire, à l'appui de la proposition des crédits à allouer, pour les dépenses de l'in-

à la clôture de la session, pour être ultérieurement produits à l'appui de son compte.

* Départemental.

struction primaire, dans le budget départemental.

Art. 21. La rétribution scolaire est due par tous les élèves externes et pensionnaires qui suivent les classes de l'école et qui ne sont pas portés sur la liste dressée en exécution de l'article 45 de la loi organique[1].

Art. 22. [Le rôle de la rétribution scolaire est annuel[2].]

[Dans le courant de janvier, l'instituteur communal dresse et remet au maire : 1° le rôle des enfants présents dans son école au commencement du mois[3]], avec l'indication du nom des redevables qui doivent acquitter la rétribution, et du montant de la rétribution due par chacun d'eux ; 2° des extraits individuels dudit rôle, pour être ultérieurement remis aux redevables, à titre d'avertissement[4].

Il n'est ouvert dans le rôle qu'un seul article

1. C'est-à-dire sur la liste des élèves gratuits.

2. Le décret du 31 décembre 1853, art. 14, a changé cette disposition. Voy. cet article, p. 157.

3. Lisez : A la fin de chaque trimestre, l'instituteur dresse et remet au maire : 1° le rôle des enfants présents dans son école pendant le trimestre écoulé, avec l'indication du nombre de douzièmes dus pour chacun d'eux, etc.

4. « L'instituteur tiendra un registre matricule pour servir à l'établissement des rôles qu'il doit remettre au maire. Il inscrira successivement sur ce registre le nom de tous les élèves payants admis à fréquenter l'école, et, quand il y a lieu, en regard de chaque nom, la date de la sortie de l'élève et le dégrèvement qui résulte de cette sortie. Le registre matricule sera représenté au maire, au délégué cantonal et à l'inspecteur de l'instruction primaire, à toute réquisition. » (Circulaire du 24 décembre.)

au père, à la mère ou au tuteur qui a plusieurs enfants à l'école.

Le maire vise le rôle, après s'être assuré qu'il ne comprend pas d'enfants dispensés du payement de la rétribution; qu'il contient tous ceux qui y sont soumis; en outre, que la cotisation est établie d'après le taux fixé par le conseil *académique**.

Il l'adresse ensuite au sous-préfet, qui le communique à l'inspecteur, pour qu'il puisse fournir ses observations.

Le préfet, ou le sous-préfet par délégation, rend le rôle exécutoire et le transmet au receveur des finances, qui le fait parvenir au receveur municipal.

Art. 23. La rétribution scolaire est payée par douzièmes.

Art. 24. [Un rôle supplémentaire est établi, à la fin de chaque trimestre, pour les enfants admis à l'école dans le courant du trimestre. Dans ce cas, la rétribution est due à partir du premier jour du mois dans lequel l'enfant a été admis[1].]

Art. 25. Lorsque plusieurs communes sont réunies pour l'entretien d'une même école, l'instituteur dresse un rôle spécial pour chaque commune[2].

* Départemental.

1. Cet article se trouve annulé par l'article 14 du décret du 31 décembre 1853, cité ci-dessus.

2. Si les communes réunies qui fournissent des enfants à l'école font partie de divers arrondissements de perception, le receveur municipal de la commune où l'école est établie, recevra de ses collègues, au commencement de

Art. 26. Tout enfant qui vient à quitter l'école postérieurement à l'émission du rôle est affranchi de la rétribution à partir du premier jour du mois suivant. Avis de son départ est immédiatement donné par l'instituteur et par les parents au maire, qui, après avoir vérifié le fait, en informe le receveur municipal[1].

Art. 27. En fin d'année, il est procédé à un décompte à l'effet de constater si l'instituteur communal a reçu le minimum de traitement qui lui est garanti par l'article 37 de la loi organique.

Ce décompte est établi d'après le nombre des

chaque mois ou de chaque trimestre, en un mandat du maire, soit le douzième, soit le quart du contingent des autres communes.

Quant aux enfants d'une autre commune non réunie qui sont admis à l'école, l'instituteur dressera un rôle spécial unique; il procédera directement, pour eux, au recouvrement de la rétribution scolaire. Le rôle qui les concerne sera visé par le maire de la commune où est située l'école, et le produit en sera porté au compte de cette commune.

Telles sont les dispositions prescrites par la circulaire du 24 décembre 1850.

1. « Indépendamment de cet avis, l'instituteur dressera, au commencement de chaque mois, un relevé extrait du registre matricule des enfants sortis pendant le mois précédent. Le maire vérifiera ce relevé, l'arrêtera, et le remettra au receveur municipal, qui l'émargera aux articles respectifs des redevables, et le conservera comme tenant lieu d'ordonnance de dégrèvement. Un autre extrait du registre matricule, contenant les noms des enfants entrés à l'école pendant le mois expiré, sera remis au receveur municipal, afin de le mettre à portée de recevoir les sommes qui lui seraient offertes avant l'émission du rôle trimestriel, et d'en délivrer quittance à souche, sauf à faire ultérieurement l'émargement de ces sommes sur le rôle supplémentaire. » (Circulaire du 24 décembre 1850.)

élèves portés [soit au rôle général, soit aux rôles supplémentaires[1]]. Sur le montant des rôles, il est fait déduction des non-valeurs résultant soit des sorties d'élèves dans le cours de l'année, soit des dégrèvements prononcés[2].

Art. 28. Les remises des receveurs municipaux[3] sont calculées, conformément à l'article 5 de la loi du 29 juillet 1837, sur le total des sommes portées aux rôles généraux et supplémentaires de la rétribution scolaire.

Art. 29. Les remises dues au percepteur et les cotes qui deviendraient irrecouvrables sont déclarées charges communales, et, comme telles, placées au nombre des dépenses obligatoires des communes.

Art. 30. Les réclamations auxquelles la confection des rôles peut donner lieu sont rédigées sur papier libre, et déposées au secrétariat de la sous-préfecture[4].

1. Lisez : sur les rôles trimestriels.

2. « Les non-valeurs ne seront point portées en recette. En conséquence, le receveur municipal se bornera, quand les ordonnances de dégrèvements et les états de sortie d'élèves lui parviendront, à les émarger aux cotes des redevables et à en constater la réduction au compte des rôles de la rétribution. » (Circulaire du 24 décembre 1850.)

3. Ces remises s'élèvent à 3 pour 100.

4. « Ces réclamations, ainsi que les états des cotes indûment imposées, dressés par les receveurs municipaux, seront présentées dans les trois mois qui suivront la publication des rôles. Les états des cotes irrecouvrables seront présentés à la même époque que ceux qui concernent les contributions directes. Il y aura lieu à décharge ou réduction, quand les cotes auront été indûment ou mal établies; et à remise ou modération, quand les redevables se trouveront dans l'impossibilité d'acquitter la tota

Lorsqu'il s'agit de décharges ou réductions, il est statué par le conseil de préfecture, sur l'avis du maire, du délégué cantonal et du sous-préfet.

Il est prononcé sur les demandes en remise par le préfet, après avis du conseil municipal et du sous préfet.

Art. 31. Lorsque le conseil *académique** autorise un instituteur à percevoir lui-même le montant de la rétribution scolaire, en exécution du deuxième paragraphe de l'article 41 de la loi organique, le *recteur*** en informe immédiatement le receveur particulier de l'arrondissement, qui en donne avis au receveur municipal.

Dans ce cas, le rôle de la rétribution est dressé et arrêté, ainsi qu'il a été dit à l'art. 22 du présent règlement.

lité ou une partie de leur cotisation. » (Circulaire du 24 décembre.)

* Départemental.

** Préfet.

DÉCRET

SUR LES ÉCOLES COMMUNALES.

(31 décembre 1853.)

TITRE PREMIER.

DES ÉCOLES COMMUNALES ET DES INSTITUTEURS.

Art. 1er. Nul n'est nommé définitivement instituteur communal, s'il n'a dirigé pendant trois ans au moins une école en qualité d'instituteur suppléant, ou s'il n'a exercé pendant trois ans, à partir de sa vingt et unième année, les fonctions d'instituteur adjoint.

Art. 2. Nul ne peut être nommé instituteur suppléant, s'il ne remplit les conditions[2] déterminées par l'art. 25 de la loi du 15 mars 1850.

Art. 3. Les instituteurs suppléants peuvent être chargés par les *recteurs des académies* * de la direction, soit des écoles publiques dans les communes dont la population ne dépasse pas 500 âmes, soit des écoles annexes[3] dont l'établissement serait reconnu nécessaire.

* Préfets.

1. Voy., relativement aux écoles communales, les articles 31 à 41 de la loi du 15 mars 1850, et nos notes, p. 28 et suiv.

2. Voy. ces conditions, p. 21.

3. On entend ici par école annexe, une seconde ou troisième école de garçons ou de filles établie dans une commune importante, qui possède déjà une école de garçons ou de filles.

Ils remplacent temporairement les instituteurs communaux en cas de congé, de démission ou de révocation, de maladie ou de décès.

Art. 4. Les instituteurs suppléants dirigeant des écoles publiques reçoivent un traitement dont le minimum est fixé ainsi qu'il suit, y compris le produit de la rétribution scolaire :

Instituteurs suppléants de 1re classe.....	500 fr.
Instituteurs suppléants de 2e classe......	400

Il est pourvu au traitement et au logement des instituteurs suppléants, conformément aux dispositions de la loi du 15 mars 1850.

Le traitement des instituteurs suppléants remplaçant des instituteurs communaux est fixé par le *recteur de l'académie**. Il peut être prélevé sur le traitement du titulaire.

Le passage d'un instituteur suppléant de la deuxième à la première classe peut avoir lieu sans changement de résidence.

Le nombre des instituteurs suppléants de première classe ne peut excéder, dans chaque département, le tiers du nombre des instituteurs suppléants.

Art. 5. Sur la proposition du *recteur de l'académie**, une allocation supplémentaire peut être accordée, par le ministre de l'instruction publique, aux instituteurs communaux qui l'auront méritée par leurs bons services.

Cette allocation est calculée de manière à élever à 700 fr. après cinq ans, et à 800 fr.

* Préfet.

après dix ans, le revenu scolaire, dont le minimum est fixé à 600 fr. par la loi du 15 mars 1850 ; elle peut être annuellement renouvelée, si l'instituteur continue à s'en rendre digne.

Dans tous les cas, le nombre des instituteurs communaux qui reçoivent cette indemnité ne peut dépasser le dixième du nombre total des instituteurs communaux de la circonscription académique. Ce dixième ne devra être complétement atteint, s'il y a lieu, que dans cinq ans, à partir du 1er janvier 1854.

TITRE II.

DES ÉCOLES DE FILLES[1].

Art. 6. Les écoles de filles, avec ou sans pensionnat[2], sont divisées en deux ordres, savoir :

1. En appelant les instituteurs au bénéfice de la pension, le législateur n'a pas entendu refuser cet avantage aux institutrices communales, qui sont comprises évidemment parmi « les fonctionnaires de l'enseignement, rétribués en tout ou en partie sur les fonds départementaux ou communaux. »

Les émoluments fixes qu'elles reçoivent de la commune sont seuls astreints à la retenue, parce qu'ils serviront seuls de base à la liquidation de leur pension. En effet, la loi du 15 mars 1850 et les règlements qui ont suivi n'ont pas étendu aux institutrices les dispositions relatives au traitement des instituteurs, spécialement en ce qui concerne la rétribution scolaire. Cette rétribution, perçue par l'institutrice elle-même, ne figure à aucun titre parmi les revenus communaux ; elle constitue pour l'institutrice une recette essentiellement privée, dont il ne peut être tenu compte ni dans la liquidation, ni des retenues, ni des pensions. (Extrait de l'instruction du 24 décembre 1853.)

2. Voy. la loi du 15 mars 1850, article 68 et suivant, p. 65.

Ecoles de premier ordre ;
Ecoles de second ordre.

Art. 7. Aucune aspirante au brevet de capacité ne peut être admise à se présenter devant une commission d'examen, si elle n'est âgée, au jour de l'ouverture de la session, de dix-huit ans accomplis.

Le brevet de capacité mentionne l'ordre d'enseignement pour lequel il a été délivré.

Art. 8. Nulle institutrice laïque ne peut diriger une maison d'éducation de premier ordre, si elle n'est pourvue d'un brevet de capacité, délivré après un examen portant sur toutes celles des matières d'enseignement énumérées aux art. 23 et 48 de la loi du 15 mars 1850, qui sont exigées pour l'éducation des femmes.

Art. 9. Des institutrices peuvent être chargées de la direction des écoles publiques communes aux enfants des deux sexes, qui, d'après la moyenne des trois dernières années, ne reçoivent pas annuellement plus de quarante élèves.

Les dispositions de l'art. 4 du présent décret, relatives au traitement et au logement, sont applicables à ces institutrices.

Art. 10. Toutes les écoles communales ou libres de filles, tenues soit par des institutrices laïques, soit par des associations religieuses non cloîtrées ou même cloîtrées, sont soumises, quant à l'inspection et à la surveillance de l'enseignement, en ce qui concerne l'externat, aux autorités instituées par les art. 18 et 20 de la loi du 15 mars 1850.

Art. 11. *Le recteur de l'académie** délègue, lorsqu'il y a lieu, des dames pour inspecter, aux termes des art. 50 et 53 de la loi du 15 mars 1850, l'intérieur des pensionnats tenus par des institutrices laïques.

Art. 12. L'inspection des pensionnats de filles tenus par des associations religieuses cloîtrées ou non cloîtrées, est faite, lorsqu'il y a lieu, par des ecclésiastiques nommés par le ministre de l'instruction publique, sur la présentation de l'évêque diocésain.

Les rapports constatant les résultats de cette inspection sont transmis directement au ministre.

TITRE III.

DE LA RÉTRIBUTION SCOLAIRE.

Art. 13. A la fin de chaque année scolaire, le préfet, ou, par délégation, le sous-préfet, fixe, sur la proposition des délégués cantonaux et l'avis de l'inspecteur de l'instruction primaire, le nombre maximum des enfants qui, en vertu des prescriptions de l'art. 24 de la loi du 15 mars 1850, pourront être admis gratuitement dans chaque école publique, pendant le cours de l'année suivante.

La liste des élèves gratuits, dressée par le maire et les ministres des différents cultes, et approuvée par le conseil municipal, conformément à l'article 45 de la loi du 15 mars

* Préfet.

1850, ne doit pas dépasser le nombre ainsi fixé[1].

Lorsque cette liste est arrêtée par le préfet, il en est délivré par le maire un extrait, sous forme de billet d'admission, à chaque enfant qui y est porté.

Aucun élève ne peut être reçu gratuitement dans une école communale, s'il ne justifie d'un billet d'admission délivré par le maire.

Art. 14. A partir de l'exercice 1854, le rôle de la rétribution scolaire, prescrit par l'art. 22 du décret du 7 octobre 1850, sera dressé à la fin de chaque trimestre. Il comprendra tous les enfants présents à l'école pendant le trimestre écoulé, avec l'indication du nombre de douzièmes dus pour chacun d'eux. Il ne sera tenu compte, dans le rôle trimestriel, d'aucune fraction de douzième, tout mois commencé étant dû en entier[2].

1. Voy. l'article 45 de la loi du 15 mars 1850, et notre note sur cet article, p. 46.

Voy. aussi l'article 10 du décret du 7 octobre 1850, p. 141.

2. Cet article change les dispositions principales de l'article 22 du décret du 5 octobre 1850, et n'a laissé subsister que les dispositions secondaires.

DÉCRET

CONCERNANT LES PENSIONNATS PRIMAIRES.

(30 décembre 1850.)

TITRE PREMIER.

DES INSTITUTEURS LIBRES.

Art. 1er. Tout instituteur libre qui veut ouvrir un pensionnat primaire devra justifier qu'il s'est soumis aux prescriptions des articles 27 et 28 de la loi du 15 mars 1850; il devra, en outre, déposer entre les mains du maire la déclaration exigée par le paragraphe 1er de l'article 53 de ladite loi.

Cette déclaration doit être accompagnée :

1° De l'acte de naissance de l'instituteur, et, s'il est marié, de son acte de mariage;

2° D'un certificat dûment légalisé, attestant que le postulant a exercé pendant cinq ans au moins, soit comme instituteur, soit comme maître dans un pensionnat primaire;

3° Du programme de son enseignement;

4° Du plan du local dans lequel le pensionnat doit être établi;

5° De l'indication du nombre maximum des pensionnaires qu'il se propose de recevoir;

6° De l'indication des noms, prénoms, date et lieu de naissance des maîtres et employés qu'il s'est adjoints pour la surveillance du pensionnat.

Art. 2. Tout Français qui, après avoir exercé pendant cinq ans comme maître dans un pensionnat primaire, voudra ouvrir à la fois une école libre et un pensionnat primaire, pourra accomplir simultanément les formalités prescrites par les articles 27 et 28 de la loi du 15 mars, et par l'art. 1er ci-dessus.

Art. 3. Le maire inscrit sur un registre spécial la déclaration de l'instituteur.

Dans les trois jours qui suivent la déclaration, le maire, après avoir visité ou fait visiter le local destiné au pensionnat, vise en triple expédition la déclaration de l'instituteur, et la lui remet avec son visa.

S'il refuse d'approuver le local, il fait mention de son opposition et des motifs sur lesquels elle est fondée, en marge de la déclaration.

Cette déclaration, accompagnée des pièces prescrites par l'article 1er du présent règlement, est transmise au *recteur de l'académie**, au procureur *de la République*** et au sous-préfet par le postulant.

Art. 4. Si le *recteur** fait opposition à l'ouverture du pensionnat, soit dans l'intérêt de la moralité ou de la santé des élèves, soit pour inobservation des formes et conditions prescrites par la loi, il signifie son opposition à la partie par un arrêté motivé.

Trois jours au moins avant la séance fixée pour le jugement de l'opposition, l'instituteur est appelé devant le conseil *académique****.

* Préfet.
** Impérial.
*** Départemental.

Cette opposition est jugée par le conseil *académique**, suivant les formes prescrites au chapitre II du règlement d'administration publique en date du 29 juillet 1850 (art. 25, 27 et 28)[1].

Copie de la décision du conseil *académique** est transmise par le *recteur*** au maire de la commune, qui fait transcrire cette décision en marge de la déclaration de l'instituteur, sur le registre spécial.

A défaut d'opposition à l'ouverture du pensionnat, et dans le cas où il est donné mainlevée de l'opposition qui aurait été formée, le conseil *académique** détermine le nombre d'élèves qui peuvent être admis sans inconvénient dans le local affecté au pensionnat, et le nombre des maîtres et employés nécessaire pour la surveillance des élèves. Mention en est faite par le recteur sur le plan du local. L'instituteur est tenu de représenter ledit plan aux autorités préposées à la surveillance des écoles chaque fois qu'il en est requis.

TITRE II.

DES INSTITUTEURS PUBLICS.

Art. 5. Les dispositions des articles 1 et 3 du présent règlement sont applicables à l'instituteur public qui veut établir un pensionnat primaire.

* Départemental.
** Préfet.
1. Voy. p. 98 et 99.

La déclaration de l'instituteur est soumise par le maire au conseil municipal dans sa plus prochaine réunion.

Le conseil municipal, avant de donner son avis sur la demande, s'assure que le local est approprié à sa destination, et que la tenue de l'école communale n'aura pas à souffrir de l'établissement projeté.

Art. 6. L'autorisation donnée par le conseil *académique** mentionne le nombre des élèves pensionnaires que l'instituteur peut recevoir. Cette autorisation mentionne également le nombre des maîtres et employés qui devront partager avec l'instituteur la surveillance du pensionnat.

Le plan du local visé par le *recteur*** et l'autorisation délivrée par le conseil *académique** doivent être représentés par l'instituteur, aux autorités préposées à la surveillance des écoles.

TITRE III.

DES CONDITIONS COMMUNES AUX INSTITUTEURS PUBLICS ET LIBRES.

Art. 7. Si l'instituteur ne s'est pas conformé aux mesures prescrites par le conseil *académique**, dans l'intérêt des mœurs et de la santé des élèves, il pourra être traduit devant ledit conseil pour subir l'application des dispositions de l'article 30 de la loi du 15 mars 1850, s'il

* Départemental.
** Préfet.

appartient à l'enseignement libre; s'il est instituteur communal, il lui sera fait application des peines énoncées en l'article 33 de ladite loi.

Art. 8. Tout instituteur qui reçoit des pensionnaires doit tenir un registre sur lequel il inscrit les noms, prénoms et l'âge de ses élèves pensionnaires, la date de leur entrée et celle de leur sortie.

Chaque année il transmet, avant le 1er novembre, au *recteur de l'académie**, un rapport sur la situation et le personnel de son établissement.

Art. 9. Tout instituteur dirigeant un pensionnat qui change de commune ou qui, sans changer de commune, change de local ou apporte au local affecté à son pensionnat des modifications graves, doit en faire la déclaration au *recteur** et au maire de la commune, et se pourvoir de nouveau devant le conseil *académique***.

La nouvelle déclaration devra être accompagnée du plan du local, et devra mentionner les indications énoncées au paragraphe 5 de l'article 4 du présent règlement.

Art. 10. Il est ouvert, dans chaque pensionnat, un registre spécial destiné à recevoir les noms, prénoms, date et lieu de naissance des maîtres et employés, et l'indication des emplois qu'ils occupaient précédemment et des lieux où ils ont résidé, ainsi que la date des brevets, di-

* Préfet.
** Départemental.

plômes ou certificats de stage dont ils seraient pourvus.

Les autorités préposées à la surveillance de l'instruction primaire devront toujours se faire représenter ces registres quand elles inspecteront ces écoles.

Art. 11. Aucun pensionnat primaire ne pourra être établi dans des locaux dont le voisinage serait reconnu dangereux sous le rapport de la moralité et de la santé des élèves.

Art. 12. Aucun pensionnat ne peut être annexé à une école primaire qui reçoit des enfants des deux sexes.

Art. 13. Les dortoirs doivent être spacieux, aérés et dans les dimensions qui soient en rapport avec le nombre des pensionnaires.

Ils doivent être surveillés et éclairés pendant la nuit.

Une pièce spéciale doit être affectée au réfectoire.

Art. 14. Le régime intérieur des pensionnats primaires sera réglé par le *recteur** en conseil *académique***, sauf recours au conseil supérieur de l'Instruction publique[1].

* Préfet.

** Départemental.

1. On ne voit pas facilement quelle peut être l'application de cet article.

ARRÊTÉ

RELATIF AUX ASPIRANTS AUX FONCTIONS D'INSPECTEUR PRIMAIRE [1].

(16 décembre 1850.)

Art. 1er. Il sera formé, chaque année, au chef-lieu de chaque académie, une commission chargée d'examiner l'aptitude des candidats aux fonctions d'inspecteur de l'instruction primaire.

Art. 2. Cette commission sera composée du recteur ou de son délégué, président, et de quatre membres nommés par le recteur [en conseil académique [2]], et agréés par le ministre de l'instruction publique.

Art. 3. Les candidats sont tenus de s'inscrire, du 1er au 15 juillet, au secrétariat de l'académie, et de faire les justifications exigées par l'article 38 du règlement du 29 juillet 1850.

Art. 4. L'examen aura lieu dans l'intervalle du 1er au 5 octobre. Le jour sera fixé et annoncé un mois d'avance par les soins du recteur.

Art. 5. L'examen se composera d'une épreuve écrite et d'épreuves orales.

1. Voy., relativement aux conditions de ces examens, le décret du 29 juillet 1850, article 38 et suivant, p. 103.

2. L'instruction générale du 31 octobre 1854 explique que ces commissions ne doivent être établies que dans les chefs-lieux des académies créées par la loi du 14 juin 1854. Voy. page 84.

L'épreuve écrite consistera dans un rapport sur une affaire d'inspection. Il sera accordé deux heures pour ce travail.

Les épreuves orales consisteront en interrogations :

1° Sur les devoirs de l'instituteur;

2° Sur la direction et la tenue des salles d'asile;

3° Sur les méthodes d'enseignement;

4° Sur les plans et le mobilier des maisons d'école;

5° Sur les lois, décrets et règlements concernant l'instruction primaire.

Art. 6. La commission, après avoir apprécié l'aptitude intellectuelle et morale des candidats, délivrera un certificat d'aptitude aux candidats qui en auront été jugés dignes. [La liste des candidats qui auront obtenu ce certificat sera placée sous les yeux du conseil académique.]

Le recteur adressera au ministre une expédition de cette liste, après y avoir consigné les renseignements qu'il aura recueillis sur les antécédents des candidats.

ARRÊTÉ

RELATIF AUX TOURNÉES DES INSPECTEURS PRIMAIRES.

(3 janvier 1851.)

Art. 1er. Tous les ans, dans les premiers jours du mois de décembre, le ministre de l'instruction publique arrête la répartition entre chaque département de la somme portée au budget de l'année suivante pour les frais de tournées des inspecteurs des écoles primaires, sauf ce qui est dit à l'article 10.

Cette répartition est faite proportionnellement au nombre des communes et des écoles dans chaque département, en tenant compte de la superficie territoriale du département et des difficultés des communications et du parcours.

Art. 2. Le *recteur**, après avoir pris l'avis du conseil *académique***, propose au ministre, d'après les mêmes bases, la répartition du crédit accordé à son département entre les inspecteurs de l'instruction primaire des divers arrondissements.

Cette repartition doit fixer :

1° La somme affectée à chacune des tournées trimestrielles ordinaires déterminées à l'article 3, en tenant compte des circonstances locales relatives à la fréquentation des écoles et

* Préfet.
** Départemental.

aux difficultés du parcours dans les diverses saisons de l'année ;

2° La somme qui peut être affectée dans chaque trimestre à des inspections ou missions extraordinaires, laquelle somme ne pourra jamais excéder le quart de la précédente.

Cette répartition, approuvée par le ministre, est définitive, et ne peut être modifiée dans le courant de l'année.

Art. 3. A la fin de chaque trimestre, le *recteur de l'académie** dresse l'état des écoles que les inspecteurs devront inspecter pendant le trimestre suivant. Cet état indiquera le nombre des jours qui devront être consacrés à une inspection ordinaire. Un certain nombre de jours devront être réservés pour des inspections ou missions extraordinaires et pour les travaux de cabinet.

Art. 4. L'inspecteur, à moins de circonstances graves, dont il rend compte au *recteur*[1] dans son rapport trimestriel, doit inspecter dans le trimestre toutes les écoles indiquées sur l'état dressé par le *recteur**.

Il ne doit pas inspecter plus de deux écoles par jour, à moins d'autorisation spéciale donnée par le *recteur** pour des cas déterminés.

Art. 5. Une note constatant l'inspection ordinaire ou extraordinaire de chaque école primaire, signée par l'inspecteur, est envoyée le jour même par ce fonctionnaire *au recteur*[1] de l'académie.

* Préfet.

1. Lisez : au préfet, par l'intermédiaire de l'inspecteur d'académie.

En cas de refus de la part d'un instituteur de se soumettre à l'inspection, l'inspecteur dressera procès-verbal de ce refus, conformément à l'article 22 de la loi organique et à l'article 42 du règlement du 29 juillet 1850. Il enverra ce procès-verbal *au recteur*[1] de l'académie, qui le transmettra au procureur *de la République**.

Art. 6. Il est alloué aux inspecteurs de l'instruction primaire, pour chaque jour consacré à l'inspection des écoles hors du lieu de leur résidence, une indemnité de 5 francs[2].

Art. 7. Au commencement de chaque trimestre, il est mis par le préfet, sur la proposition *du recteur*** de l'académie, une somme de 150 francs, à titre d'avance, à la disposi-

* Impérial.

** De l'inspecteur.

1. Lisez : A l'inspecteur d'académie qui, après avoir pris les ordres du préfet, etc.

2. « J'ai décidé, le 28 juin dernier, que lorsque les besoins du service exigeront une inspection extraordinaire des écoles, l'indemnité pour frais de tournées à allouer aux inspecteurs de l'enseignement primaire pourra s'élever par jour à la somme de 10 francs. — Cette exception au tarif du 6 janvier 1851 devra toujours être autorisée par le ministre. » (Circulaire ministérielle du 8 juillet 1852.)

« A partir de 1854, cette indemnité, en cours de tournées ordinaires, a été portée à 5 fr. 50 cent. par jour. Quant aux missions extraordinaires, celles qui nécessiteront le déplacement d'un inspecteur à plus de seize kilomètres du lieu de sa résidence, donnera lieu à un tarif exceptionnel de 8 francs par jour. Mais lorsque la commune où devra se faire une enquête extraordinaire ou une mission spéciale, sera distante de moins de seize kilomètres du chef-lieu de l'arrondissement, l'inspecteur n'aura droit qu'à l'indemnité de 6 fr. 50 cent. » (Circulaire du 6 février 1854.)

tion de chaque inspecteur de l'instruction primaire[1].

Art. 8. A la fin de chaque trimestre, l'inspecteur remet au *recteur*[2], avec le rapport prescrit par l'article 43 du règlement d'administration publique du 29 juillet 1850, l'état de ses frais en double expédition.

Cet état doit mentionner :

1° Pour les inspections ordinaires :

Les communes dans lesquelles a eu lieu l'inspection ;

Le nombre des écoles inspectées dans chaque commune, en indiquant si ce sont des écoles libres ou des écoles publiques ;

Le nombre de jours employés à l'inspection.

2° Pour les missions ou inspections extraordinaires :

Les communes où l'inspecteur a dû se rendre ;

Les écoles qu'il a inspectées ou l'objet de la mission ;

Le nombre de jours consacrés à ces inspections ou missions.

Art. 9. *Le recteur** de l'académie compare cet état de frais :

* Préfet.

1. « Cette avance sera désormais réduite à 100 francs. Les inspecteurs ne recevront cette prévision que pour les tournées des premier, deuxième et quatrième trimestres ; pour la tournée du troisième trimestre, cette avance n'aura lieu qu'autant que les nécessités du service l'exigeraient et que le ministre l'autoriserait. » (Circulaire du 6 février 1854.)

2. Lisez : Au préfet, par l'intermédiaire de l'inspecteur d'académie.

1° Avec l'état mentionné en l'article 3 du présent règlement;

2° Avec les notes constatant l'inspection, prescrites au premier paragraphe de l'article 5 du présent règlement;

3° Avec les rapports qui lui ont été adressés à la suite des inspections ou missions extraordinaires.

Un double de l'état des frais présenté par l'inspecteur, approuvé par le *recteur*[1], est transmis au ministre, qui en fait ordonnancer le solde.

Art. 10. Tous les ans, avant d'arrêter la répartition du crédit destiné aux frais de tournées des inspecteurs, ainsi qu'il est dit à l'article 1er, le ministre prélève sur l'ensemble de ce crédit la somme que, d'après les besoins du service, il juge nécessaire pour subvenir pendant l'année suivante aux frais de déplacement des inspecteurs.

Art. 11. Sur ce crédit, réservé par le ministre, il pourra être alloué, à titre de frais de déplacement, à tout inspecteur qui, sans obtenir de l'avancement, est appelé, dans l'intérêt du service, d'un département dans un autre, une indemnité qui sera calculée à raison de 30 centimes par kilomètre à parcourir pour se rendre à son nouveau poste. Cette indemnité pourra être élevée proportionnellement au nombre des membres de la famille de l'inspecteur, sans pouvoir jamais excéder le double de celle

1. Lisez : Approuvé par l'inspecteur d'académie, est soumis au préfet, puis transmis, etc.

à laquelle il aurait eu droit. L'indemnité supplémentaire ne sera accordée que sur la proposition du *recteur**.

DÉCRET

PORTANT RÈGLEMENT POUR LES ÉCOLES NORMALES PRIMAIRES.

(24 mars 1851.)

TITRE PREMIER.

DES OBJETS DE L'ENSEIGNEMENT DANS LES ÉCOLES NORMALES PRIMAIRES.

Art. 1er. L'enseignement dans les écoles normales primaires comprend :

L'instruction morale et religieuse ;

La lecture ;

L'écriture ;

Les éléments de la langue française ;

Le calcul et le système légal des poids et mesures ;

Le chant religieux.

Il peut comprendre en outre :

L'arithmétique appliquée aux opérations pratiques ;

Les éléments d'histoire et de géographie ;

Des notions des sciences physiques et d'histoire naturelle, applicables aux usages de la vie ;

* Préfet.

Des instructions élémentaires sur l'agriculture, l'industrie et l'hygiène;

L'arpentage, le nivellement et le dessin linéaire;

La gymnastique[1].

LEÇONS PAR SEMAINE.

Première année.

Instruction religieuse et histoire sainte............	3
Lecture....................................	6
Récitation..................................	3
Écriture	5
Langue française............................	9
Calcul et système légal des poids et mesures........	6
Chants religieux............................	3
Total....................	35

1. Un règlement en date du 31 juillet 1851 fixe le programme détaillé de cet enseignement, à l'exception de l'industrie, de l'hygiène et de l'arpentage. Ce règlement contient en outre les dispositions suivantes :

Art. 2. Les élèves seront exercés à l'école annexe dans les deux dernières années du cours. Il leur sera fréquemment demandé compte de la manière dont ils y auront appliqué les méthodes d'enseignement, dirigé les divers exercices scolaires et fait observer la discipline.

Tous les mois, le maître de l'école annexe remettra au directeur de l'école normale un rapport sur chacun des élèves qui lui auront été envoyés. Ce rapport fera connaître comment l'élève a compris et rempli sa tâche, quel est son degré d'aptitude et ce qui peut encore lui manquer pour bien diriger une école.

Art. 3. Est arrêté ainsi qu'il suit le tableau des exercices dans les écoles normales primaires :

Lever à cinq heures du matin, — coucher à neuf heures du soir, — prière, lecture de piété, soins de propreté, récréations, — travaux corporels, six heures par jour environ.

Deuxième année.

Instruction religieuse et histoire sainte............	3
Lecture....................................	6
Récitation..................................	3
Écriture....................................	5
Langue française............................	9
Calcul, système légal des poids et mesures et dessin linéaire....................................	6
Chants religieux............................	3
Exercices à l'école annexe...................	»
Total....................	35

Troisième année.

Instruction religieuse et histoire sainte............	3
Lecture....................................	2
Récitation...	3
Écriture....................................	2
Langue française............................	3
Calcul appliqué aux opérations pratiques..........	6
Éléments d'histoire..........................	1
Éléments de géographie......................	1
Notions de sciences physiques et d'histoire naturelle applicables aux usages de la vie. — Agriculture, horticulture..................................	3
Arpentage, nivellement, dessin linéaire...........	5
Chant......................................	3
Exercices à l'école annexe...................	»
Total....................	32

Art. 2. La durée du cours d'études est de trois ans.

Art. 3. A la fin de la seconde année, le conseil *académique** désigne, sur le rapport de la commission de surveillance, les élèves qui pourront recevoir tout ou partie de l'enseigne-

* Départemental.

ment des matières indiquées aux paragraphes 9, 10, 11, 12 et 13 de l'article 1er du présent règlement.

Art. 4. Les élèves-maîtres seront exercés à la pratique des méthodes d'enseignement dans les écoles primaires qui seraient annexées aux écoles normales.

L'instituteur qui dirige l'école annexe est considéré comme maître adjoint, et nommé conformément aux dispositions de l'article 9 ci-après.

Art. 5. Chaque année, le conseil académique désigne les livres qui seront mis à la disposition des élèves. Ces livres seront exclusivement choisis parmi ceux dont l'introduction aura été autorisée conformément à l'article 5 de la loi du 15 mars 1850.

TITRE II.

DE LA DIRECTION ET DE LA SURVEILLANCE.

CHAP. Ier. — *De la direction.*

Art. 6. Le directeur de l'école est nommé par le ministre de l'instruction publique, [après avis du conseil académique[1].]

Art. 7. Le directeur est chargé de la principale partie de l'enseignement.

Art. 8. Le directeur est secondé, pour l'enseignement et la surveillance, par des maîtres adjoints, nommés par le ministre, sur la proposition du recteur de l'académie.

1. Lisez : Sur la présentation du recteur de l'académie.

Ces maîtres résident dans l'établissement; ils sont au nombre de deux au plus, non compris l'aumônier.

Il ne pourra être attaché de maître externe aux écoles normales que pour le chant. Ce maître est proposé par le directeur, et agréé par le *recteur* *.

Art. 9. L'instruction religieuse est donnée aux élèves-maîtres, suivant la religion qu'ils professent, par les ministres des différents cultes reconnus par l'État.

Chap. II. — *De la commission de surveillance et de ses attributions.*

Art. 10. La surveillance de l'école normale est confiée à une commission de cinq membres nommés pour trois ans par le recteur, [sur la proposition du conseil *académique*** [1]].

Le président de la commission[2] est nommé par le recteur.

Le directeur assiste aux délibérations de la commission avec voix délibérative, hors les cas où elle a à statuer sur des questions qui intéressent sa gestion.

Art. 11. La commission de surveillance est chargée :

* Préfet.

** Départemental.

1. Un arrêté du 30 juin dispose que le nombre des candidats à présenter par le conseil ne devra pas dépasser le nombre des nominations à faire.

2. Cette commission est présidée par le recteur, dans ses tournées, et en l'absence du recteur par l'inspecteur d'académie (décret du 21 août 1854, articles 21 et 22, page 119).

1° De préparer la liste des candidats à l'école normale, dont elle aura constaté, dans les formes indiquées ci-après, l'aptitude intellectuelle et morale;

2° De rédiger le règlement particulier de l'école : ce règlement devra être approuvé par le recteur, en conseil académique;

3° De désigner, à la fin de la première année, ceux des élèves qui seront admis aux cours de deuxième année, et, à la fin de la seconde année, ceux qui pourront passer en troisième année.

Dans le cas de maladie prolongée ou d'absence légitime, la commission peut autoriser un élève à redoubler le cours de première ou de deuxième année;

4° De dresser, chaque année, le budget et d'examiner les comptes qui lui sont présentés par la direction de l'école, et de consigner ses observations dans un rapport spécial.

Art. 12. Il est tenu dans chaque école par le directeur, assisté des maîtres adjoints, un registre sur lequel sont consignées les notes trimestrielles sur la conduite et le travail des élèves-maîtres. A la fin du cours d'études, il est fait pour chaque élève un résumé de ces notes dans l'ordre suivant :

1° Devoirs religieux;
2° Conduite;
3° Caractère;
4° Aptitude;
5° Progrès.

Ces résumés sont mis à la disposition des

conseils *académiques**, pour leur servir à dresser la liste d'admissibilité prescrite par l'art. 31 de la loi du 15 mars 1850.

Art. 13. Les membres de la commission font, au moins une fois tous les trois mois, la visite de l'école; ils prennent connaissance des registres sur lesquels doivent être consignés, par le directeur, les notes relatives à la conduite, au caractère et au travail de chaque élève.

Ils examinent les classes et interrogent les élèves.

Art. 14. Tous les ans, au mois de juillet, la commission de surveillance adresse au recteur de l'académie, sur l'état et le personnel de l'école, un rapport qui sera transmis au ministre.

Elle reçoit du directeur, à la même époque, un rapport sur tout ce qui concerne les élèves et la discipline. Elle transmet ce rapport, avec ses observations, au préfet, qui le place sous les yeux du conseil général, et au recteur, qui en envoie au ministre une expédition accompagnée de ses observations.

TITRE III.

DE L'ADMISSION DES ÉLÈVES-MAITRES.

Art. 15. Chaque année, le ministre détermine, sur l'avis du conseil *académique***, le nombre des élèves-maîtres qui peuvent être admis à l'école normale, soit à leurs frais, soit aux

* Départementaux.
** Départemental.

frais du département et des communes, soit aux frais de l'État.

Art. 16. Les inscriptions des candidats auront lieu du 1er au 15 janvier[1] : un registre est ouvert à cet effet au *secrétariat de l'*académie*. Aucune inscription ne sera reçue que le candidat n'ait déposé les pièces suivantes :

1° Son acte de naissance, constatant que, au 1er septembre de l'année pendant laquelle il se présente, il aura dix-huit ans accomplis, au moins, et vingt-deux ans au plus ;

2° Un certificat du médecin, constatant qu'il a été vacciné ou qu'il a eu la petite vérole, et qu'il n'est atteint d'aucune infirmité ou d'aucun vice de constitution qui le rende impropre à l'enseignement ;

3° L'engagement légalisé de servir pendant dix ans au moins dans l'instruction primaire publique.

S'il est mineur, le candidat produira, en outre, une déclaration aussi légalisée, de son père ou de son tuteur, l'autorisant à contracter cet engagement ;

4° Une note signée de lui, indiquant le lieu ou les lieux qu'il a habités depuis l'âge de quinze ans ;

5° Des certificats de moralité, délivrés, tant par les chefs des écoles auxquelles il aura ap-

* Au bureau de l'inspecteur d'.

1. Les inscriptions n'ayant pu être reçues en 1851 aux époques déterminées, les recteurs ont dû se hâter de les provoquer immédiatement partout, en fixant une époque très-rapprochée.

partenu, soit comme élève, soit comme sous-maître, que par chacune des autorités locales préposées à la surveillance et à la direction morale de l'enseignement, conformément à l'article 44 de la loi du 15 mars 1850.

Art. 17. Une enquête est faite par les soins du *recteur** et des inspecteurs de l'instruction primaire, sur la conduite et les antécédents des candidats.

Au vu des pièces exigées, et d'après les résultats de l'enquête, la commission de surveillance dresse, du 1er au 15 août, la liste mentionnée en l'article 12.

Sur la production de cette liste et des pièces qui l'accompagnent, ainsi que des demandes présentées par les candidats, le *recteur**, en conseil *académique***, prononce, s'il y a lieu, l'admissibilité des candidats à l'école normale.

Art. 18. Les bourses ou portions de bourse entretenues, soit par l'État, soit par les départements, sont accordées par le *recteur** en conseil *académique***.

Les boursiers, qui n'obtiennent que des portions de bourse s'engagent à payer la portion qui reste à leur charge. Les boursiers départementaux prennent, en outre, l'engagement de servir pendant dix ans dans le département qui paye leur pension.

Ils peuvent être affranchis, en tout ou en partie, de ces engagements par une dispense

* Préfet.

** Départemental.

du *recteur* *, sur l'avis conforme du conseil *académique* **.

Les engagements dont il vient d'être question seront légalisés, et, s'il y a lieu, autorisés comme il est dit au cinquième paragraphe de l'article 16 du présent règlement.

Art. 19. Les boursiers qui, par leur fait, sortiraient de l'école avant la fin du cours, ou qui refuseraient d'accomplir leur engagement décennal, seront tenus de restituer à l'État ou au département le prix de la pension dont ils auront joui.

Toutefois, ils pourront être dispensés de cette obligation par le ministre, sur l'avis du conseil *académique* **.

Le montant des restitutions fera retour au fonds sur lequel les bourses étaient payées.

La dispense du service militaire cesse à dater du jour où l'engagement a été rompu.

TITRE IV.

DU RÉGIME INTÉRIEUR.

Art. 20. Les journées commencent et finissent par une prière commune.

La prière du matin et du soir est suivie d'une lecture de piété.

Les jours de dimanche et de fêtes légalement reconnues, les élèves sont conduits aux offices publics par le directeur, assisté des maîtres adjoints.

* Préfet.
** Départemental.

Art. 21. Les vacances durent quinze jours au plus.

Tout congé, toute sortie particulière, hors le cas d'une circonstance exceptionnelle, dont le directeur est juge, est formellement interdit pendant la durée du cours d'études.

Les élèves seront toujours conduits en promenade par le directeur ou les maîtres adjoints.

Art. 22. Chaque année, lorsque les besoins du service le permettent, le recteur peut accorder aux directeur et maîtres adjoints internes un congé dont la durée ne peut excéder un mois; ces congés ne pourront être accordés à plusieurs maîtres à la fois.

TITRE V.

DE LA DISCIPLINE.

Art. 23. Les élèves-maîtres sont chargés du service de propreté dans l'intérieur de l'école.

Art. 24. Les punitions qui peuvent être infligées aux élèves, suivant la gravité des fautes, sont :

La retenue ;
La réprimande,
L'exclusion.

Le directeur prononce la retenue.

La réprimande est prononcée, suivant les cas, par le directeur, la commission de surveillance ou le recteur.

L'exclusion est prononcée par le *recteur* *,

* Préfet.

sur l'avis du directeur, la commission de surveillance entendue.

En cas de faute grave, le directeur peut prononcer l'exclusion provisoire.

Lorsque l'exclusion est prononcée, le ministre en est immédiatement informé.

Art. 25. Tout élève qui, à la fin de l'année, n'est pas jugé en état de passer au cours supérieur, cesse de faire partie de l'école.

ARRÊTÉ

CONCERNANT LES ASPIRANTS AU BREVET DE CAPACITÉ.

(16 août 1852.)

L'aspirant au brevet de capacité pour l'enseignement primaire qui aura été refusé à un premier examen ne pourra être admis à en subir un second, soit dans l'académie où il se sera déjà présenté, soit dans un autre ressort, qu'après un intervalle de trois mois et en session régulière, conformément au décret du 29 juillet 1850.

RÈGLEMENT

SUR LA COMMISSION D'EXAMEN POUR LE BREVET DE CAPACITÉ POUR L'ENSEIGNEMENT PRIMAIRE [1].

(15 février 1853.)

TITRE PREMIER.

DE LA COMMISSION D'EXAMEN.

Art. 1er. Aucun examen particulier ne peut avoir lieu en dehors des deux sessions annuelles prescrites par l'article 50 du décret du 29 juillet 1850.

Le recteur, pour des cas graves, peut autoriser une troisième session.

Art. 2. Les ministres des divers cultes ne peuvent prendre part, en ce qui concerne les matières religieuses, à l'examen des aspirants qui n'appartiennent pas à leur communion.

TITRE II.

DES ASPIRANTS AU BREVET DE CAPACITÉ.

Art. 3. Tout aspirant au brevet de capacité est tenu de se faire inscrire au *secrétariat de l'académie*[2], un mois avant l'ouverture de la

1. Voy., relativement à ces commissions, la loi du 15 mars 1850, art. 46, p. 46, et le décret du 29 juillet 1850, art. 50, p. 108.
2. Lisez : au bureau de l'inspecteur d'académie.

session, et de déposer à l'époque de son inscription :

1° Un extrait de son acte de naissance ;

2° La déclaration que l'aspirant ne s'est présenté devant aucune commission d'examen dans l'intervalle des quatre mois qui précèdent la session ;

3° L'indication, s'il y a lieu, de celles des matières comprises dans la deuxième partie de l'article 23 de la loi du 15 mars 1850 sur lesquelles il demande à être interrogé.

Art. 4. La signature de l'aspirant doit être légalisée par le maire de la commune où il réside.

Art. 5. Ne sont pas admis à subir l'examen et, dans tous les cas, n'auront pas droit à la délivrance du brevet de capacité, les candidats qui se trouvent dans les cas d'incapacité prévus par l'article 26 de la loi du 15 mars 1850.

TITRE III.

DE L'EXAMEN.

Art. 6. A l'ouverture de la session, le président de la commission fait l'appel des aspirants inscrits. Chaque aspirant, à l'appel de son nom, vient apposer sa signature sur le registre, afin de constater son identité.

Art. 7. L'examen se divise en épreuves écrites et en épreuves orales.

Pour les épreuves écrites, les aspirants sont réunis tous ensemble, ou au besoin par séries, sous la surveillance d'un ou plusieurs membres désignés par le président.

Toute communication entre les aspirants, pendant les épreuves, est interdite sous peine d'exclusion.

Art. 8. Les épreuves écrites sont au nombre de quatre, savoir :

1° Une page d'écriture, à main posée, en gros, en moyen et en fin, dans les trois principaux genres, savoir : l'écriture cursive, la bâtarde et la ronde. Les aspirants doivent faire une ligne au moins de chaque espèce d'écriture ;

2° Une dictée d'orthographe d'une page environ, dont le texte sera pris par le président dans un livre classique. Cinq minutes sont accordées aux aspirants pour relire et corriger leur copie ;

3° Un récit emprunté à l'histoire sainte, ou une lettre relative à la tenue de l'école ;

4° Une opération d'arithmétique portant sur l'application des quatre règles.

Il est accordé trois quarts d'heure au plus pour chacune de ces épreuves.

Art. 9. Les épreuves écrites sont examinées et jugées par la commission réunie, qui prononce l'admission aux épreuves orales dans l'ordre de mérite résultant de cette première partie de l'examen.

Art. 10. Les aspirants admis aux épreuves orales sont appelés selon l'ordre de la liste de mérite, séparément ou par séries, devant le bureau, pour être interrogés par un membre de la commission désigné par le président.

Art. 11. Les épreuves orales ont lieu dans l'ordre suivant :

1° Lecture du français dans un livre imprimé et dans un manuscrit, et lecture du latin dans le Psautier ou dans un livre d'offices;

2° Questions sur le catéchisme et l'histoire sainte;

3° Analyse grammaticale d'une phrase au tableau;

4° Questions sur le calcul et sur les applications usuelles du système légal des poids et mesures.

Un quart d'heure au plus est consacré à chacune de ces épreuves.

Art. 12. Lorsque toutes les épreuves obligatoires sont terminées, les aspirants au brevet de capacité qui doivent être examinés sur les parties facultatives de l'enseignement primaire sont appelés séparément ou par groupes, et interrogés sur les matières qu'ils ont indiquées.

Art. 13. Les candidats déjà pourvus d'un brevet de capacité pour l'enseignement des matières comprises dans la première partie de l'article 23 de la loi du 15 mars 1850, ne sont admis à subir un second examen que sur l'ensemble des matières comprises dans la deuxième partie dudit article.

Les examens pour chaque matière d'enseignement ont lieu dans l'ordre fixé par la loi; il est accordé un quart d'heure pour chaque épreuve.

Art. 14. A la fin de la session, il est dressé un procès-verbal des opérations de la commission renfermant la liste, par ordre de mérite, de tous les candidats qui ont été jugés dignes d'obtenir, soit le brevet de capacité, soit la mention spéciale déterminée par l'article 46 de la loi du 15 mars 1850[1].

Le procès-verbal, signé par le président et par le secrétaire de la commission, est remis au recteur de l'académie, qui délivre ou complète[2], suivant le cas et s'il y a lieu, le brevet de capacité.

Art. 15. Le présent règlement est applicable aux aspirantes au brevet de capacité, sous les réserves suivantes :

1° Dans le premier examen, défini par les articles 7, 8, 9, 10, 11 et 12, les aspirantes font, entre l'épreuve écrite et l'épreuve orale, sous l'inspection d'une ou de plusieurs dames spécialement désignées à cet effet par le *recteur* *, les travaux à l'aiguille prescrits par l'art. 48 de la loi du 15 mars 1850. Parmi ces travaux, et au premier rang, sont les ouvrages de couture usuelle ;

2° Lorsque les aspirantes se présenteront pour le second examen, défini par l'article 13, elles ne seront interrogées que sur celles des matières facultatives qui sont exigées pour l'éducation des femmes.

* Préfet.

1. Voy. page 47.

2. Il délivre le brevet à celui qui ne l'avait pas encore ; il ajoute, sur le brevet de celui qui s'est présenté à l'examen pour faire compléter son brevet, les mentions spéciales indiquées plus haut.

DÉCRET

PORTANT RÈGLEMENT POUR L'ADMINISTRATION ET LA COMPTABILITÉ INTÉRIEURES DES ÉCOLES NORMALES PRIMAIRES.

(26 décembre 1855.)

TITRE PREMIER.

DE L'ADMINISTRATION DES ÉCOLES NORMALES PRIMAIRES.

SECTION Ire. — Traitements des directeurs et maîtres adjoints.

Art 1er. Les directeurs des écoles normales primaires et les maîtres adjoints désignés en l'article 8 du décret du 24 mars 1851, sont partagés en trois classes.

Les traitements affectés à chaque classe sont fixés ainsi qu'il suit :

Directeurs	1re classe......	de 2800 à 3000 fr.
	2e classe......	de 2500 à 2700
	3e classe......	de 2200 à 2400
Maîtres adjoints	1re classe......	de 1600 à 1800
	2e classe......	de 1300 à 1500
	3e classe......	de 1000 à 1200

Art. 2. Le ministre de l'instruction publique fixe la classe et le traitement des directeurs et des maîtres adjoints, ainsi que le traitement des autres maîtres attachés aux écoles normales primaires.

Art. 3. Tout fonctionnaire appelé pour la première fois à l'emploi de directeur ou de maître adjoint est nécessairement de la troisième classe.

Art. 4. Le nombre des fonctionnaires des deux premières classes est fixé comme il suit :

Directeurs	1re classe	20
	2e classe	25
Maîtres adjoints	1re classe	20
	2e classe	40

SECTION II. — Des bourses et pensions.

Art. 5. Les bourses entretenues par l'État, les départements, les communes, les associations charitables et les particuliers, en faveur des élèves-maîtres, sont entières ou divisées par quarts. Il ne peut être donné moins d'un quart de bourse.

Art. 6. Le prix de la bourse ou pension est fixé chaque année par le ministre, sur la proposition de la commission de surveillance, du recteur et du préfet.

Une rétribution annuelle de 20 francs est ajoutée au prix de la pension des pensionnaires libres pour fournitures de livres classiques, papier, plumes, encre, etc.

Art. 7. Les bourses, compléments de bourses, pensions et rétributions annuelles pour livres classiques, etc., sont payés d'avance et par termes de deux dixièmes, ainsi qu'il suit :

En janvier, pour les mois de janvier et de février ;
En mars, — — de mars et d'avril ;
En mai, — — de mai et de juin ;
En juillet, — — de juillet, d'août et de septembre.
En octobre, — — d'octobre, de novembre et de décembre.

La pension est due à partir du commencement du terme pendant lequel l'élève-maître est entré à l'école.

Art. 8. Les bourses et portions de bourses à la charge des départements réunis, des communes, des associations charitables et des particuliers, les compléments de bourses à la charge des familles, les pensions et les rétributions annuelles pour livres classiques, etc., sont centralisés au Trésor par l'intermédiaire du receveur général, ainsi que les produits énumérés aux paragraphes 11, 12, 13 et 14 de l'art. 29.

Art. 9. Il n'y a pas lieu à remise sur le terme de la pension pour les élèves-maîtres qui sortent volontairement de l'école ou qui sont renvoyés pour cause d'inconduite. Le directeur informe de cette règle les parents ou tuteurs de l'élève-maître.

Art. 10. Chaque élève-maître est tenu de remettre au directeur, lors de son entrée à l'école, un double engagement sur papier timbré.

Le premier de ces engagements, souscrits par le père, la mère ou le tuteur, oblige le contractant à payer d'avance, aux termes fixés, la portion de bourse ou la pension qui est à sa charge.

Le second de ces engagements, souscrits par l'élève-maître, l'oblige à rembourser, à moins d'une dispense régulièrement obtenue du ministre, soit le prix de la bourse dont il a joui, soit les frais d'études fixés à 60 francs par an, s'il a été pensionnaire, dans le cas où il n'exercerait pas pendant dix ans les fonctions d'instituteur public dans le département qui a fait les frais de son instruction. Ce second engagement est ratifié, si l'élève-maître est mineur, par le père, la mère ou le tuteur, qui s'engage solidairement avec lui au remboursement.

Les signatures des contractants sont légalisées par les autorités compétentes.

Art. 11. Les élèves-maîtres qui ont été plus d'un mois absents de l'école pour cause de maladie peuvent obtenir du ministre, sur la proposition de la commission de surveillance et l'avis du préfet, le remboursement d'une partie de la pension ou de la portion de bourse à leur charge, dont ils ont versé le montant à la recette générale.

Le remboursement est de droit en cas de décès d'un élève-maître.

Art. 12. L'élève-maître promu à une bourse entière ou à une portion de bourse supérieure à celle dont il jouissait, le pensionnaire libre appelé à la jouissance d'une bourse ou d'une portion de bourse, ont également droit au remboursement de la somme que la famille a payée d'avance. Le décompte part du jour de l'entrée en jouissance de la bourse.

Section III. — Du régime intérieur. — Des prestations en nature.

Art. 13. Le nombre des repas des élèves-maîtres est fixé à quatre par jour, le déjeuner, le dîner, le goûter et le souper. Le dîner est seul composé de deux plats, outre le potage. Un plat de dessert peut être ajouté au souper, les jeudis, les dimanches et les jours de grandes fêtes.

Les jours qui ne sont pas d'abstinence, il y

a toujours un plat de viande au dîner ou au souper.

Art. 14. Un menu des deux repas principaux est dressé tous les huit jours, pour chaque jour de la semaine, par le directeur, et demeure affiché dans un cadre à la cuisine ou à la dépense.

Art. 15. Les quantités *maximum* pour les trois principales denrées sont fixées comme suit, par jour et par tête d'élève ou de maître, savoir :

Pain (de 2e qualité autant que possible), 1 kilogramme, y compris le pain de la soupe ;

Viande (cuite et désossée), 125 grammes ;

Boisson (vin mélangé de 2/3 d'eau, cidre ou bière mélangé de 1/3 d'eau), 1 litre par élève ; pour les maîtres, 65 centilitres de vin ou 130 centilitres de cidre ou de bière.

Art. 16. La commission de surveillance règle les quantités des autres denrées suivant les usages locaux, et sur la proposition du directeur.

Elle règle aussi les quantités de combustible et de luminaire qui sont nécessaires au service de l'école pour les élèves-maîtres.

Art. 17. La commission de surveillance décide si les approvisionnements de l'école ont lieu par voie d'adjudication ou de marchés à l'amiable. Elle désigne ceux des articles de consommation qui, ne pouvant être l'objet d'un marché préalable, seront acquis au comptant par le directeur.

Les marchés à l'amiable sont passés chaque année par le directeur et approuvés par la commission de surveillance. Ils sont calculés de manière que les fournitures n'aient lieu qu'au fur et à mesure des besoins. En aucun cas, les approvisionnements ne peuvent excéder les besoins de la consommation moyenne d'une année.

Art. 18. Il est établi dans chaque école une table commune gratuite pour les maîtres adjoints mentionnés en l'article 8 du décret du 24 mars 1851.

La table commune est servie dans le réfectoire commun, aux mêmes heures et de la même façon que celles des élèves-maîtres. Il est seulement ajouté un dessert à l'ordinaire de chaque repas.

Art. 19. Aucun autre fonctionnaire de l'école, s'il est marié ou s'il a des membres de sa famille auprès de lui, aucune personne étrangère à l'établissement, ne peuvent être autorisés à prendre leurs repas à la table commune.

Art. 20. Le directeur, l'aumônier et le maître chargé de l'école annexe sont les seuls fonctionnaires de l'école qui puissent être admis individuellement à la table commune, sur leur demande et moyennant pension.

Le prix d'admission à la table commune est égal au prix de la pension des élèves-maîtres; il ne peut subir aucune réduction pour cause d'absence, même pendant les vacances, qui sont facultatives.

Art. 21. La nourriture ne peut être payée en argent à aucun maître de l'établissement, même dans le cas de maladie.

Art. 22. Le blanchissage, s'il n'est pas fait dans l'établissement, et le raccommodage peuvent être l'objet d'un marché, soit au mois, soit à l'année, soit à la pièce. Les élèves-maîtres et les gens de service sont seuls blanchis au compte de l'école. Les élèves ont seuls droit au menu raccommodage de leur linge et de leurs effets d'habillement.

La fourniture du trousseau et du vêtement uniforme est à la charge des familles.

Art. 23. Les dépenses d'infirmerie ne sont applicables qu'aux élèves-maîtres et aux maîtres adjoints internes. Il n'est dû de chauffage et d'éclairage particulier que pour le cabinet du directeur et pour la salle des réunions de la commission de surveillance.

Art. 24. La prestation en nature du combustible et du luminaire pour les deux services indiqués dans l'article précédent est réglée comme il suit : dans le ressort des académies de Paris, Caen, Douai, Nancy, Strasbourg, Besançon et Dijon, huit stères de bois ou trente-six hectolitres de houille, et trente-six kilogrammes de chandelles ou cinquante kilogrammes d'huile;

Dans le ressort des académies de Rennes, Poitiers, Clermont, Lyon et Grenoble, sept stères de bois ou trente hectolitres de houille et trente-six kilogrammes de chandelles ou cinquante kilogrammes d'huile;

Dans le ressort des académies de Bordeaux, Toulouse, Montpellier et Aix, six stères de bois ou vingt-quatre hectolitres de houille et trente-six kilogrammes de chandelles ou cinquante kilogrammes d'huile.

Art. 25. Aucune autre prestation en nature n'est autorisée, si ce n'est celle de draps et de serviettes de toilette pour les maîtres adjoints internes, et celle du linge de table qui est fourni à tous les maîtres admis à la table commune.

Art. 26. Le nombre des gens de service est fixé à deux au maximum pour toute école où le nombre des élèves ne dépasse pas cinquante.

Art. 27. Le jardin dépendant de l'école est affecté exclusivement aux besoins de l'établissement. Il est consacré soit à la promenade, soit aux récréations et aux travaux d'horticulture des élèves-maîtres, soit à la production de légumes et de fruits, qui sont consommés à la table des élèves et des maîtres ou vendus au profit de l'établissement.

TITRE II.

DE LA COMPTABILITÉ INTÉRIEURE.

SECTION Ire. — Forme et rédaction du budget économique.

Art. 28. La comptabilité intérieure des écoles normales est confiée aux directeurs de ces établissements, sous le contrôle de la commission de surveillance, des inspecteurs d'académie, des recteurs et des inspecteurs généraux. Il est établi à cet effet, dans chaque école normale, un budget particulier des recettes et des dépenses intérieures, appelé budget économique.

Art. 29. Les recettes du budget économique se composent :

1° Des restes disponibles;

2° Des reports des années antérieures, destinés à solder des dépenses constatées;

3° Du produit des bourses entretenues en faveur des élèves-maîtres par l'État, le département, les départements réunis, les communes, les associations charitables et les particuliers;

4° Des compléments de bourses à la charge des familles;

5° De la pension des pensionnaires libres;

6° De la rétribution annuelle des pensionnaires libres pour fournitures de livres classiques, papier, plumes, etc.;

7° De la pension des maîtres admis à la table commune;

8° De l'évaluation en argent des fruits et légumes du jardin et des propriétés de l'école, consommés à la table des élèves et des maîtres;

9° Du produit de la vente des fruits et légumes récoltés par l'école et non consommés dans l'établissement;

10° Des remboursements pour dégradations et objets perdus;

11° Du produit de la vente du mobilier réformé:

12° Des sommes payées par les anciens pensionnaires libres qui ne remplissent pas les conditions de leur engagement scolaire;

13° Du fermage des propriétés de l'école;

14° De la rétribution scolaire payée par les élèves de l'école annexe, quand cette école n'est pas gratuite.

Ces recettes sont réparties en six chapitres.

Art. 30. Les dépenses du budget économique comprennent:

1° Les dépenses de nourriture: pain, viande, boisson, comestibles, combustibles et ustensiles pour la cuisine, vaisselle pour le réfectoire, produits du jardin et des propriétes de l'école consommés à la table des élèves et des maîtres;

2° Les dépenses de blanchissage du linge et de menu raccommodage du linge et des effets d'habillement;

3° Les frais du service intérieur : honoraires du médecin, frais d'infirmerie et de médicaments, chauffage, éclairage, gages des gens de service, menues dépenses intérieures;

4° Les fournitures faites aux pensionnaires libres pour les besoins journaliers de l'enseignement (livres classiques, plumes, papier, encre);

5° Les dépenses diverses : frais de culte, remboursements aux familles des élèves malades, décédés ou promus à des bourses; menues dépenses imprévues; entretien du jardin; dépenses non soldées des années antérieures;

6° Les dépenses de l'école annexe : traitement des maîtres adjoints chargés de ladite école, fournitures faites aux élèves qui la fréquentent.

Ces dépenses sont réparties en six chapitres.

Art. 31. Tous les ans, dans les quinze premiers jours du mois d'octobre, la commission de surveillance dresse, de concert avec le directeur, le projet du budget économique pour l'année suivante. Elle reproduit dans la première colonne du cadre de ce budget les allocations de l'année précédente pour la recette et la dépense. Ses propositions de recettes et de dépenses sont divisées par chapitres et par articles, s'il y a lieu.

Les dépenses de nourriture sont évaluées par

tête d'élève et de maître payant pension ; il n'est pas tenu compte, dans cette évaluation, des maîtres et des gens de service nourris gratuitement. Les dépenses de blanchissage sont évaluées par tête d'élève.

Le 10 novembre au plus tard, le président de la commission de surveillance adresse au recteur de l'Académie, en triple expédition, le projet du budget arrêté par ladite commission, avec un extrait de sa délibération et les pièces à l'appui.

Art. 32. Avant le 20 novembre, le recteur envoie au préfet du département deux des trois expéditions du budget économique, et joint à cet envoi ses observations et son avis sur les propositions de la commission de surveillance. La troisième expédition du budget est adressée par le recteur au ministre de l'instruction publique, avec ses propositions personnelles et ses observations, s'il y a lieu.

Art. 33. Le préfet, après avoir inscrit ses propositions dans la colonne qui lui est réservée, transmet au ministre, avant le 1er decembre, les deux expéditions du budget qui lui ont été envoyées par le recteur.

Art. 34. Le budget économique est réglé définitivement par le ministre de l'instruction publique, qui en transmet une ampliation au recteur de l'Académie, et une autre au préfet, pour la commission de surveillance de l'école.

SECTION II. — Recettes du budget économique.

Art. 35. Toutes les sommes provenant des fonds de l'État et du département, et celles qui sont centralisées au Trésor par l'intermédiaire des receveurs généraux, sont versées dans la caisse de l'école sur mandat du préfet, délivré au nom du directeur. Les pièces à produire par le directeur à l'appui de chaque mandat, sont :

En ce qui concerne les recettes des restes disponibles et des reports des années antérieures, les états des dépenses que ces restes et ces reports sont destinés à solder;

En ce qui concerne les termes échus des bourses, compléments de bourses, pensions et rétributions annuelles des pensionnaires libres, l'état nominatif des élèves-maîtres présents à l'école. Cet état, qui concorde avec les échéances fixées par l'article 7 pour le payement des bourses et pensions, est dressé aux époques ci-après indiquées :

En janvier, pour les deux dixièmes échus le 31 décembre;
En mars............................... 28 février;
En mai................................ 30 avril;
En juillet............................ 30 juin;
En octobre............................ 30 septembre;

En ce qui concerne le produit de la vente du mobilier réformé, la liste des objets hors d'usage dont le ministre a autorisé la vente, sur la demande de la commission de surveillance et l'avis du préfet;

En ce qui concerne les sommes payées par les anciens pensionnaires libres, qui ne remplissent pas les conditions de leur engagement scolaire, l'état nominatif des débiteurs qui se sont libérés, ledit état extrait du registre-matricule mentionné en l'article 56;

En ce qui concerne le fermage des propriétés de l'école, le bail à ferme desdites propriétés. Cette pièce est réintégrée dans la caisse de l'école aussitôt que la somme dont elle justifie le versement a été payée;

En ce qui concerne la rétribution scolaire de l'école annexe, l'état nominatif de présence des élèves qui ont fréquenté ladite école. Cet état, dressé à la fin de chaque mois pour le mois échu par le maître adjoint chargé de l'école annexe, est revêtu du visa du directeur de l'école normale.

Art. 36. Les recettes énumérées aux paragraphes 7, 8, 9 et 10 de l'article 29 sont les seules qui soient perçues directement par la caisse de l'école.

La pension des maîtres admis à la table commune est acquittée par douzièmes. Le directeur prélève chaque douzième sur le montant du traitement mensuel de ces maîtres, qu'il touche en leur nom d'après l'état collectif émargé par chacun des fonctionnaires de l'école.

La valeur des produits du jardin et des propriétés de l'école consommés à la table des élèves et des maîtres est établie d'après le cours des denrées aux marchés de la ville, et le directeur fait recette de cette valeur dans ses livres de comptabilité.

Le montant de la vente des produits du jardin non consommés pour les besoins de l'établissement, et celui des remboursements pour dégradations ou objets perdus, sont perçus, par la caisse, au fur et à mesure qu'ils ont lieu, sur des états dressés par le directeur et approuvés par le président de la commission de surveillance.

Art. 37. Le directeur délivre, pour toutes les sommes qu'il reçoit directement ou sur mandat, une quittance détachée d'un livre-souche timbré.

Section III. — Dépenses du budget économique.

Art. 38. Les dépenses du budget économique ne peuvent être soldées que sur un mandat de payement délivré par un des membres de la commission de surveillance, spécialement désigné comme ordonnateur des dépenses par le recteur de l'académie.

Cet ordonnateur ne délivre aucun mandat, sans avoir préalablement apprécié l'opportunité de la dépense et s'être assuré que le payement s'applique à des fournitures faites.

Art. 39. Les mandats de payement mentionnent le chapitre du budget sur lequel ils sont imputables. Ils portent le même numéro d'ordre que celui des registres de comptabilité. Les pièces justificatives à produire par la partie prenante y sont indiquées.

Art. 40. Un seul et même mandat ne peut comprendre des dépenses imputables sur deux chapitres différents.

Art. 41. Les mandats de payement sont accompagnés du mémoire des fournitures faites à l'école. Chaque mémoire, rédigé en triple expédition, dont une sur papier timbré, est certifié exact et véritable par le fournisseur et acquitté par lui. Le directeur certifie de plus que les fournitures qui sont portées au mémoire ont été reçues par lui, et sont entrées dans le magasin de l'école.

Art. 42. Sont exceptées de la formalité préalable du mandat de payement les dépenses qui, par leur nature, doivent être payées au comptant pour les besoins journaliers de l'école. L'ordonnateur des dépenses met tous les quinze jours à la disposition du directeur, pour ces achats au comptant, une somme dont il détermine la quotité, à charge par le directeur d'en justifier l'emploi par un bordereau récapitulatif des achats de chaque quinzaine. La dépense est passée en écriture après approbation du bordereau par l'ordonnateur.

Art. 43. La valeur des produits du jardin et des propriétés de l'école consommés à la table des élèves et des maîtres, portée en recette aux termes de l'article 36, est aussi portée en dépense au fur et à mesure de la consommation, et mandatée comme les autres dépenses.

Art. 44. Les mandats pour les honoraires du médecin, pour les gages des gens de service et pour le traitement du maître adjoint chargé de l'école annexe, lorsque ce traitement est prélevé sur les fonds du budget économique, sont accompagnés d'états émargés distincts, dressés tous les mois.

Art. 45. Les remboursements dont il est parlé aux articles 11 et 12 sont effectués par le directeur sur les fonds de la caisse, au moyen d'un mandat de payement, et portés en dépense dans les livres de comptabilité. La décision ministérielle qui a autorisé le remboursement est mentionnée, s'il y a lieu, sur le mandat.

Art. 46. Les dépenses ne peuvent être faites que dans les limites des crédits spéciaux inscrits à chaque chapitre et à chaque article. En cas d'insuffisance de crédit, le préfet, sur la proposition de la commission de surveillance, adresse au ministre une demande spéciale de crédit supplémentaire ou de virement de crédit, selon les cas. Lorsque le ministre a statué, il notifie sa décision au préfet, qui en transmet une copie certifiée au président de la commission de surveillance, et une autre au payeur du département. Cette décision est mentionnée sur les mandats de payement.

Section IV. — Gestion économique. — Tenue et vérification des écritures.

Art. 47. La gestion économique des écoles normales est établie par année et par exercice.

L'état de situation de la caisse et l'état de situation du magasin font connaître le mouvement des fonds et celui des approvisionnements, du 1er janvier au 31 décembre.

Le compte des recettes et des dépenses du budget économique ou compte de l'exercice présente le résumé de toutes les opérations de l'exercice, qui s'étend du 1er janvier au 31 mai de l'année suivante.

Art. 48. Toutes les dépenses d'un exercice, constatées le 31 mai à la clôture de cet exercice, et non acquittées le 30 juin, sont soldées sur les sommes reportées à l'exercice en cours d'exécution.

Art. 49. Le directeur de l'école est tenu de relever à la recette générale, à la fin de chaque exercice, le montant de toutes les sommes restant à recouvrer après le 31 mai au compte des fonds centralisés. Il dresse un état nominatif des divers débiteurs de l'école, portant indication des sommes dues par chacun d'eux.

Lesdites sommes sont cumulées, au fur et à mesure des recouvrements, avec les ressources de l'année pendant laquelle elles sont recouvrées.

Art. 50. Le directeur tient six registres, savoir : le livre-souche, le journal de caisse, le sommier, le livre du magasin, le livre d'inventaire général du mobilier, le registre-matricule de l'école.

Tous ces registres sont côtés et parafés par l'inspecteur d'académie ou par son délégué.

Chaque article y a son numéro d'ordre et sa date d'inscription. Il ne peut y avoir aucune interversion dans la série des numéros ni dans les dates. Toute rature ou surcharge est approuvée par l'ordonnateur des dépenses.

Le livre du magasin est seul excepté de la prescription ci-dessus en ce qui concerne le numéro d'ordre des articles.

La commission de surveillance, et particulièrement l'ordonnateur des dépenses, vérifient ces divers registres toutes les fois qu'ils le jugent convenable, et y consignent le résultat de leur vérification.

La même vérification est faite par l'inspecteur d'académie, le recteur et les inspecteurs généraux en tournée.

Art. 51. Le livre-souche ne comprend que le nombre de feuillets nécessaires pour les besoins présumés de l'année. Le directeur y inscrit, en toutes lettres et en chiffres, toutes les sommes qu'il reçoit, au fur et à mesure qu'elles sont versées dans la caisse de l'école, avec le numéro d'ordre, la date du jour et la nature de la recette. Il remplit en même temps la quittance placée à côté du talon, en y reproduisant la date et le numéro indiqués au talon. Cette quittance est immédiatement détachée du livre-souche.

Art. 52. Le journal de caisse est divisé en deux parties, placées en regard l'une de l'autre; les recettes y sont inscrites sur le folio de gauche, les dépenses sur celui de droite. Le directeur indique dans le libellé de l'enregistrement la nature de chaque recette et de chaque dépense; il en inscrit le montant séparément et par article, en toutes lettres et en chiffres, avec la date et dans l'ordre de la recette et de la dépense.

Les articles du journal de caisse, pour la recette comme pour la dépense, forment deux séries de numéros d'ordre non interrompues; les numéros des recettes et les dates d'inscription concordent avec ceux du livre-souche.

Lorsqu'il y a, au 1er janvier, un reliquat ou solde en caisse de l'année précédente, ce reliquat forme le premier article de la recette sur le journal de caisse; mais il n'y est pas donné de numéro d'ordre. Il est inscrit simplement sous la rubrique : *solde en caisse au* 31 *décembre* 18....

Art. 53. Le sommier présente le dépouillement et sert au contrôle des recettes et des dépenses inscrites au journal de caisse. Le directeur y inscrit ces recettes et ces dépenses immédiatement après les avoir portées sur le journal de caisse.

Chaque recette et chaque dépense, libellée comme au journal, est classée dans chacun des six chapitres du budget économique auquel elle est afférente, et dans chaque chapitre à la colonne de l'exercice auquel elle appartient. Les numéros et les dates d'inscription des articles pour la recette et pour la dépense concordent avec ceux du journal de caisse.

Les recettes et les dépenses sont totalisées pour chaque chapitre dans la 3e colonne. Elles sont récapitulées pour chaque exercice et ensuite totalisées dans les trois dernières colonnes de la feuille.

A la fin de chaque trimestre, le directeur additionne les sommes portées dans chaque colonne, en ayant soin de comprendre dans son addition, lorsqu'il y a lieu, les totaux des trimestres antérieurs.

Art. 54. Le livre du magasin comprend tous les approvisionnements de l'école. Les denrées achetées pour le compte de l'établissement y sont inscrites avec la date de leur entrée dans le magasin, l'indication de la quantité et de la valeur. Au fur et à mesure qu'elles sont livrées à la consommation, le directeur en inscrit la sortie avec la date du jour où il fait la livraison, l'indication de la quantité livrée et de sa valeur.

Le registre est divisé en comptes particuliers selon la nature et la destination des différentes provisions. Un seul compte général comprend les produits du jardin et des propriétés de l'école consommés dans l'établissement.

Pour les consommations journalières du pain et de la viande et pour les achats au comptant, le directeur tient une main courante d'inscription quotidienne, et en porte le relevé sur le livre du magasin tous les quinze jours seulement, en indiquant avec exactitude les entrées et les sorties.

A la fin de chaque trimestre, il fait la balance des entrées et des sorties pour chaque compte du registre, et dresse un inventaire de tous les approvisionnements qui existent dans le magasin.

Le détail des approvisionnements en magasin au 31 décembre, tel qu'il résulte de l'inventaire dressé à la fin du 4e trimestre, est porté en tête de chacun des comptes particuliers du livre pour l'année suivante.

Art. 55. Le livre d'inventaire général du mobilier présente, avec un numéro d'ordre général et chacune à sa date, toutes les acquisitions faites pour le mobilier de l'école, le matériel d'enseignement, la bibliothèque, le cabinet de physique, les ustensiles de ménage, etc.

Les objets hors d'usage, réformés avec l'autorisation du ministre, sont maintenus sur le livre d'inventaire ; mais la décision ministérielle qui en autorise la réforme est mentionnée en regard, dans la colonne d'observations.

Le directeur fait dresser par les maîtres adjoints qui le secondent deux registres particuliers, extraits du livre d'inventaire et contenant, l'un le catalogue raisonné et la classification méthodique de tous les livres de la bibliothèque de l'école, l'autre le catalogue raisonné de tous les instruments de physique, chimie, arpentage, dessin, etc. Un troisième catalogue semblable est établi, par les soins d'un de ces maîtres, pour les livres classiques à l'usage journalier des élèves.

Chacun de ces catalogues particuliers a sa série spéciale de numéros pour chaque classification d'objets; une colonne de renvoi au livre d'inventaire indique, en regard de l'objet, le numéro qu'il porte sur ce livre. Ils sont soumis, comme les autres registres, au contrôle des autorités qui ont mission d'inspecter l'établissement.

Art. 56. Le registre-matricule de l'école est destiné à constater l'entrée et la sortie des élèves-maîtres, la qualité en laquelle ils ont été admis et les fonctions auxquelles ils ont été appelés en sortant.

Tous les ans, dans la première quinzaine de décembre, le directeur adresse à l'inspecteur d'académie un extrait certifié de ce registre, indiquant les noms des anciens élèves-maîtres qui n'ont pas encore accompli la période décennale de leur service dans l'instruction publique.

Sur le vu de cette liste, l'inspecteur d'académie dresse deux états nominatifs, l'un des anciens élèves-maîtres boursiers, l'autre des anciens pensionnaires libres qui sont passibles de remboursements aux termes de l'article 19 du décret du 24 mars 1851, ou de l'article 10 du présent règlement, et les transmet au préfet avec l'indication de la somme dont chacun d'eux est redevable. Le préfet rend ces états exécutoires et les adresse au receveur général pour qu'il opère le recouvrement des sommes qui y sont mentionnées.

Art. 57. L'ordonnateur des dépenses vérifie et arrête la caisse de l'école au moins une fois par mois. Il inscrit le résultat de sa vérification sur le livre-souche, le journal de caisse et le sommier.

Art. 58. A la fin de chaque trimestre, l'inspecteur d'académie, et, en cas d'absence ou d'empêchement, son délégué, procède, de concert avec un délégué du préfet, et en présence de l'ordonnateur des dépenses et du directeur, à la vérification trimestrielle de la caisse et de la comptabilité.

Ils constatent d'abord l'état de la caisse, puis se font représenter le livre-souche, le journal de caisse et le sommier, ett après s'être assurés de la parfaite identité et exactitude des sommes, des dates et des numéros d'ordre qui y ont été consignés, ils en arrêtent les totaux et indiquent les résultats de leur vérification.

Ils procèdent ensuite à la vérification de l'inventaire des approvisionnements en magasin, dressé par le directeur, visé et approuvé par l'ordonnateur des dépenses, et le comparent avec la balance des entrées et des sorties, établie sur le livre du magasin. Ils vérifient également les quantités portées en balance sur le livre du magasin avec les approvisionnements existants. Le résultat de cette vérification est constaté par la signature qu'ils apposent au bas de l'inventaire dressé par le directeur.

Immédiatement après, ils dressent un procès-verbal de la vérification trimestrielle à laquelle ils ont procédé. Ce procès-verbal est établi en double expédition, dont une reste déposée à l'école.

Art. 59. A la suite de la vérification trimestrielle de la caisse et du magasin, le directeur adresse à l'inspecteur d'académie, pour être transmis au ministre par l'entremise du préfet, l'une des deux expéditions du procès-verbal ci-dessus mentionné et un bordereau récapitulatif des recettes et des dépenses.

Ce bordereau est visé par l'ordonnateur des dépenses. Il indique séparément les recettes et les dépenses faites antérieurement au trimestre et pendant le trimestre, avec distinction, s'il y a lieu, des deux exercices auxquels elles sont afférentes. Il fait ressortir le solde en caisse à la fin du trimestre, dont le directeur demeure comptable. Le directeur joint à ce bordereau l'état des créances et l'état des dettes de l'école.

Art. 60. Le directeur est tenu de verser à la Caisse des dépôts et consignations les sommes qui ne sont pas jugées nécessaires aux besoins du service courant, lorsqu'à la suite d'une vérification mensuelle, trimestrielle ou extraordinaire de la comptabilité, l'ordonnateur des dépenses, l'inspecteur d'académie et le délégué du préfet, le recteur ou un inspecteur général ont constaté que les fonds en caisse étaient trop considérables.

Ces dépôts, dont il est donné récépissé au directeur, peuvent être retirés selon les besoins de l'école. Les ordres de dépôt et les demandes de retrait émanent du président de la commission de surveillance.

Art. 61. En cas de changement du directeur, un membre de la commission de surveillance, désigné par le recteur, arrête, conjointement avec l'ancien directeur ou son représentant légitime et le nouveau directeur, tous les registres de comptabilité, et constate par un procès-verbal que les écritures sont au courant.

Ce procès-verbal indique le montant des valeurs trouvées en caisse, celui des créances et des dettes, la valeur et la quantité des approvisionnements existant en magasin. Le nouveau directeur prend ces objets en charge et en devient responsable.

Il est procédé de la même manière pour la constatation et la prise en charge du mobilier de l'établissement.

Une copie des procès-verbaux dressés à cette occasion, certifiée par le membre de la commission de surveillance délégué, est envoyée au recteur pour être transmise au ministre.

Art. 62. Tous les ans, dans les cinq derniers jours du 4e trimestre, il est procédé, en présence d'un délégué du préfet, d'un membre de la commission de surveillance désigné par le recteur et du directeur de l'école, au récolement du mobilier et du matériel de l'établissement. Le procès-verbal de cette opération est adressé en double expédition au préfet, qui transmet une de ces expéditions au ministre.

SECTION V. — Rédaction des états de situation et du compte de l'exercice. — Apurement du compte.

Art. 63. Tous les ans, dans les dix premiers jours de janvier, le directeur soumet à la commission de surveillance, en triple expédition, l'état de situation de la caisse et l'état de situation du magasin pour l'année précédente.

Le président de la commission adresse les trois expéditions de ces deux états au recteur de l'académie avant le 20 janvier, avec un extrait de la délibération qui a été prise à ce sujet.

Avant le 1er février, le recteur en envoie une expédition au ministre, et une autre au préfet, avec ses observations personnelles. La troisième reste déposée dans les archives de l'académie.

Art. 64. L'état de situation de la caisse présente le résumé de toutes les opérations de caisse de l'année qui ont été inscrites au journal de caisse ; il constate les valeurs qui se trouvaient en caisse au 31 décembre de l'année précédente, le montant par chapitres de toutes les sommes reçues et payées pendant le cours de l'année et les valeurs restant en caisse à la fin de l'année.

Art. 65. L'état de situation du magasin présente le résumé du mouvement des approvisionnements de l'année, qui ont été inscrits au livre du magasin ; il constate la valeur totale des approvisionnements qui se trouvaient en magasin au 31 décembre de l'année précédente, la valeur par chapitres des denrées qui sont entrées dans le magasin et qui en sont sorties pendant le cours de l'année, la valeur totale des approvisionnements restant en magasin à la fin de l'année.

Les produits du jardin et des propriétés, consommés à la table des élèves et des maîtres, forment un article spécial de l'état de situation du magasin.

Art. 66. Tous les ans, dans la première quinzaine de juin, le directeur présente à l'ordonnateur des dépenses le compte de l'exercice qui vient de se clore le 31 mai, et y joint les pièces justificatives des dépenses; ce compte est dressé en triple expédition. Il présente le détail des opérations de l'exercice seulement; il établit, par le relevé des états de présence, les droits acquis au profit de l'école; il présente, par chapitres, les sommes à recouvrer et les sommes à payer, et dans chaque chapitre, par année distincte, les recouvrements et les payements effectués, ainsi que les sommes restant à recouvrer ou à payer en fin d'exercice. Les diverses opérations de caisse y sont résumées dans des tableaux récapitulatifs, dont le dernier présente la dépense nette de l'exercice. La balance de l'exercice en excédant ou en déficit est établie par la comparaison de la recette et de la dépense nettes.

Deux tableaux complémentaires, placés l'un au commencement, l'autre à la fin du compte, offrent le résumé général de la situation financière de l'école au 31 mai de l'année précédente, et au 31 mai de l'année courante. Cette situation est établie en actif et en passif.

L'actif se compose : 1° de l'excédant des recouvrements sur les payements, tant de l'exercice auquel s'applique le compte que des exercices antérieurs; 2° du montant des créances; 3° de la valeur des approvisionnements en magasin; 4° du solde en caisse. Les capitaux placés en rentes sur l'État, ou employés à des acquisitions et réparations extraordinaires ne sont rappelés que pour mémoire ; il ne font pas partie de l'actif.

Le passif se compose du montant des dettes de l'école.

Art. 67. L'ordonnateur des dépenses soumet le compte de l'exercice à l'approbation de la commission de surveillance le 30 juin au plus tard, et l'accompagne d'un rapport détaillé sur les diverses parties du service. Il constate dans ce rapport l'exactitude et la régularité des recettes, et fournit des explications sur les sommes restant à recouvrer et sur les causes du retard dans le recouvrement. Il examine successivement les diverses consommations, les compare avec celles de l'exercice précédent, il en explique les différences et indique les améliorations introduites ou à introduire.

Art. 68. La commission de surveillance prend une délibération sur le compte qui lui est soumis par l'ordonnateur des dépenses ; elle donne spécialement son avis sur les créances mentionnées en l'article 49, et propose au ministre, s'il y a lieu, d'accorder des dispenses de payement aux débiteurs qui sont hors d'état de s'acquitter. Le résultat de sa délibération est adressé par le président, le 5 juillet au plus tard, au recteur de l'acdéamie, avec trois expéditions du compte et les pièces à l'appui.

Art. 69. Le recteur transmet, avant le 15 juillet, une de ces expéditions au préfet et l'autre au ministre ; il y joint ses observations personnelles.

Art. 70. Dans la seconde quinzaine de juillet,

le préfet soumet au conseil de préfecture, selon les cas prévus par l'ordonnance royale du 7 juillet 1844, le compte des recettes et des dépenses du budget économique pour l'exercice clos.

Le conseil de préfecture apure ce compte avant le 31 juillet, et dans les dix premiers jours d'août le préfet adresse au ministre de l'instruction publique l'arrêté d'apurement.

Art. 71. Sur le rapport du recteur et du préfet, et si la situation financière de l'école le permet, les familles qui sont hors d'état de payer leurs dettes arriérées pour complément de bourses et pensions à leur charge, peuvent obtenir du ministre des dispenses de payement. Les sommes qui constituent les créances annulées par décision ministérielle sont passées en non-valeurs et rayées de l'actif.

Art. 72. L'emploi du boni résultant de chaque exercice est réglé par le ministre dans les limites fixées par l'article 3 de l'ordonnance royale du 15 décembre 1842.

TITRE III.

DISPOSITIONS TRANSITOIRES.

Art. 73. Les dispositions du titre premier ne seront appliquées qu'au fur et à mesure des vacances pour toutes les nominations qui auront lieu après la promulgation du présent règlement.

Art. 74. Le présent règlement recevra son exécution à partir du 1er janvier 1856.

DÉCRET ORGANIQUE

CONCERNANT LES SALLES D'ASILE.

(22 mars 1855.)

TITRE PREMIER.

DISPOSITIONS GÉNÉRALES CONCERNANT L'ÉTABLISSEMENT DES SALLES D'ASILE ET LE PROGRAMME DE L'ENSEIGNEMENT.

Art. 1er. Les salles d'asile, publiques ou libres, sont des établissements d'éducation où les enfants des deux sexes, de deux à sept ans, reçoivent les soins que réclame leur développement moral et physique.

Art. 2. L'enseignement, dans les salles publiques et libres comprend :

1° Les premiers principes de l'instruction religieuse, de la lecture, de l'écriture, du calcul verbal et du dessin linéaire;

2° Des connaissances usuelles à la portée des enfants;

3° Des ouvrages manuels appropriés à l'âge des enfants;

4° Des chants religieux, des exercices moraux et des exercices corporels.

Les leçons et les exercices moraux ne durent jamais plus de dix à quinze minutes, et sont toujours entremêlés d'exercices corporels.

Art. 3. L'instruction religieuse est donnée

sous l'autorité de l'évêque, dans les salles d'asile catholiques.

Les ministres des cultes non catholiques reconnus président à l'instruction religieuse dans les salles d'asile de leur culte.

Art. 4. Les salles d'asile sont situées au rez-de-chaussée; elles sont planchéiées et éclairées, autant que possible, des deux côtés, par des fenêtres fermées avec des châssis mobiles.

Les dimensions des salles d'exercice doivent être calculées de manière qu'il y ait au moins deux mètres cubes d'air pour chaque enfant admis.

A côté de la salle d'exercices, il y a un préau destiné aux repas et aux récréations.

Art. 5. Nulle salle d'asile ne peut être ouverte avant que l'inspecteur d'académie n'ait reconnu qu'elle réunit les conditions de salubrité ci-dessus prescrites.

Art. 6. Il y a dans chaque salle d'asile publique du culte catholique :

Un crucifix,

Une image de la sainte Vierge.

Art. 7. Il y a, dans toutes les salles d'asile, un portrait de l'Impératrice, protectrice de l'institution.

Art. 8. Le titre de *salle d'asile modèle* peut être conféré par le ministre de l'instruction publique, sur la proposition du comité central de patronage, à celles des salles d'asile qui auraient été signalées par les déléguées spéciales pour la bonne disposition du local, l'état satisfaisant du mobilier, les soins donnés aux enfants, ainsi que pour l'emploi judicieux et intelligent des meilleurs moyens d'éducation et de premier enseignement.

Il y a à Paris un cours pratique avec pensionnat, destiné : 1° à former, pour Paris et les départements, des directrices ou des sous-directrices de salles d'asile; 2° à conserver les principes de la méthode établie ; 3° à expérimenter les nouveaux procédés d'éducation et de premier enseignement dont l'essai serait recommandé par le comité central de patronage.

Art. 9. Un règlement, arrêté par le ministre de l'instruction publique sur la proposition du comité central de patronage, déterminera, sous l'approbation de l'Impératrice, tout ce qui se rapporte aux procédés d'éducation et d'enseignement employés dans les salles d'asile publiques, ainsi qu'aux soins matériels qui doivent y être observés.

TITRE II.

DE L'ADMISSION DES ENFANTS DANS LES SALLES D'ASILE.

Art. 10. Aucun enfant n'est reçu, même provisoirement, par la directrice, dans une salle d'asile publique ou libre, s'il n'est pourvu d'un certificat de médecin dûment légalisé, constatant qu'il n'est atteint d'aucune maladie contagieuse et qu'il a été vacciné.

L'admission des enfants dans les salles d'asile publiques ne devient définitive qu'autant qu'elle a été ratifiée par le maire.

Dans les huit jours qui suivent l'admission provisoire d'un enfant dans une salle d'asile publique, les parents sont tenus de présenter à la directrice un billet d'admission délivré par le maire.

Art. 11. Les salles d'asile publiques sont ouvertes gratuitement à tous les enfants dont les familles sont reconnues hors d'état de payer la rétribution mensuelle.

Art. 12. Le maire, de concert avec les ministres des différents cultes reconnus, dresse la liste des enfants qui doivent être admis gratuitement dans les salles d'asile publiques. Cette liste est définitivement arrêtée par le conseil municipal.

Art. 13. Les billets d'admission délivrés par les maires ne font aucune distinction entre les enfants payants et les enfants admis gratuitement.

TITRE III.

DE LA SURVEILLANCE ET DE L'INSPECTION DES SALLES D'ASILE.

Art. 14. Indépendamment des autorités instituées pour la surveillance et l'inspection des écoles par les articles 18, 20, 42 et 44 de la loi du 15 mars 1850, il peut être établi dans chaque commune où il existe des salles d'asile, et à Paris dans chaque arrondissement, un comité local de patronage nommé par le préfet.

Ce comité local, dont le curé fait partie de droit, et qui est présidé par le maire, est composé de dames qui se partagent la protection des salles d'asile du ressort.

Art. 15. Le comité local de patronage est

chargé de recueillir les offrandes de la charité publique en faveur des salles d'asile de son ressort, de veiller au bon emploi des fonds alloués à ces établissements par la commune, le département ou l'État, et au maintien des méthodes adoptées pour les salles d'asile publiques. Il délibère sur tous les objets qu'il juge dignes de fixer l'attention du comité central.

Il se réunit au moins une fois par mois.

Art. 16. Un ou plusieurs médecins nommés par le maire visitent, au moins une fois par semaine, les salles d'asile publiques.

Chaque médecin inscrit ses observations et ses prescriptions sur un registre particulier.

Art. 17. Le ministre de l'instruction publique et des cultes peut, suivant les besoins du service, déléguer, pour l'inspection des salles d'asile dans chaque académie, une dame rétribuée sur les fonds de l'Etat.

Nulle ne peut être nommée déléguée spéciale si elle n'est pourvue d'un certificat d'aptitude.

Le recteur de l'académie détermine l'ordre des tournées des dames déléguées spéciales et en règle l'itinéraire. Il transmet au ministre, avec son avis, les rapports généraux que les dames lui adressent. Le ministre place ces rapports sous les yeux du comité central de patronage.

Les déléguées spéciales correspondent directement avec les comités de patronage de leur circonscription et envoient à chaque inspecteur d'académie un rapport spécial sur les salles d'asile du département.

Art. 18. Il y a, près du comité central d

patronage des salles d'asile, deux déléguées générales rétribuées sur les fonds de l'État et nommées par le ministre de l'instruction publique.

Les déléguées générales sont envoyées par le ministre de l'instruction publique partout où leur présence est jugée nécessaire; elles s'entendent avec les déléguées spéciales et provoquent, s'il y a lieu, les réunions des comités locaux de patronage; elles rendent compte au ministre et au comité central, et ne décident rien par elles-mêmes.

TITRE IV.

DES CONDITIONS D'AGE, DE MORALITÉ ET D'APTITUDE DES DIRECTRICES DE SALLES D'ASILE.

Art. 19. Les salles d'asile publiques et libres seront à l'avenir exclusivement dirigées par des femmes.

Art. 20. Nulle ne peut diriger une salle publique ou libre avant l'âge de vingt-quatre ans accomplis, et si elle ne justifie d'un certificat d'aptitude.

Les lettres d'obédience délivrées par les supérieures des communautés religieuses régulièrement reconnues, et attestant que les postulantes ont été particulièrement exercées à la direction d'une salle d'asile, leur tiennent lieu de certificat d'aptitude.

Peuvent toutefois être admises à diriger provisoirement, dès l'âge de vingt et un ans, une salle d'asile publique ou libre, qui ne reçoit pas plus de trente à quarante enfants, les sous-directrices pourvues du certificat mentionné en l'article 31 du présent décret, et les membres de communautés religieuses pourvues d'une lettre d'obédience.

Art. 21. Sont incapables de tenir une salle d'asile publique ou libre les personnes qui se trouvent dans les cas prévus par l'article 26 de la loi du 15 mars 1850.

Art. 22. Quiconque veut diriger une salle d'asile libre doit se conformer préalablement aux dispositions prescrites par les articles 25 et 27 de la loi du 15 mars 1850, et 1, 2 et 3 du décret du 7 octobre 1850.

L'inspecteur d'académie peut faire opposition à l'ouverture de la salle dans les cas prévus par l'article 28 de la loi du 15 mars 1850 et par l'article 5 du présent décret. L'opposition est jugée par le conseil départemental, contradictoirement et sans recours.

A défaut d'opposition, la salle d'asile peut être ouverte à l'expiration du mois.

Art. 23. Les directrices des salles d'asile publiques sont nommées et révoquées par les préfets sur la proposition de l'inspecteur d'académie ; elles sont choisies, après avis du comité local de patronage, soit parmi les membres des congrégations religieuses, soit parmi les laïques, et dans ce dernier cas, autant que possible, parmi les sous-directrices.

Art. 24. Le conseil départemental peut, da les formes prescrites par les articles 30 et 3 de la loi du 15 mars 1850, interdire de l'exer cice de sa profession, dans la commune où ell réside, une directrice de salle d'asile libre.

Il peut frapper d'interdiction absolue une directrice de salle d'asile libre ou publique, sauf appel devant le Conseil impérial de l'instruction publique.

Art. 25. Dans toute salle d'asile publique qui reçoit plus de quatre-vingts enfants, la directrice est aidée par une sous-directrice.

Art. 26. Nulle ne peut être nommée sous-directrice dans une salle d'asile publique avant l'âge de vingt ans, et si elle n'est pourvue d'un certificat de stage délivré ainsi qu'il est dit à l'article 31 du présent décret.

Les sous-directrices dans les salles d'asile publiques sont nommées et révoquées par les maires, sur la proposition du comité de patronage.

Art. 27. Il y a dans chaque département une commission d'examen chargée de constater l'aptitude des personnes qui aspirent à diriger les salles d'asile.

La commission tient une ou deux sessions par an.

Les membres de la commission d'examen sont nommés pour trois ans par le préfet, sur la proposition du conseil départemental de l'instruction publique.

La commission d'examen se compose :

De l'inspecteur d'académie, président ;

D'un ministre du culte professé par la postulante ;

D'un membre de l'enseignement public ou libre ;

De deux dames patronesses des asiles ;

D'un inspecteur de l'instruction primaire faisant fonction de secrétaire.

A Paris, la commission est nommée, sur la proposition du préfet, par le ministre de l'instruction publique, qui fixe le nombre des membres dont elle doit être composée.

Art. 28. Les certificats d'aptitude sont délivrés au nom du recteur par l'inspecteur d'académie dans les départements, et à Paris par le vice-recteur.

Art. 29. Nulle n'est admise devant une commission d'examen avant l'âge de vingt et un ans, et si elle n'a déposé entre les mains de l'inspecteur d'académie, un mois avant l'ouverture de la session :

1° Son acte de naissance ;

2° Des certificats attestant sa moralité et indiquant les lieux où elle a résidé et les occupations auxquelles elle s'est livrée depuis cinq ans au moins.

La veille de la session, l'inspecteur d'académie arrête, sur la proposition de la commission d'examen, la liste des postulantes qui seront admises à subir l'examen.

Art. 30. L'examen se compose de deux parties distinctes :

1° Un examen d'instruction ;

2° Un examen pratique.

L'examen d'instruction comprend l'histoire sainte, le catéchisme, la lecture, l'écriture, l'orthographe, les notions les plus usuelles du calcul et du système métrique, le dessin au trait, les premiers éléments de géographie, le chant, le travail manuel.

L'examen pratique a lieu dans une salle d'asile. Les postulantes sont tenues de diriger les exercices de cette salle pendant une partie de la journée.

Art. 31. Sur la déclaration de la directrice d'une salle d'asile modèle, visée par le comité de patronage, l'inspecteur d'académie délivre aux postulantes qui ont suivi les exercices de cette salle d'asile pendant deux mois au moins le certificat de stage mentionné en l'article 26 du présent décret.

A Paris, le certificat de stage est délivré par le vice-recteur de l'académie, soit sur l'attestation de la directrice d'une salle d'asile modèle, comme il est dit ci-dessus, soit sur l'attestation de la dirtrice du cours pratique, certifiée par la commission de surveillance de cet établissement.

TITRE V.

DU TRAITEMENT DES DIRECTRICES ET SOUS-DIRECTRICES DES SALLES D'ASILE PUBLIQUES.

Art. 32. Les directrices des salles d'asile publiques reçoivent sur les fonds communaux un traitement fixe, qui ne peut être moindre de 250 fr., et les sous-directrices un traitement dont le minimum est fixé à 150 fr.

Les unes et les autres jouissent, en outre, du logement gratuit.

Les dispositions du décret du 9 juin 1853, sur les pensions civiles, leur sont applicables.

Art. 33. Une rétribution mensuelle peut être exigée de toutes les familles dont les enfants sont admis dans les salles d'asile publiques, et qui sont en état de payer le service qu'elles réclament.

Le taux de cette rétribution est fixé par le préfet en conseil départemental, sur l'avis des conseils municipaux et des délégués cantonaux.

Art. 34. La rétribution mensuelle est perçue pour le compte de la commune par le receveur municipal, et spécialement affectée aux dépenses de la salle d'asile.

En cas d'insuffisance du produit de la rétribution mensuelle et à défaut de fondations, dons ou legs, il est pourvu aux dépenses des salles d'asile publiques, 1° sur les revenus ordinaires des communes; 2° sur l'excédant des trois centimes spéciaux affectés à l'instruction primaire, ou, à défaut, au moyen d'une imposition spécialement autorisée à cet effet.

Une subvention peut être accordée par les départements, aux communes qui ne peuvent suffire aux dépenses ordinaires des salles d'asile qu'au moyen d'une imposition spéciale. Cette subvention est prélevée, soit sur le restant disponible de deux centimes affectés à l'instruction primaire, soit sur des fonds spécialement votés à cet effet.

RÈGLEMENT

CONCERNANT LE RÉGIME INTÉRIEUR DES SALLES D'ASILE

(22 mars 1855.)

TITRE Ier.

DE L'ADMISSION DES ENFANTS DANS LES SALLES D'ASILE PUBLIQUES, ET DES SOINS A LEUR DONNER.

Art. 1er. Les salles d'asile publiques sont ouvertes, du 1er mars au 1er novembre, depuis sept heures du matin jusqu'à sept heures du soir; du 1er novembre au 1er mars, depuis huit heures du matin jusqu'à six heures du soir.

Des exceptions à cette règle peuvent être autorisées, selon les circonstances locales, par le maire sur la proposition du comité local de patronage.

Les salles d'asile sont fermées les dimanches et les jours fériés, savoir : le jour de la Toussaint, le jour de Noël, le 1er janvier, les jours de l'Ascension et de l'Assomption.

Il est interdit aux directrices de les fermer d'autres jours sans l'autorisation du comité local de patronage.

Art. 2. Dans des cas d'urgence, les directrices doivent garder les enfants après les heures déterminées.

La surveillance et les soins particuliers auxquels cette exception doit donner lieu sont réglés par le comité local de patronage.

Les enfants qui n'ont pas été repris par leurs

parents, à l'heure où la salle d'asile doit être fermée, sont conservés par la directrice ou confiés en mains sûres pour être ramenés à leur demeure.

L'enfant n'est plus admis à la salle d'asile si les parents, après avoir été dûment avertis, retombent habituellement dans la même négligence. L'exclusion ne peut, toutefois, être prononcée que par le maire, sur la proposition du comité local de patronage.

Art. 3. Lorsqu'un enfant est présenté dans une salle d'asile, la directrice fait connaître à la famille les conditions de propreté, de soins et de nourriture auxquelles elle devra se conformer en ce qui concerne son enfant.

Indépendamment du certificat de médecin prescrit par l'article 10 du décret du 21 mars 1855, la directrice doit exiger de la famille un petit panier pour les provisions de bouche de l'enfant, une éponge et un gobelet. Le comité local de patronage supplée, s'il y a lieu, à l'impossibilité où se trouveraient des familles de fournir ces objets.

Le panier, le gobelet et les éponges de chacun des enfants admis définitivement sont immédiatement marqués d'un numéro d'ordre.

Art. 4. A l'arrivée des enfants à la salle d'asile, la directrice doit s'assurer par elle-même de leur état de santé et de propreté, de la quantité et de la qualité des aliments qu'ils apportent dans leur panier.

L'enfant amené à la salle d'asile dans un état de maladie n'est pas reçu ; s'il devient malade dans le courant de la journée, il est aussitôt dirigé vers la demeure de ses parents, et, en cas d'urgence, vers la demeure de l'un des médecins de l'établissement.

Les enfants fatigués ou incommodés sont déposés, soit sur le lit de camp ou hamac, soit dans le logement de la directrice, jusqu'à ce qu'on puisse les rendre à leur famille.

Art. 5. En cas d'absence réitérée d'un enfant sans motif connu d'avance, la directrice s'informe des causes de cette absence. Elle en donne, dans tous les cas, avis au comité local de patronage, qui fait visiter, s'il y a lieu, cet enfant dans sa famille.

Art. 6. A l'entrée et à la sortie de chaque classe, les enfants sont conduits en ordre aux lieux d'aisances; ils y sont toujours surveillés par la directrice elle-même.

A deux heures, avant la rentrée en classe, les enfants sont également conduits en ordre dans le préau couvert. En passant devant sa case, chacun d'eux reçoit son éponge des mains de la directrice et se présente à son rang devant la femme de service chargée du lavage des mains et de la figure. Après ce lavage, les enfants repassent dans le même ordre devant leur case, où leur éponge est déposée de nouveau par la directrice; ils rentrent ensuite en classe.

Art. 7. Les enfants ne doivent jamais être frappés. Ils sont toujours repris avec douceur.

Il ne peut être infligé aux enfants que les punitions suivantes :

Les faire lever et tenir debout pendant dix minutes au plus, lorsque leurs camarades sont assis;

Les faire sortir du gradin;

Leur interdire le travail en commun.

Leur faire tourner le dos à leurs camarades.

Des images et des bons points peuvent être donnés, à titre de récompense, aux enfants qui font preuve de docilité. Un certain nombre de bons points peut être échangé par le comité local de patronage contre un objet utile.

TITRE II.

DE L'ENSEIGNEMENT ET DES DIVERS EXERCICES.

Art. 8. L'instruction religieuse, donnée conformément à l'article 3 du décret du 21 mars 1855, ne comporte point de longues leçons; elle comprend surtout les premiers chapitres du petit catéchisme; elle résulte aussi de réflexions morales appropriées aux récits de l'histoire sainte et destinées à présenter aux enfants des exemples de piété, de charité et de docilité, rendus plus clairs et plus attachants à l'aide d'images autorisées pour être mises sous leurs yeux.

Les exercices moraux comprennent des récits d'histoire qui tendent constamment à inspirer aux enfants un profond sentiment d'amour envers Dieu, de reconnaissance envers l'Empereur et leur auguste protectrice, à leur faire connaître et pratiquer leurs devoirs envers leur père et leur mère et leurs supérieurs, à les rendre doux, polis et bienveillants entre eux.

Art. 9. L'enseignement de la lecture comprend les voyelles et les consonnes, l'alphabet majuscule et minuscule, les différentes espèces d'accents, les syllabes de deux ou de trois lettres, les mots de deux syllabes.

Art. 10. L'enseignement de l'écriture se borne à l'imitation des lettres sur l'ardoise.

Art. 11. L'enseignement du calcul comprend la connaissance des nombres simples, leur représentation par les chiffres arabes, l'addition et la soustraction enseignées à l'aide du boulier-compteur, la table de multiplication apprise de mémoire à l'aide des chants, l'explication des poids et mesures donnée à l'aide de solides ou de tableaux.

Art. 12. L'enseignement du dessin linéaire comprend la formation, sur le tableau et sur les ardoises, des plus simples figures géométriques et de petits dessins au trait.

Art. 13. Les connaissances usuelles comprennent la division du temps, les saisons, les couleurs, les sens, les formes, la matière et l'usage des objets familiers aux enfants, des notions sur les animaux, sur les plantes, sur les industries simples, sur les éléments, sur la forme de la terre, sur ses principales divisions, les noms des principaux États de l'Europe avec leurs capitales, les noms des départements de la France avec leurs chef-lieux et toutes les notions élémentaires propres à former le jugement des enfants.

Art. 14. Les travaux manuels consistent en travaux de couture, de tricot, de parfilage et autres appropriés aux localités.

Art. 15. Le chant comprend les premiers principes de la musique vocale, soit d'après la méthode de M. Duchemin-Boisjousse, soit d'après les autres méthodes qui pourraient être ultérieurement autorisées.

Art. 16. Les leçons et les exercices religieux et moraux commencent et finissent par une courte prière; ils ont lieu dans les salles d'asile publiques, de dix heures du matin à midi et de deux heures à quatre heures.

Art. 17. Les exercices corporels se composent de marches, d'évolutions et de mouvements hygiéniques exécutés en mesure par tous les enfants à la fois, dans la salle et dans le préau. Ils se composent aussi, pendant les récréations, de jeux variés selon l'âge des enfants, organisés autant que possible, et, dans tous les cas, surveillés par la directrice.

Art. 18. Il est interdit de surcharger la mémoire des enfants de dialogues ou scènes dramatiques destinés à figurer dans des solennités publiques.

Art. 19. Les directrices de salles d'asile doivent veiller à tous les besoins physiques, moraux et intellectuels des enfants, à leur langage et à leurs habitudes dans toutes les circonstances de la journée; elles s'assurent que la femme de service ne leur donne, sous ce rapport, que de bons exemples.

TITRE III.

DU LOCAL ET DU MOBILIER.

Art. 20. Il y a dans chaque salle d'asile plusieurs rangs de gradins, au nombre de cinq au moins et de dix au plus. Ces gradins doivent garnir toute l'extrémité de la salle.

Il est réservé au milieu, et de chaque côté de ces gradins, un passage destiné à faciliter le classement et les mouvements des enfants.

Des bancs fixés au plancher sont placés dans le reste de la salle, avec un espace vide au milieu pour les évolutions.

Dans la salle destinée aux repas, des planches sont disposées le long des murs, et des patères ou crochets sont fixées au-dessous pour recevoir les paniers des enfants et les divers objets à leur usage. Chaque planche est divisée, par une raie, en autant de cases qu'il y a d'enfants. Des numéros, correspondant aux numéros des paniers, sont peints au-dessous de chaque case.

Des lieux d'aisances, distincts pour chaque sexe, sont placés de manière à être facilement surveillés; ils doivent être aérés et disposés de telle sorte qu'il ne résulte de leur voisinage aucune cause d'insalubrité pour l'asile. Le nombre des cabinets est proportionné à celui des enfants. Chaque cabinet doit être clos par une porte sans loquet, ayant au plus 70 centimètres de hauteur, et retombant sur elle-même.

La cour doit être spacieuse. Le sol en est bien battu et uni.

Art. 21. Le mobilier des salles d'asile se compose de lits de camp sans rideaux ou de hamacs; d'une pendule; d'un boulier-compteur à dix rangées de dix boules chacune; de tableaux et de porte-tableaux; d'une planche noire sur un chevalet et de crayons blancs; d'un porte-dessin; de plusieurs cahiers d'images renfermés dans un portefeuille; d'une table à écrire garnie d'un casier pour les registres;

d'une grande armoire ; de petites ardoises en nombre égal à celui des enfants et de leurs crayons ; d'un poêle ; d'une grande fontaine ou d'un robinet alimenté par une concession d'eau, se déversant sur un grand lavabo à double fond ; d'autant d'éponges qu'il y a d'enfants dans la salle d'asile ; enfin, de tous les ustensiles nécessaires aux soins des enfants et à la propreté du service ; d'un claquoir et d'un sifflet.

Art. 22. Les salles et préaux sont nettoyés et balayés tous les matins, au moins une demi-heure avant l'arrivée des enfants.

Le balayage est renouvelé après le repas et après la sortie des enfants. Le feu est allumé dans les poêles du préau et de la classe une heure avant l'entrée des enfants.

Le préau est éclairé dès la chute du jour et aussi longtemps qu'il y reste des enfants.

TITRE IV.

DISPOSITIONS GÉNÉRALES.

Art. 23. Les directrices de salles d'asile publiques tiennent :

1° Un registre sur lequel sont inscrits les noms et la demeure des enfants admis provisoirement, le nom du médecin qui a délivré le certificat prescrit par l'article 10 du décret du 21 mars 1855, la date du jour où il a été provisoirement admis ;

2° Un registre sur lequel sont inscrits, jour par jour, sous une même série de numéros, les noms et prénoms des enfants admis définitivement, les noms, demeure et profession des parents ou tuteur, et les conventions relatives aux moyens d'amener ou de reconduire les enfants;

3° Un registre sur lequel le médecin inscrit ses observations;

4° Un registre sur lequel les dames patronnesses chargées de la surveillance de la salle d'asile inscrivent leurs remarques sur la tenue de l'établissement au moment de leur visite;

5° Un registre de présence des enfants.

Art. 24. Il est interdit aux directrices, sous-directrices, ainsi qu'aux femmes de service, d'accepter des parents aucune espèce de cadeaux.

Art. 25. La femme de service est choisie, dans chaque salle d'asile, par la directrice, avec l'approbation du comité local de patronage; elle est révoquée dans la même forme.

Art. 26. Les salles d'asile publiques sont ouvertes aux personnes qui désirent les visiter.

Art. 27. Il y a, dans chaque salle d'asile, un tronc destiné à recevoir les dons de la bienfaisance publique.

La clef du tronc est déposée entre les mains de l'une des dames patronnesses chargées de la surveillance de la salle d'asile.

L'emploi des deniers déposés dans ce tronc est réglé par le comité local de patronage.

Art. 28. Un règlement, fixant l'emploi du temps pour chaque jour de la semaine dans les salles d'asile est arrêté par le comité local de patronage.

Un exemplaire de ce règlement est toujours affiché dans la salle d'exercice.

INSTRUCTION SECONDAIRE.

INSTRUCTION SECONDAIRE LIBRE.

DÉCRET

RELATIF AUX ÉCOLES SECONDAIRES LIBRES.

(20 décembre 1850.)

Art. 1er. Lorsque le recteur [1], le préfet ou le procureur *de la République** croiront devoir user du droit d'opposition qui leur est conféré par l'article 64 de la loi organique de l'instruction publique, l'opposition sera motivée, signée de son auteur, et écrite sur papier libre.

Elle sera déposée au *secrétariat de l'*** académie, et notifiée à la personne ou au domicile de la partie intéressée, à la diligence du *recteur de l'académie****, en la forme administrative.

Art. 2. Dans la quinzaine qui suivra la notification de l'opposition, la partie intéressée sera citée à comparaître devant le conseil *académique***** à la diligence du *recteur de l'académie****.

* Impérial.

** Bureau de l'inspecteur d'académie.

*** Préfet.

**** Départemental.

1. Par l'intermédiaire de l'inspecteur d'académie.

Le jugement est notifié dans le délai d'un mois par le *recteur** à la partie intéressée, et au procureur *de la République*** ou au *préfet****, s'ils ont formé opposition.

Si, dans la quinzaine à dater du jour de la dernière notification, il n'est interjeté appel ni par le recteur ni par la partie intéressée, le jugement sera réputé définitif[1].

Art. 3. Les jugements des conseils *académiques***** portant réprimande avec publicité seront insérés par extraits dans le recueil des actes administratifs de la préfecture et dans un journal du département désigné par le jugement.

Art. 4. Lorsque, par application des articles 66 et 68 de la loi organique, un établissement particulier d'instruction secondaire se trouve dans le cas d'être fermé, le recteur[2] et le procureur *de la République*** doivent se concerter pour que les parents ou tuteurs des élèves soient avertis, et pour que les élèves pensionnaires dont les parents ne résident pas dans la localité soient recueillis dans une maison convenable.

S'il se présente une personne digne de confiance qui offre de se charger des élèves pen-

* Préfet.

** Impérial.

*** Recteur.

**** Départementaux.

1. Cet article était d'abord conçu en d'autres termes : il a été rectifié. Voy. le *Moniteur* des 21 décembre 1850 et 5 janvier 1851.

2. Lisez : l'inspecteur d'académie, après avoir pris les ordres du recteur.

sionnaires ou externes, le *recteur** pourra l'y autoriser provisoirement; il en informera immédiatement le conseil *académique***, qui examinera s'il y a lieu de maintenir l'autorisation accordée. Cette autorisation ne sera valable que pour trois mois au plus.

Art. 5. Les ministres des cultes qui auraient été interdits ou révoqués ne peuvent profiter de la faculté accordée par le troisième paragraphe de l'article 66 de la loi organique.

Art. 6. Chaque chef d'institution particulier d'instruction secondaire est tenu d'inscrire sur un registre spécial les noms, prénoms, dates et lieu de naissance des répétiteurs et surveillants qu'il emploie, avec l'indication de la fonction qu'ils remplissent.

Ce registre doit être communiqué à toute réquisition des autorités préposées à la surveillance et à l'inspection.

DÉCRET

SUR LES CERTIFICATS DE STAGE POUR L'INSTRUCTION SECONDAIRE.

(20 décembre 1850.)

Art. 1er. Les certificats de stage délivrés par le conseil *académique***, en vertu de l'ar-

* Préfet.
** Départemental.

ticle 61 de la loi du 15 mars 1850, doivent énoncer :

1° Les nom, prénoms, âge et lieu de naissance du postulant ;

2° L'époque où le stage a commencé, la nature des fonctions remplies et la durée du stage attestées par le chef de l'établissement où le stage aura été accompli.

Lorsque le chef de l'établissement est décédé, absent ou empêché, son attestation peut être suppléée par un acte de notoriété publique.

Art. 2. Les attestations sont écrites sur papier timbré et les signatures en sont légalisées.

Art. 3. Le stage, pour être valable, doit avoir été accompli en France.

Art. 4. Le certificat de stage est délivré par le conseil [académique] du département où le postulant se propose d'ouvrir un établissement.

Art. 5. Les délibérations des conseils *académiques** portant proposition de dispense de stage doivent être motivées ; elles sont accompagnées de la demande du postulant et de toutes les pièces par lui produites.

* Départementaux.

DÉCRET

RELATIF AUX ÉCOLES SECONDAIRES LIBRES ÉTABLIES PAR LES ÉVÊQUES.

(31 mars 1851.)

Considérant que si, aux termes du second paragraphe de la loi organique, les écoles secondaires libres peuvent être fondées et entretenues par des particuliers ou des associations, et obtenir, conformément aux dispositions de l'article 69 de la même loi, des communes, des départements ou de l'État, après avis préalable des conseils académiques, un local et une subvention, sans que cette subvention puisse excéder le dixième des dépenses annuelles de l'établissement, lesdites écoles ne peuvent être formées et ouvertes sans qu'au préalable le chef de l'établissement projeté ait accompli les conditions imposées, par l'article 60 de la loi, à tout Français qui veut former un établissement secondaire ;

Que les seules exceptions prononcées par les articles 66 et 70 de ladite loi s'appliquent, soit aux ministres des différents cultes reconnus qui donnent l'instruction secondaire à quatre jeunes gens destinés aux écoles ecclésiastiques, soit aux écoles secondaires ecclésiastiques actuellement existantes, et à celles qui pourraient être établies avec l'autorisation du gouvernement ;

Qu'ainsi, si rien ne s'oppose à ce que les évêques fondent et entretiennent des écoles secondaires libres, et obtiennent un local et des subventions des communes et des départements à ce dûment autorisés, avec ou sans conditions par lesdits évêques d'exercer comme fondateurs, sur ces écoles, une haute surveillance, de choisir, de remplacer et de révoquer le personnel desdites écoles; cette faculté ne peut s'étendre jusqu'à les investir, par cela seul qu'ils seraient fondateurs, du droit de diriger par eux-mêmes ces écoles, et ne dispense pas le chef désigné par eux, responsable vis-à-vis des autorités préposées à la surveillance de l'enseignement libre, de remplir préalablement à leur formation les conditions imposées par l'article 60 de la loi du 15 mars 1850;

Le conseil supérieur de l'Instruction publique entendu,

Décrète :

Art. 1er. Les traités qui pourront être projetés par les communes, les départements ou l'État, en exécution de l'article 69 de la loi organique, et qui devront avoir pour effet de concéder aux évêques diocésains des bâtiments et des subventions pour l'établissement d'écoles libres, seront passés entre les communes, les départements ou l'État et les évêques, non en leur dite qualité, mais en leur nom personnel, agissant comme fondateurs de l'établissement projeté, intéressés comme tels à sa prospérité et à sa conservation, procédant, à ce titre, à la désignation du personnel, et notamment du directeur de l'établissement, lequel, toutefois, demeurera seul responsable vis-à-vis des autorités préposées à la surveillance de l'enseignement libre, et devra remplir les conditions prescrites par la loi.

INSTRUCTION SECONDAIRE PUBLIQUE.

DÉCRET

RELATIF A UN NOUVEAU PLAN D'ÉTUDES POUR LES LYCÉES ET LES FACULTÉS.

(10 avril 1852.)

Art 1er. Indépendamment de la division élémentaire, qui sera établie, s'il y a lieu, pour préparer les enfants à l'enseignement secondaire, les lycées comprennent nécessairement deux divisions : la division de grammaire, commune à tous les élèves, et la division supérieure, où les lettres et les sciences forment la base de deux enseignements distincts.

Art. 2. Après un examen constatant qu'ils sont en état de suivre les classes, les élèves sont admis dans la division de grammaire, qui embrasse les trois années de sixième, de cinquième et de quatrième.

Chacune de ces trois années est consacrée, sous la direction du même professeur :

1° A l'étude des grammaires française, latine et grecque ;

2° A l'étude de la géographie et de l'histoire de France.

L'arithmétique est enseignée, en quatrième, une fois par semaine, à l'heure ordinaire des classes.

A l'issue de la classe de quatrième, les élèves subissent un examen, appelé examen de *grammaire*, dont le résultat est constaté par un certificat spécial, indispensable pour passer dans la division supérieure.

Art. 3. La division supérieure est partagée en deux sections.

L'enseignement de la première section a pour objet la culture littéraire, et ouvre l'accès des Facultés des lettres et des Facultés de droit.

L'enseignement de la seconde section prépare aux professions commerciales et industrielles, aux écoles spéciales, aux Facultés des sciences et de médecine.

Les études littéraires et historiques embrassent, comme par le passé, les classes de troisième, de seconde et de rhétorique.

Les études scientifiques ont lieu pendant trois années correspondantes.

Les langues vivantes sont enseignées pendant les trois années dans les deux sections.

Les programmes indiqueront les autres études qui pourront être communes aux deux enseignements.

Une dernière année, dite de *logique*, obligatoire pour les deux catégories d'élèves, a particulièrement pour objet l'exposition des opérations de l'entendement, et l'application des principes généraux de l'art de penser à l'étude des sciences et des lettres[1].

Art. 4. Des conférences sur la religion et sur la morale, correspondant aux différentes divisions, sont faites par l'aumônier ou sous sa direction[2]. Elles font nécessairement partie du plan d'études des lycées. Le programme en est dressé directement par l'évêque diocésain.

Des mesures analogues sont prescrites pour les élèves des cultes non catholiques reconnus.

Art. 5. L'École normale supérieure prépare aux grades de licencié ès lettres, de licencié ès sciences, et à la pratique des meilleurs procédés d'enseignement et de discipline scolaire.

Cette école est essentiellement littéraire et scientifique; la philosophie y est enseignée comme une méthode d'examen pour connaître les procédés de l'esprit humain dans les lettres et dans les sciences[3].

Les élèves de l'École normale supérieure qui auront subi avec succès les examens de sortie seront chargés de cours dans les lycées.

Art. 6. Pour obtenir le titre de professeur dans un lycée, il faut être agrégé à la suite d'une épreuve publique.

Art. 7. Il y a deux sortes d'agrégation : l'une pour les lettres, l'autre pour les sciences.

1. Voy., p. 261, le règlement rendu en exécution des articles 1, 2 et 3.

2. Voy., p. 259, le règlement rendu en exécution de l'article 4.

3. Voy. le règlement et le programme de l'École normale, publiés par la librairie Hachette, brochure in-12. Prix : 15 centimes.

Les candidats doivent être âgés de vingt-cinq ans, avoir fait la classe pendant cinq ans, et être pourvus du diplôme de licencié ès lettres ou de deux au moins des trois diplômes de licencié ès sciences.

Ils doivent produire, en outre, une autorisation ministérielle.

Les trois années passées à l'École normale seront comptées pour deux années de classe; il en sera de même du diplôme de docteur ès lettres ou de docteur ès sciences.

Les examens de l'agrégation portent uniquement sur les matières qui font l'objet des études secondaires, et ont pour but de constater la capacité des candidats et leur expérience dans les fonctions de l'enseignement[1].

Art. 8. L'examen du baccalauréat ès lettres est divisé en deux parties[2] :

1° L'épreuve écrite, qui consiste en deux compositions;

2° L'épreuve orale, qui comprend l'explication des auteurs grecs, latins et français désignés chaque année par le ministre en conseil supérieur, et les questions posées par les membres du jury sur tous les objets de l'enseignement de la section littéraire des lycées.

Des programmes nouveaux indiqueront sommairement les matières sur lesquelles ces questions devront porter.

Art. 9. Il y a un seul baccalauréat ès sciences.

1. Voy., p. 286, le règlement sur l'agrégation.

2. Voy., p. 303, le règlement sur le baccalauréat ès lettres.

Les candidats sont dispensés de produire le diplôme de bachelier ès lettres.

Les épreuves sont de deux sortes :

1° Deux compositions écrites ;

2° Questions orales embrassant tout ce qui fait l'objet de l'enseignement de la section scientifique des lycées[1].

Art. 10. Les candidats, soit au baccalauréat ès lettres, soit au baccalauréat ès sciences, qui n'ont pas satisfait à l'épreuve écrite, ne sont pas admis à l'épreuve orale.

Art. 11. Les parties les plus élevées des mathématiques, de la physique, de la chimie et de l'histoire naturelle, qui étaient comprises dans les anciens programmes du baccalauréat ès sciences mathématiques et du baccalauréat ès sciences physiques, sont reportées à l'examen des trois licences ès sciences mathématiques, ès sciences physiques et ès sciences naturelles, qui demeurent distinctes.

Art. 12. Les étudiants des Facultés de médecine et des écoles supérieures de pharmacie sont dispensés de produire le diplôme de bachelier ès lettres. Ils doivent produire le diplôme de bachelier ès sciences avant de prendre la première inscription.

Art. 13. Chaque année, les étudiants des Facultés de droit doivent se faire inscrire à deux cours de la Faculté des lettres.

Art. 14. Les programmes détaillés des cours professés dans les Facultés des lettres sont sou-

1. Voy., p. 307, le règlement sur le baccalauréat ès sciences.

mis annuellement par le recteur, avec l'avis de la Faculté, à l'approbation du ministre de l'instruction publique.

Art. 15. Les professeurs des Facultés de droit, de médecine, des lettres, des sciences et des écoles supérieures de pharmacie s'assureront, par des appels ou par tout autre moyen, de l'assiduité de leurs auditeurs.

Art. 16. Les nouveaux programmes d'études et d'examen prévus par le présent décret seront soumis au conseil supérieur dans sa prochaine session.

Art. 17. Les anciens agrégés de grammaire, des classes supérieures des lettres, d'histoire et de philosophie, sont aptes à recevoir le titre de professeurs des lettres.

Les anciens agrégés de mathématiques et de physique sont aptes à recevoir le titre de professeurs des sciences.

Art. 18. Le présent décret sera mis à exécution à partir du 1er octobre prochain.

DÉCRET

SUR LE RÉGIME ÉCONOMIQUE DES LYCÉES.

(18 avril 1853.)

Art. 1er. Les lycées sont tous du même ordre.

Art. 2. Le prix de la pension, de l'externat, des conférences, répétitions et examens, est fixé de la manière suivante, dans les lycées ci-après énumérés :

Lycées de Paris :

	PRIX de pension.	FRAIS d'études à la charge des externes.	SUPPLÉMENTS dus par les externes admis aux conférences, répétitions et examens.
Division élémentaire...	950	120	60
Division de grammaire.	1050	150	75
Division supérieure....	1150	200	100
Classe de mathématiques spéciales.......	1500	250	125

Lycées de Bordeaux, Lyon, Marseille, Metz, Nantes, Rouen, Strasbourg, Toulouse et Versailles[1] :

	PRIX de pension.	FRAIS d'études à la charge des externes.	SUPPLÉMENTS dus par les externes admis aux conférences, répétitions et examens.
Division élémentaire...	750	100	50
Division de grammaire.	800	120	60
Division supérieure....	850	160	80
Classe de mathématiques spéciales......	900	200	100

Lycées d'Amiens, Angers, Besançon, Bourges, Brest[2], Caen, Dijon, Douai, Grenoble, Lille, Montpellier,

1. Ajouter le lycée de Montpellier (décret du 11 août 1856).
2. Voir la note précédente.

Nancy, Orléans, Poitiers, Reims, Rennes, la Rochelle et Saint-Omer :

	PRIX de pension.	FRAIS d'études à la charge des externes.	SUPPLÉMENTS dus par les externes admis aux conférences, répétitions et examens.
Division élémentaire...	650	80	40
Division de grammaire.	700	100	50
Division supérieure....	750	120	60
Classe de mathématiques spéciales...... (Dans les lycées où cet enseignement est organisé.)	800	150	75

Lycées d'Angoulême, Avignon, Clermont, Laval, Limoges, Mâcon, le Mans, Napoléon-Vendée, Nîmes[1], Pau, Saint-Étienne, Tournon, Tours[2] et Vendôme[3]:

	PRIX de pension.	FRAIS d'études à la charge des externes.	SUPPLÉMENTS dus par les externes admis aux conférences, répétitions et examens.
Division élémentaire...	550	60	30
Division de grammaire.	600	80	40
Division supérieure....	650	100	50

1. A ces lycées, il faut ajouter celui de Tours (décret du 24 août 1856), et celui de — Voir la note précédente, et ajouter le lycée de Nîmes (décret du 4 août 1856.)

2. Voir la note précédente.

3. A ces lycées il faut ajouter ceux de Troyes et de Saint-

Lycées d'Alençon, Auch, Bastia, Cahors, Chaumont, Moulins, Napoléonville, Périgueux, le Puy, Rodez et Saint-Brieuc[1].

	PRIX de pension.	FRAIS d'études à la charge des externes.	SUPPLÉMENTS dus par les externes admis aux conférences, répétitions et examens.
Division élémentaire...	450	50	25
Division de grammaire.	500	70	35
Division supérieure....	550	96	45

Art. 3. [Le prix des bourses, qu'elles soient fondées par le gouvernement, les départements, les communes ou les particuliers, sera égal au prix de pension réglé par l'article précédent][2].

Quentin, créés par décret du 10 août 1853; ceux de Bar-le-Duc et de Sens, créés par décret du 4 avril 1854; et celui d'Évreux, créé par un décret du 4 avril 1854, modifié par un autre décret en date du 23 mai 1854, celui de Colmar (décrets du 4 août 1854 et du 29 août 1855), et celui de Tarbes (décrets du 30 juillet 1853 et du 7 août 1856).

1. A ces lycées il faut ajouter celui de Coutances, créé par décret du 30 juillet 1853; ceux de Châteauroux et de Carcassonne, créés par décret du 10 août 1853; ceux d'Agen et de Bourg, créés par décret du 4 avril 1854.

2. Un décret en date du 30 septembre change cette disposition. Ce décret est ainsi conçu:

Art. 1er. A partir du 1er octobre prochain, le prix de la pension des boursiers impériaux, dans les lycées, est fixé uniformément pour les élèves des trois divisions et de la classe de mathématiques spéciales, ainsi qu'il suit :

Lycées de Paris..............	900 fr.
Lycées de la 1re catégorie........	800
Lycées de la 2e catégorie.........	700
Lycées de la 3e catégorie.........	600
Lycées de la 4e catégorie.........	500

Dans le cas où, suivant le nouveau tarif, le prix des bourses devra être augmenté, cette augmentation n'aura lieu qu'au fur et à mesure de l'extinction des bourses déjà accordées au moment de la promulgation du présent décret.

Il n'est rien innové relativement au prix des bourses antérieurement fondées par des particuliers.

Art. 4. Le prix des livres classiques et des fournitures scolaires est compris désormais dans le prix total de la pension, aussi bien pour les pensionnaires que pour les boursiers.

Art. 5. Les proviseurs, censeurs, aumôniers, professeurs et économes des lycées sont distribués en différentes classes, dans les proportions déterminées par les articles suivants.

Le traitement fixe de ces fonctionnaires dépend de la classe à laquelle ils appartiennent.

Lors de la première nomination, ils sont rangés dans la dernière classe.

Ils ne peuvent être promus à une classe supérieure qu'après une année au moins de services dans la classe inférieure.

Art. 6. Le traitement fixe des proviseurs, censeurs, aumôniers et économes des lycées est réglé de la manière suivante :

Lycées de Paris.

Proviseurs	6000 fr.
Censeurs	3500
Aumôniers	3500
Économes	3000

Art. 2. La portion du prix restant à la charge des familles des élèves qui jouissent d'une demi-bourse ou de trois quarts de bourse, continuera d'être payée conformément aux dispositions de l'art. 2 du décret du 16 avril 1853.

Lycées des départements.

Proviseurs.	1re classe	(10)	4000 fr.
	2e classe	(25)	3500
	3e classe	(Nombre indéterminé)	3000
Censeurs.	1re classe	(10)	2500
	2e classe	(25)	2200
	3e classe	(Nombre indéterminé)	2000
Aumôniers.	1re classe	(10)	2500
	2e classe	(25)	2200
	3e classe	(Nombre indéterminé)	2000
Économes.	1re classe	(10)	2000
	2e classe	(25)	1800
	3e classe	(Nombre indéterminé)	1600

Art. 7. Indépendamment du traitement fixe, un traitement supplémentaire peut être alloué aux proviseurs par arrêté ministériel, après examen et approbation du compte administratif rendu à la fin de chaque exercice, sans que ce traitement puisse jamais excéder la moitié du traitement fixe.

Les économes reçoivent, outre le traitement fixe, un traitement éventuel qui se compose du centième du prix de la pension payé par chaque pensionnaire.

Indépendamment de ce traitement, il pourra être alloué aux économes une gratification qui, en aucun cas, ne sera supérieure au quart du traitement fixe affecté à leur emploi.

Art. 8. Les membres du corps enseignant qui ont obtenu le titre de professeur à la suite des épreuves de l'agrégation, conformément aux articles 6 et 17 du décret du 10 avril 1852, reçoivent un traitement fixe qui est réglé de la manière suivante :

Lycées de Paris.

1re classe	(20)	3000 fr.

2e classe...........(30).................... 2500 fr.
3e classe.....(Nombre indéterminé).......... 2000

Lycées des départements.

1re classe............(70)................... 2000
2e classe...........(120).................... 1800
3e classe...........(150).................... 1700
4e classe......(Nombre indéterminé)......... 1600

Art. 9. A l'avenir, les membres du corps enseignant qui, par suite de la vacance d'une chaire, seront chargés du cours avant d'avoir obtenu le titre de professeur par les épreuves de l'agrégation, recevront un traitement fixe de 1200 francs.

Art. 10. Indépendamment des traitements fixes, déterminés par les articles 6, 8 et 9 ci-dessus, un traitement éventuel est distribué par portions égales entre les fonctionnaires ci-après désignés, qu'ils aient ou non subi les épreuves de l'agrégation : le censeur des études, les professeurs de mathématiques pures et appliquées, de logique, d'histoire, de rhétorique, de seconde, de troisième, de quatrième, de cinquième et de sixième.

Une part d'éventuel sera réservée, en outre, aux deux professeurs de langues vivantes, et répartie également entre eux.

Le traitement éventuel est formé par un double prélèvement de 9/100es sur le prix de la pension payée par chaque pensionnaire, et de 5/10es sur le prix de l'externat et des conférences payé par chaque externe, à partir de la classe de sixième.

A Paris, les prélèvements opérés dans les cinq lycées forment un fonds commun qui est réparti également entre les ayants droit, suivant les proportions ci-dessus indiquées.

Dans les lycées où le prélèvement opéré sur la pension des pensionnaires libres et sur les rétributions payées par les externes, et destiné à former le traitement éventuel du censeur et des professeurs, ne suffit pas pour assurer à chacun des fonctionnaires qui y ont droit un traitement éventuel de 600 francs, une subvention supplémentaire est allouée sur les fonds de l'État ou provisoirement sur les ressources annuelles de l'établissement, afin de compléter ce minimum.

Art. 11. Lorsqu'il y a lieu, à cause du nombre des élèves, de dédoubler un cours, la subdivision est confiée à un fonctionnaire, qui prend le titre de professeur adjoint.

Le même titre est conféré aux professeurs répétiteurs déjà chargés dans les lycées d'une partie de l'enseignement scientifique.

Les professeurs adjoints reçoivent un traitement fixe et unique, déterminé comme il suit:

Lycées de Paris		2500 fr.
Lycées des départements.	1re classe......(30)............	1800
	2e classe......(30)............	1600
	3e classe......(70)............	1400
	4e classe. (Nombre indéterminé).	1200

Art. 12. Les fonctionnaires des lycées et les professeurs titulaires ou divisionnaires actuellement en exercice, continueront de jouir des avantages dont ils sont en possession.

Le ministre règle, eu égard aux services, le traitement fixe des fonctionnaires chargés de cours actuellement en exercice.

Art. 13. Il est interdit aux fonctionnaires et professeurs employés dans les écoles dépendant du ministère de l'instruction publique, de faire des classes ou conférences dans les établissements particuliers d'instruction secondaire, ou d'y donner des répétitions.

Art. 14. Sont maintenues les dispositions des décrets, ordonnances et règlements, qui ne sont pas contraires au présent décret.

Art. 15. Le ministre de l'instruction publique et des cultes est chargé de l'exécution du présent décret, qui sera appliqué à dater de la prochaine rentrée des classes.

DÉCRET

SUR LES MAÎTRES RÉPÉTITEURS DES LYCÉES.

(17 août 1853.)

Art. 1er. Des maîtres répétiteurs sont substitués aux maîtres d'étude des lycées.

Art. 2. Il y a, dans chaque lycée, des répétiteurs de première et de seconde classe et des aspirants répétiteurs.

Les répétiteurs sont répartis par tiers dans chacune de ces classes.

Art. 3. Les répétiteurs sont chargés, non-seulement de veiller à la discipline, mais aussi de concourir à l'enseignement;

Ils font observer les règles d'une bonne éducation;

Ils maintiennent l'ordre dans les mouvements de la journée ;

Dans les salles d'étude, ils dirigent les élèves ; ils s'assurent de l'exactitude des textes dictés, de la manière dont se font les devoirs, du soin avec lequel les leçons sont apprises ;

Ils tiennent les classes élémentaires ;

Dans les classes de la division de grammaire et de la division supérieure, ils remplacent les professeurs empêchés ;

Ils prennent part au service des répétitions, conférences et examens.

Art. 4. Les candidats aux fonctions d'aspirant répétiteur doivent être âgés de dix-huit ans au moins et être pourvus du diplôme de bachelier ès lettres ou ès sciences.

Nul n'est nommé répétiteur de deuxième classe, s'il n'a exercé pendant un an au moins, avec un titre régulier, les fonctions d'aspirant répétiteur.

Nul n'est nommé répétiteur de première classe, s'il n'a exercé pendant un an au moins les fonctions de repétiteur de deuxième classe et s'il n'est pourvu du grade de licencié ès lettres ou de licencié ès sciences.

Art. 5. Les répétiteurs et les aspirants répétiteurs sont nommés, remplacés ou révoqués par le ministre de l'instruction publique, sur la proposition du proviseur et sur l'avis du recteur, chargés l'un et l'autre de s'assurer, au préalable, de la moralité et de l'aptitude des candidats.

Art. 6. Le proviseur, avec l'agrément du

recteur, répartit chaque année, entre les répétiteurs et les aspirants répétiteurs, le service de la surveillance des élèves dans tous les mouvements de la journée, le service de la tenue des études, des classes élémentaires ou préparatoires et du remplacement des professeurs.

Il fera cette répartition de telle sorte que les maîtres surveillent, autant que possible, à partir de la classe de sixième, les mêmes élèves dans tout le cours des études.

Il peut, en cas d'urgence, suspendre les répétiteurs de leurs fonctions, à la charge par lui d'en référer immédiatement au recteur, et sans que la durée de cette suspension puisse excéder trois mois.

Art. 7. Les aspirants répétiteurs et les répétiteurs de deuxième classe sont tenus de suivre les conférences qui seront organisées dans chaque lycée pour les préparer au grade soit de licencié ès lettres, soit de licencié ès sciences.

Art. 8. Chaque répétiteur ou aspirant répétiteur devra pouvoir consacrer, les jours de classe, cinq heures au moins aux conférences, à son travail personnel et au repos. Il lui est accordé, en outre, un demi-congé le dimanche ou le jeudi, deux fois par mois.

Art. 9. Cesseront d'être employés comme répétiteurs ceux qui, après avoir suivi les conférences pendant cinq ans, ne justifieraient pas qu'ils ont été admis aux épreuves orales de la licence ès lettres ou ès sciences, ou qui, après six années de préparation, n'auraient pas obtenu l'un ou l'autre diplôme.

Pourront être appelés, après ce délai, soit

aux fonctions de commis d'économat, soit à des emplois de régents ou de maîtres d'étude dans les colléges communaux, ceux qui auront eu une conduite exempte de reproches.

Art. 10. Les fonctions de surveillant général dans les lycées seront réservées à ceux des répétiteurs de première et de deuxième classe qui auront fait preuve d'une aptitude particulière pour la direction de la jeunesse.

Art. 11. Les candidats à l'agrégation peuvent faire compter, pour chacune des années de stage exigées par l'article 7 du décret du 10 avril 1852, chacune des années pendant lesquelles ils auraient exercé les fonctions de répétiteur de deuxième et de première classe.

Art. 12. Le traitement des répétiteurs et aspirants répétiteurs est fixé de la manière suivante :

Répétiteurs de première classe.........	1200 fr.
— de deuxième classe.......	1000
Aspirants répétiteurs...................	700

Art. 13. Les surveillants généraux sont partagés en trois classes ainsi rétribuées :

1re classe............	(10)...................	1800 fr.
2e classe............	(10)...................	1600
3e classe.	(Nombre indéterminé)......	1400

Art. 14. Peuvent être nommés, par exception, répétiteurs de première classe, les maîtres élémentaires qui ont obtenu, en vertu des anciens règlements, le rang et le traitement de professeur de troisième ordre, les maîtres d'étude surnuméraires ou titulaires actuellement en exercice, qui justifieraient du diplôme de li-

cencié ès lettres ou ès sciences, au moment de la promulgation du présent décret.

Les autres maîtres d'étude surnuméraires ou titulaires, actuellement en exercice avec un titre régulier, seront répartis par décision ministérielle, eu égard à la durée et à la valeur de leurs services, sur la proposition des proviseurs et l'avis des recteurs, dans les deux dernières catégories instituées par le présent décret.

Les maîtres conservés dans le cadre des fonctionnaires des lycées, quelle que soit la classe à laquelle ils appartiendront désormais, continueront de jouir du traitement qu'ils reçoivent aujourd'hui, s'il est supérieur à celui que leur accorderait le règlement nouveau.

Les maîtres qui ne pourraient trouver place dans le cadre des fonctionnaires des lycées, seront placés dans les colléges communaux à titre de maîtres d'étude ou de régents, si, d'ailleurs, ils sont dignes de cette faveur par leur bonne conduite et leurs services.

RÈGLEMENT

SUR L'ENSEIGNEMENT RELIGIEUX DES LYCÉES.

(29 août 1852.)

Art. 1er. L'enseignement religieux des lycées est obligatoire pour tous les élèves internes, à quelque classe qu'ils appartiennent.

Au commencement de l'année, les élèves externes dont les parents le demanderont seront admis au cours de l'enseignement religieux. Ces cours seront dès lors obligatoires pour eux.

Art. 2. L'enseignement religieux sera donné une fois par semaine à chaque division d'élèves.

Chaque leçon sera d'une heure.

Dans la division supérieure des lycées, les élèves de la section des lettres et ceux de la section des sciences seront réunis pour recevoir en commun l'enseignement religieux.

Art. 3. L'enseignement religieux donnera lieu à des compositions périodiques et aux mêmes récompenses que les autres enseignements obligatoires.

Art. 4. La répartition des divers cours d'enseignement religieux entre les ecclésiastiques attachés à chaque lycée, aussi bien que l'ordre des compositions, et généralement tout ce qui a rapport au service et à l'enseignement religieux de chaque lycée, sera réglé par le proviseur, de concert avec l'aumônier, en tout ce qui concerne la discipline. Ce règlement sera soumis chaque année à l'approbation de l'évêque diocésain.

Art. 5. L'inspection officielle de l'enseignement religieux des lycées sera faite au nom de l'évêque diocésain et par ses délégués, en présence du proviseur ou de tel autre représentant du ministre de l'instruction publique.

Art. 6. Des mesures d'exécution analogues à celles qui sont indiquées dans les articles 4 et 5 sont prescrites pour les élèves des cultes non catholiques reconnus.

ARRÊTÉ

FIXANT LE PLAN D'ÉTUDES DES LYCÉES[1].

(30 août 1852.)

CHAP. 1er. *Division élémentaire.*

Classe de huitième.

Exercices d'orthographe.
Lecture et récitation avec explication des mots et des phrases.
Écriture.
Grammaire française : noms, adjectifs, verbes.
Histoire sainte jusqu'à la mort de Salomon (récitation et interrogation).
Géographie : explication des termes. — Divisions principales du globe et de l'Europe.
Calcul : les quatre règles enseignées par la pratique.
Dessin linéaire au crayon et à la plume.

Évangiles des dimanches en français.
Histoire sainte, approuvée par l'évêque diocésain.
Grammaire française de Lhomond.
Fénelon : *Fables.*

1. Ce plan est suivi de cinquante-cinq programmes, auxquels répondent les chiffres placés entre parenthèses. Ces programmes, suivis de ceux de la classe de mathématiques spéciales, se trouvent à la librairie Hachette. Prix : 1 fr. 25 cent.

Classe de septième.

Lecture et récitation avec explication des mots et des phrases.
Écriture.
Exercices d'orthographe.
Grammaire française : révision et continuation.
Grammaire latine : déclinaisons, conjugaisons. — Premières règles de la syntaxe enseignées par des exercices d'application.
Exercices d'analyse grammaticale de vive voix et au tableau.
Explication de l'*Epitome historiæ sacræ.*
Histoire sainte : révision et continuation.
Géographie de la France : limites. — Montagnes. Fleuves. — Anciennes provinces. — Départements avec leurs chefs-lieux.
Calcul : révision. — Système légal des poids et mesures.
Dessin linéaire au crayon et à la plume.

Évangiles des dimanches en français.
Histoire sainte approuvée.
Grammaire française et latine de Lhomond.
Fénelon : *Morceaux choisis.*
La Fontaine : *Fables choisies.*
Epitome historiæ sacræ.

CHAP. 2. *Division de grammaire.*

EXAMEN D'ADMISSION.

Lecture à haute voix.
Dictée d'orthographe.

Interrogation sur les parties de la grammaire française et de la grammaire latine qui ont été enseignées dans la division élémentaire.

Explication d'un passage choisi dans les vingt premiers chapitres de l'*Epitome historiæ sacræ*.

Classe de sixième.

Récitation d'auteurs français et latins.

Grammaire française : révision.

Grammaire latine : révision des premiers éléments. — Syntaxe. — Premières règles de la méthode enseignées par des exercices d'application.

Grammaire grecque : déclinaisons dans le second semestre.

Explication d'auteurs français et latins.

Thème latin.

Version latine.

Notions générales d'histoire et de géographie anciennes pour servir d'introduction à l'histoire de France. — Histoire de France : première race. — Notions correspondantes de géographie. (Sommaire dicté et appris ; développements oraux accompagnés d'interrogations.)

Révision des exercices pratiques de calcul.

Maximes tirées de l'Écriture sainte, par Rollin (texte latin).

Grammaire française et latine de Lhomond.

Grammaire grecque de Burnouf.

Fleury : *Mœurs des israélites.*

Morceaux choisis de prose et de vers des classiques français.
Epitome historiæ græcæ.
De viris illustribus urbis Romæ.

Classe de cinquième.

Récitation : textes français et latins. — Les cent premières décades des racines grecques.
Grammaire française.
Grammaire latine : révision de la syntaxe. — Étude de la méthode.
Grammaire grecque : conjugaison. — Exercices d'application.
Explication d'auteurs français, latins, et, dans le deuxième semestre, d'auteurs grecs.
Thème latin.
Version latine.
Histoire de France : continuation jusqu'au règne de François Ier. — Notions correspondantes de géographie.
Géographie physique de la France.
Révision des exercices pratiques de calcul.

Maximes tirées de l'écriture sainte, par Rollin (texte latin).
Grammaire de Lhomond.
Grammaire grecque de Burnouf.
Morceaux choisis de prose et de vers des classiques français.
Fleury : *Mœurs des chrétiens.*
Racine : *Esther.*
Selectæ e profanis scriptoribus historiæ.
Cornélius Népos.
Phèdre : *Fables.*
Ésope : *Fables.*
Évangile selon saint Luc (texte grec).

Classe de quatrième.

Récitation : textes français et latins. — Fin et révision des racines grecques.
Grammaire grecque : syntaxe.
Notions élémentaires de grammaire comparée dans les trois langues.
Notions élémentaires de prosodie latine.
Explication d'auteurs français, latins et grecs.
Thème latin.
Version latine.
Version grecque.
Histoire de France : continuation jusqu'à l'année 1815.—Notions correspondantes de géographie.
Géographie administrative de la France.

Maximes tirées de l'Écriture sainte, par Rollin (texte latin).
Grammaires de Lhomond.
Grammaire grecque de Burnouf.
Prosodie latine.
Morceaux choisis de prose et de vers des classiques français.
Fénelon : *Télémaque.*
Racine : *Athalie.*
Cicéron : *Choix de Lettres familières.*
Quinte-Curce.
César : *de Bello Gallico.*
Virgile : *Églogues.*
Ovide : *Choix de Métamorphoses.*
Évangile selon saint Luc (texte grec).
Xénophon : *Cyropédie.*
Lucien : *Choix de Dialogues des morts.*

Une leçon par semaine est réservée aux éléments de l'arithmétique et à des notions préliminaires de géométrie enseignés par un professeur spécial.

EXAMEN DE GRAMMAIRE.

L'examen de grammaire est fait par le proviseur ou le censeur, assisté du professeur de troisième et du professeur de quatrième.

Cet examen se compose :

1° D'une version latine ;

2° De l'explication de trois textes français, latin et grec, choisis dans les auteurs vus en quatrième ;

3° D'interrogations sur les trois grammaires ;

4° De questions sur l'histoire et la géographie de la France ;

5° D'opérations d'arithmétique.

Le certificat d'aptitude délivré dans un lycée est valable pour tous les établissements publics.

Il est délivré sans examen aux élèves des lycées qui ont rempli une des trois conditions suivantes : 1° avoir été rangé, d'après l'ensemble de toutes les compositions, dans la première moitié de la classe de quatrième, 2° avoir été inscrit pour deux facultés différentes au tableau d'honneur dans le courant de l'année ; 3° avoir obtenu dans cette année un prix et un *accessit*.

Chap. III. *Division supérieure.*

§ 1er. Enseignement commun à la section des lettres et à la section des sciences.

Cet enseignement, qui comprend le français, le latin, l'histoire, la géographie, l'allemand, l'anglais et la logique, est donné dans les leçons du soir.

Dans les classes de troisième, seconde et rhétorique, le cours de français et de latin a, par semaine, trois ou deux leçons alternativement ; le cours d'histoire et de géographie une ou deux. Les cours de langue vivante ont chacun une leçon par semaine.

Pendant la quatrième année, l'enseignement commun de la logique fait l'objet de deux leçons par semaine.

Classe de troisième.

FRANÇAIS ET LATIN.

Récitation d'auteurs français.

Exercices français : récits et lettres d'un genre simple.

Explication d'auteurs français et latins.

Version latine.

Morceaux choisis de prose et de vers des classiques français.
Voltaire : *Vie de Charles XII.*
Boileau : *Satires.*
Cicéron : *Les discours contre Catilina, le Traité de l'Amitié.*
Salluste.
Virgile : *Épisodes des Géorgiques.*

HISTOIRE ET GÉOGRAPHIE.

Histoire ancienne et géographie historique de l'antiquité.

Notions générales de géographie physique et politique. — Grandes divisions du globe.

LANGUES VIVANTES.

ALLEMAND.

Lecture, prononciation, orthographe.

Récitation.
Grammaire : première partie.
Thème.
Traduction orale ou écrite.
Langue parlée.

Morceaux choisis de prose et de vers des classiques allemands.

ANGLAIS.

Lecture, prononciation, orthographe.
Récitation.
Vocabulaire. — Racines saxonnes.
Grammaire : formation des mots et syntaxe.
Traduction orale ou écrite.
Langue parlée.

Morceaux choisis de prose et de vers des classiques anglais.

Classe de seconde.

FRANÇAIS ET LATIN.

Récitation d'auteurs français.
Exercices français : récits, lettres, descriptions de divers genres.
Explication d'auteurs français et latins.
Version latine.

Morceaux choisis de prose et de vers des classiques français.
Fénelon : *Lettres à l'Académie.*
Bossuet : *Discours sur l'histoire universelle.*
Voltaire : *Siècle de Louis XIV.*
Théâtre classique.
Boileau : *Épîtres.*
J. B. Rousseau : *OEuvres lyriques.*
Tite Live : *Narrationes excerptæ.*

Cicéron : *Les discours contre Verrès, le Traité de la Vieillesse.*
Virgile : *Les trois premiers livres de l'Énéide.*
Horace : *Odes.*

HISTOIRE ET GÉOGRAPHIE.

Histoire et géographie historique du moyen âge.
Géographie des États européens autres que la France.
— Histoire sommaire de la géographie. — Géographie statistique des productions et du commerce des principales contrées.

LANGUES VIVANTES.

ALLEMAND.

Lecture.
Récitation.
Grammaire : Syntaxe. — Questions grammaticales traitées en allemand.
Explication d'auteurs préparée et à livre ouvert.
Thème écrit et improvisé.
Version.

Morceaux choisis de prose et de vers des classiques allemands.

ANGLAIS.

Lecture.
Récitation.
Vocabulaire : comparaison des éléments saxon, latin et français.
Questions et réponses en anglais.
Thème.
Composition par écrit et de vive voix. Lettres familières.

Morceaux choisis de prose et de vers des classiques anglais.

Classe de rhétorique.

FRANÇAIS ET LATIN.

Récitation d'auteurs français.

Notions élémentaires de rhétorique et de littérature.

Exercices français : discours, analyses littéraires.

Explication d'auteurs français et latins.

Version latine.

Morceaux choisis de Pascal, La Bruyère, Mme de Sévigné, Massillon, Fontenelle, Buffon.
Bossuet : *Oraisons funèbres.*
Fénelon : *Dialogues sur l'Éloquence.*
Massillon : *Le Petit Carême.*
Montesquieu : *Considérations sur les causes de la grandeur et de la décadence des Romains.*
Théâtre classique.
Boileau : *Art poétique.*
La Fontaine : *Fables.*
Conciones sive orationes collectæ.
Cicéron : *Le Songe de Scipion.*
César : *Commentaires.*
Pline l'Ancien : *Morceaux choisis.*
Tacite : *Annales.*
Virgile : *Les sept derniers livres de l'Énéide.*
Horace : *Satires, Épîtres, Art poétique.*

HISTOIRE ET GÉOGRAPHIE.

Histoire et géographie historique des temps modernes.

Géographie physique, politique, industrielle et commerciale de la France.

LANGUES VIVANTES.

ALLEMAND.

Lecture.

Récitation.
Grammaire : révision.
Questions étymologiques.
Explication d'auteurs.
Thème, avec exercices grammaticaux.
Version.
Exercices littéraires : narrations, amplifications, etc.

Morceaux choisis de prose et de vers des classiques allemands.

ANGLAIS.

Lecture.
Récitation.
Vocabulaire : révision.
Questions et réponses en anglais.
Analyse de vive voix, en anglais, d'ouvrages littéraires et scientifiques.
Compositions écrites en anglais.

Morceaux choisis de prose et de vers des classiques anglais.

Classe de logique.

Le cours est divisé de la manière suivante :

1er trimestre : étude de l'esprit humain et du langage.

2e trimestre : de la méthode dans les divers ordres de connaissances.

3e trimestre : application des règles de la méthode à l'étude des principales vérités de l'ordre moral.

Il y a deux sortes d'exercices :

Réductions.

Dissertations françaises.

§ 2. Enseignement particulier de la section des lettres.

Cet enseignement comprend d'une part l'étude approfondie des langues latine et grecque, et de la logique, et d'autre part les notions scientifiques appropriées aux élèves de la section littéraire.

Dans les classes de troisième, seconde et rhétorique, chaque semaine, le cours de langues latine et grecque a, le matin, quatre leçons, le cours scientifique en a une.

Pendant la quatrième année, l'enseignement scientifique est donné, chaque semaine, dans les cinq leçons du matin. Le soir, outre les deux leçons communes aux deux sections, les élèves de la section des lettres reçoivent une troisième leçon de logique destinée à compléter cette étude. Les deux autres leçons du soir sont consacrées à la révision de l'enseignement littéraire compris dans les programmes du baccalauréat ès lettres.

Classe de troisième.

LANGUES LATINE ET GRECQUE.

Récitation d'auteurs latins et grecs.
Révision des notions de grammaire comparée.
Thème latin.
Vers latins.
Thème grec.
Version grecque.

Hérodote.
Plutarque : *Vies des hommes illustres.*
Choix de discours des Pères grecs.
Homère : *Iliade.*

SCIENCES.

Notions générales de géométrie et de physique pour servir d'introduction à l'étude des sciences.

Lecture de morceaux choisis dans les auteurs classiques qui ont écrit sur les sciences.

Classe de seconde.

LANGUES LATINE ET GRECQUE.

Récitation d'auteurs latins et grecs.

Analyses littéraires d'auteurs latins et grecs.

Thème latin et narration latine alternativement.

Vers latins.

Thème grec.

Version grecque.

Excerpta e scriptoribus græcis (d'Andrezel).
Platon : *Apologie de Socrate.*
Plutarque : *Un des traités moraux.*
Homère : *Odyssée.*

SCIENCES.

Notions de chimie et de cosmographie.

Lecture de morceaux choisis dans les auteurs classiques qui ont écrit sur les sciences.

Classe de rhétorique.

LANGUES LATINE ET GRECQUE.

Récitation d'auteurs latins et grecs.

Analyses littéraires d'auteurs latins et grecs.

Discours latin.

Vers latins.

Version grecque.

Thucydide.
Démosthène : *Les Olynthiennes, les Philippiques, et Discours pour la couronne.*
Sophocle : *Une tragédie.*
Aristophane : *Plutus.*

SCIENCES.

Notions générales d'histoire naturelle.

Lecture de morceaux choisis dans les auteurs classiques qui ont écrit sur les sciences.

Classe de logique.

LOGIQUE.

La leçon complémentaire de logique est consacrée :

1° A la dissertation latine ;

2° A l'analyse des auteurs philosophiques dont les noms suivent :

Platon : *Le premier Alcibiade* et *le Gorgias.*
Aristote : *Les Analytiques.*
Cicéron : *De officiis.*
Saint Augustin : *Soliloques.*
Bacon : *Novum Organum.*
Descartes : *Le Discours de la méthode. — Les Méditations* (texte latin).
Pascal : *De l'Autorité en matière de philosophie, Réflexions sur la géométrie en général, De l'art de persuader.*
Logique de Port-Royal.
Malebranche : *Recherches de la vérité.*
Bossuet : *Traité de la connaissance de Dieu et de soi-même. — Traité du libre arbitre. — Logique.*
Fénelon : *Traité de l'existence de Dieu,* et *Lettres sur divers sujets de métaphysique.*
Pensées de Leibnitz, par l'abbé Émery.
Euler : *Lettres à une princesse d'Allemagne* (édition complète).

RÉVISION DE L'ENSEIGNEMENT LITTÉRAIRE.

Deux leçons par semaine sont consacrées :

1° A l'explication des auteurs français, latins et grecs ;

2° A des exercices de traduction et de composition ;

3° Au résumé de l'histoire et de la géographie.

SCIENCES.

Le cours de mathématiques [arithmétique, — géométrie plane, — géométrie à trois dimensions] a trois leçons par semaine.

Le cours de physique en a deux.

§ 3. Enseignement particulier à la section des sciences.

Cet enseignement comprend l'arithmétique, l'algèbre, la géométrie et ses applications, la trigonométrie rectiligne, la cosmographie, la physique, la mécanique, la chimie, l'histoire naturelle, les éléments de logique, le dessin linéaire et d'imitation.

Pendant les années de troisième et de seconde, chaque semaine, l'enseignement est donné dans les cinq leçons du matin.

Dans l'année de rhétorique, outre les cinq leçons du matin, consacrées chaque semaine aux sciences, une sixième leçon peut être consacrée, le jeudi matin, pendant le premier semestre, à enseigner les premiers éléments de la logique aux élèves qui en font la demande.

Dans la quatrième année, chaque semaine, outre les deux leçons qui sont communes avec les élèves de la section des lettres, les élèves de la section des sciences reçoivent, le soir, deux leçons consacrées à la révision de l'enseignement littéraire. La cinquième leçon du soir et les cinq leçons du matin sont employées à la révision de l'enseignement scientifique, et distribuées de telle sorte que les élèves aient la faculté d'approfondir le genre de sciences approprié aux carrières qu'ils se proposent de suivre.

Pendant les quatre années, chaque semaine, le dessin linéaire et d'imitation est enseigné dans quatre séances d'une heure placées hors des heures ordinaires des classes.

Classe de troisième.

Arithmétique et notions préliminaires d'algèbre.
Géométrie : figures planes.
Applications de la géométrie élémentaire : levé des plans.
Physique : notions préliminaires.
Chimie : notions préliminaires.
Histoire naturelle : notions générales. Principes des classifications.
Dessin linéaire et d'imitation.

Classe de seconde.

Algèbre.
Géométrie : figures dans l'espace. — Révision.
Applications de la géométrie : notions sur la représentation géométrique des corps à l'aide des projections.
Trigonométrie rectiligne.

Physique.
Chimie.
Dessin linéaire et d'imitation.

Classe de rhétorique.

Exercices sur l'arithmétique et l'algèbre.
Géométrie : notions sur quelques courbes usuelles. — Révision générale.
Applications de la géométrie : notions sur le nivellement et ses usages.
Révision de la trigonométrie.
Cosmographie.
Physique : mécanique.
Chimie : fin et révision.
Histoire naturelle : zoologie et physiologie animale. — Botanique et physiologie végétale. — Géologie.
Dessin linéaire et d'imitation.

Classe de logique.

RÉVISION DE L'ENSEIGNEMENT LITTÉRAIRE.

Deux leçons par semaine sont consacrées :
1° A l'explication des auteurs latins, français, allemands et anglais;
2° A des exercices de traduction ;
3° Au résumé de l'histoire de France et de la géographie.

RÉVISION DE L'ENSEIGNEMENT SCIENTIFIQUE.

Six leçons par semaine sont employées à la préparation des matières du baccalauréat ès sciences et à la même révision méthodique des cours des trois années précédentes, resserrée ou développée selon que le comporte l'état des connaissances acquises par les élèves.

§ 4. Enseignement complémentaire de la section des sciences.

Classe de mathématiques spéciales.

Dans les lycées qui seront ultérieurement désignés, cinq leçons par semaine seront consacrées à l'enseignement des mathématiques spéciales.

Dans les autres leçons, les élèves pourront revoir, en commun avec ceux de l'année de logique, les cours de lettres et de sciences physiques, chimiques et naturelles, nécessaires pour la préparation de l'examen du baccalauréat ès sciences et du concours d'admission à l'École normale et à l'École polytechnique.

Les élèves seront admis au cours de mathématiques spéciales, après avoir justifié de leur aptitude, soit qu'ils aient parcouru le cours entier de la section des sciences, soit qu'ils n'en aient suivi les leçons que pendant trois ans.

§ 5. Dispositions transitoires relatives à la section des sciences.

Pendant l'année scolaire 1852-1853, l'enseignement particulier de la section des sciences sera donné, dans les classes de troisième, de seconde et de rhétorique, conformément aux programmes de la classe de troisième.

Pendant l'année scolaire 1853-1854, il sera donné dans la classe de rhétorique, conformément aux programmes de la classe de seconde.

Pendant les trois années scolaires 1852-1853, 1853-1854, 1854-1855, où les élèves n'auront pas complété leur instruction normale, il y sera suppléé par un enseignement spécial donné dans la classe de logique.

RÈGLEMENT

SUR LE RÉGIME DISCIPLINAIRE DES LYCÉES.

(7 avril 1854.)

Art. 1er. Les seules punitions autorisées dans les lycées de l'empire sont celles qui suivent :

1° La mauvaise note ;

2° La retenue avec tâche extraordinaire pendant une partie de la récréation ;

3° La retenue avec tâche extraordinaire pendant une partie du temps destiné à la promenade ;

4° L'exclusion momentanée de la classe ou de la salle d'étude, avec renvoi devant le proviseur ;

5° La privation de sortie chez les parents ;

6° La mise à l'ordre du jour du lycée ;

7° Les arrêts avec tâche extraordinaire dans un lieu isolé, sous la surveillance d'un maître ;

8° L'exclusion du lycée.

Les quatre premières peines peuvent être prononcées par le censeur, les professeurs, les surveillants généraux et les maîtres répétiteurs. Les quatre dernières ne peuvent l'être que par le proviseur.

La tâche extraordinaire est réglée de manière à ce qu'elle soit utile à l'instruction de l'élève. Le règlement intérieur, dressé en exécution de l'article 7 ci-après, déterminera la nature de cette tâche et fixera un maximum qu'elle ne pourra dépasser.

La peine de l'exclusion du lycée ne devient définitive, en ce qui concerne les élèves pensionnaires, qu'après approbation du recteur; en ce qui concerne les élèves boursiers, qu'après approbation du ministre.

Art. 2. Indépendamment des récompenses spéciales auxquelles donnent lieu les compositions hebdomadaires et les compositions de la fin de l'année, les récompenses suivantes peuvent être décernées, savoir :

Pour chaque jour,

1° La bonne note;

A la fin de la semaine,

2° La mise à l'ordre du jour de la classe ou de la salle d'étude;

3° Le *satisfecit* délivré au nom du proviseur;

4° La mise à l'ordre du jour du parloir.

Les deux premières récompenses peuvent être accordées par le censeur, les professeurs, les surveillants généraux et les maîtres répétiteurs. Les deux dernières ne peuvent l'être que par le proviseur.

Art. 3. Lorsque la somme des tâches extraordinaires infligées à un élève par divers maîtres dépasse le *maximum* fixé par le règlement intérieur, le proviseur détermine, suivant la gravité des circonstances, celles de ces punitions qui doivent être réduites ou modifiées.

Le proviseur peut, dans tous les cas, établir une compensation entre les récompenses méritées et les punitions encourues par le même élève.

Art. 4. Tous les dimanches, après la messe, le censeur, en présence du proviseur, donne lecture, devant les élèves assemblés par division, du rapport récapitulatif des peines infligées et des récompenses décernées pendant la semaine.

Art. 5. Il est fait mention, dans les bulletins trimestriels adressés aux familles, des récompenses accordées et des punitions infligées aux élèves.

Art. 6. Le proviseur conserve le droit de prendre d'urgence, dans les cas graves, à la condition d'en référer au recteur dans les vingt-quatre heures, les mesures qu'il juge indispensables au bon ordre de l'établissement dont la direction lui est confiée.

Art. 7. Un règlement intérieur, dressé par le proviseur et approuvé par le recteur en conseil académique, pourvoira, dans chaque lycée, aux moyens d'exécution du présent arrêté.

ARRÊTÉ

CONCERNANT LES PROMOTIONS ET LES PROLONGATIONS D'ÉTUDES DES ÉLÈVES BOURSIERS DANS LES LYCÉES ET COLLÉGES.

(8 avril 1852.)

Art. 1er. Les proviseurs des lycées et les principaux des colléges dresseront chaque année, au mois de juillet, et cette année au mois de mai, un tableau dit *d'honneur*, sur lequel ils inscriront les boursiers nationaux, départementaux et communaux, qui se seront fait remarquer constamment, pendant l'année classique écoulée, par leur bonne conduite, leur travail et leurs progrès.

Art. 2. Ce tableau sera adressé en double original au recteur de l'académie, qui en enverra un exemplaire au ministre de l'instruction pnblique, et un autre exemplaire au préfet du département.

Art. 3. Les promotions à des bourses de degré supérieur auront lieu dans les limites dudit tableau d'honneur.

Les prolongations d'études seront accordées dans les mêmes limites, soit par le ministre, s'il s'agit de boursiers nationaux, soit par le préfet, s'il s'agit de boursiers départementaux ou communaux.

ARRÊTÉ

CONCERNANT LES ABSENCES DES PROFESSEURS ET MAÎTRES RÉPÉTITEURS DES LYCÉES[1].

(14 mars 1854.)

Art. 1er. Les professeurs et maîtres répétiteurs des lycées qui se trouveront dans l'impossibilité de faire leurs classes ou leurs conférences, en avertiront le proviseur par écrit, et feront connaître les motifs de leur absence.

Art. 2. Le proviseur désignera les maîtres répétiteurs qui seront chargés de remplacer les professeurs et maîtres empêchés.

Art. 3. Des retenues seront exercées sur le

1. Cet arrêté est précédé de ces considérants :

Vu les arrêtés des 2 mars 1810, 11 avril et 24 juin 1831, 30 juin 1849 et 30 janvier 1851, relatifs au remplacement des professeurs des lycées impériaux;

Vu l'article 3 du décret du 17 août 1853, qui détermine les divers services dont les maîtres répétiteurs sont chargés, et au nombre desquels est compris le remplacement des professeurs empêchés;

Considérant qu'en exécution du décret du 16 avril 1853, la division des lycées en différentes classes a cessé d'exister, et que la rémunération des professeurs a été modifiée;

Que le service des professeurs est un service permanent qui ne peut point éprouver d'interruption, et que, lorsque ces fonctionnaires s'absentent, ils doivent nécessairement être remplacés; qu'il importe dès lors, dans l'intérêt de la discipline et des études, que des retenues, qui seront remboursées s'il y a lieu, ou qui demeureront acquises aux lycées, soient exercées sur le traitement des professeurs absents.

traitement des professeurs et maîtres chargés de classes qui se seront absentés. Ces retenues, pour chaque jour pendant lequel les fonctionnaires n'auront pas fait tout ou partie de leur service, seront égales à un jour de traitement fixe du professeur ou du maître remplacé, fractions négligées, conformément au tarif ci-annexé.

Art. 4. Les professeurs et maîtres n'auront droit au remboursement des retenues qu'en cas de maladie régulièrement constatée, ou lorsque l'absence aura eu lieu par suite de circonstances extraordinaires, ce qui devra être justifié.

Art. 5. A la fin de chaque trimestre, le proviseur fera dresser l'état des retenues opérées et proposera le remboursement de celles qu'auront subies les professeurs et maîtres qui se trouveront dans les cas prévus par l'article 4.

L'état des retenues et les propositions du proviseur seront transmis au ministre par l'intermédiaire du recteur, qui y joindra son avis.

Les retenues dont le remboursement n'aura pas été autorisé demeureront acquises au lycée.

Art. 6. Les dispositions des arrêtés ci-dessus visés, relatifs au remplacement des professeurs, sont et demeurent rapportées.

TARIF des retenues à exercer sur le traitement des professeurs et maîtres répétiteurs chargés de classes dans les lycées impériaux, pour chaque jour pendant lequel ces fonctionnaires n'auront pas fait tout ou partie de leur service.

	Fr. c.	Fr. c.	Fr. c.	Fr. c.	Fr. c.	Fr. c.	Fr. c.	Fr. c.	Fr. c.
TRAITEMENTS....	3000 00	2500 00	2000 00	1800 00	1700 00	1600 00	1400 00	1200 00	1000 00
Retenue à exercer pour chaque jour d'absence.	8 00	6 50	5 50	5 00	4 50	4 00	3 50	3 00	2 50

RÈGLEMENT[1]

SUR LES EXAMENS DE L'AGRÉGATION DANS LES LYCÉES

(15 février 1853.)

TITRE PREMIER.

DISPOSITIONS GÉNÉRALES.

Art. 1er. Les examens pour l'agrégation des lycées, dans les deux ordres des lettres et des sciences, ont lieu tous les ans au chef-lieu de l'académie de la Seine. Ils s'ouvrent du 20 août au 15 septembre.

Art. 2. Les aspirants à l'agrégation, qui remplissent les conditions fixées par l'article 7 du décret du 10 avril 1852, justifient du temps pendant lequel ils ont fait la classe, savoir :

Pour les années passées dans un établissement public, par un état de services visé du recteur ;

Pour les années passées dans un établissement libre : 1° par une attestation du recteur qu'à leur entrée en fonctions dans cet établissement ils en ont fait la déclaration écrite au chef-lieu de l'académie ; 2° par des certificats du chef de l'établissement à eux délivrés à la fin de chaque année scolaire, visés du recteur, et attestant qu'ils ont fait la classe sans interruption.

Art. 3. Les aspirants se font inscrire, au

1. Ce règlement est modifié par le suivant.

moins deux mois avant le jour de l'ouverture de l'examen, au secrétariat de l'académie dans laquelle ils résident. Le recteur doit donner avis de cette inscription, dans les huit jours, au ministre de l'instruction publique, en y joignant ses observations.

Art. 4. Les listes des candidats sont définitivement arrêtées par le ministre de l'instruction publique.

Les candidats admis à prendre part aux épreuves de l'agrégation sont avertis quinze jours au moins avant l'ouverture des examens.

Art. 5. Les membres du jury d'examen sont nommés par le ministre de l'instruction publique. Ils sont au nombre de quatre au moins, non compris le président.

Art. 6. Les épreuves de l'agrégation des lycées sont de deux sortes, les épreuves préparatoires, qui consistent en compositions écrites, et les épreuves définitives.

Art. 7. Les candidats sont tenus, à peine d'exclusion de subir toutes les épreuves aux jours et heures qui leur sont indiqués, et d'assister à celles auxquelles ils doivent prendre part. Aucune excuse ne sera reçue, si elle n'est jugée valable par le jury.

Art. 8. Pendant l'appel nominal, qui précède la première épreuve, chaque candidat appose sa signature sur une feuille disposée à cet effet. Cette signature doit être reproduite sur chacune des compositions écrites.

Art. 9. Les sujets de composition sont donnés par le président.

Les candidats, sous peine d'exclusion, ne

peuvent s'aider d'aucun manuscrit ni d'aucun ouvrage imprimé, à l'exception de dictionnaires grecs et latins ou de tables de logarithmes; ils ne peuvent avoir aucune communication, soit entre eux, soit au dehors.

Chaque candidat, dès que sa composition est terminée, la remet, signée de lui, dans une boîte qui est ensuite scellée du sceau du président.

Art. 10. Le jury dresse, d'après le résultat des épreuves préparatoires, une liste par ordre alphabétique de candidats qui sont seuls admis à prendre part aux épreuves définitives.

TITRE II.

DISPOSITIONS SPÉCIALES A L'AGRÉGATION DES LETTRES.

Art. 11. Pour épreuve préparatoire, les candidats font un thème latin, une pièce de vers latins, une version grecque, une composition latine, une composition française, et une composition allemande ou anglaise.

L'épreuve du thème latin et celle de la version grecque ont lieu dans la même journée; chacune d'elles dure deux heures et elles sont séparées par un intervalle de deux heures au moins. Quatre heures sont accordées pour chacune des autres compositions.

Art. 12. Les épreuves définitives sont orales et publiques.

Art. 13. Pour première épreuve orale, chaque candidat corrige deux devoirs tirés au sort dans les séries des six compositions faites par les candidats admis aux épreuves définitives.

Il est accordé à chaque candidat un quart d'heure de préparation dans un lieu isolé avant l'épreuve de la correction, qui dure une demi-heure.

Art. 14. Pour une seconde épreuve orale, chaque candidat explique et traduit à livre ouvert un texte grec et un texte latin, et commente un texte français. Ces différents textes sont tirés au sort à l'instant même, parmi les auteurs désignés pour l'enseignement des lycées.

Les candidats font, sur tous les textes expliqués, des remarques philologiques, historiques, géographiques et littéraires.

Chaque candidat est tenu, en outre, d'expliquer à livre ouvert un texte tiré au sort dans les classiques allemands ou anglais, à son choix.

L'épreuve sur chaque texte dure une demi-heure.

Art. 15. Pour troisième épreuve orale, chaque candidat fait deux leçons d'une heure au plus : la première sur la grammaire ou les littératures classiques, après vingt-quatre heures de préparation libre ; la seconde, à son choix, sur l'histoire, sur la logique, sur la grammaire et la littérature allemandes ou sur la grammaire et la littérature anglaises, après une heure de préparation dans un lieu isolé.

Le sujet de chaque leçon, renfermé dans les limites des programmes de l'enseignement des lycées, est tiré au sort.

Art. 16. Pour quatrième épreuve orale, chaque candidat dont le nom est désigné par le sort, immédiatement avant les deux leçons dont il est question dans l'article précédent, présente, pendant un quart d'heure au plus, une appréciation de chacune de ces deux leçons.

TITRE III.

DISPOSITIONS SPÉCIALES A L'AGRÉGATION DES SCIENCES.

Art. 17. Pour épreuve préparatoire, les candidats font trois compositions, une sur les sciences mathématiques, une sur les sciences physiques, une sur les sciences naturelles. Le sujet de ces compositions est choisi parmi les questions qui font partie du programme du baccalauréat ès sciences.

Quatre heures sont accordées pour chacune des compositions.

Art. 18. Les épreuves définitives consistent en épreuves pratiques et en épreuves orales. Ces dernières sont publiques.

Art. 19. Pour épreuves pratiques, les candidats font des opérations de la nature de celles qui sont comprises dans l'enseignement des lycées : 1° sur les mathématiques appliquées, 2° sur la physique ou la chimie; 3° sur les sciences naturelles.

Les sujets des épreuves pratiques sont tirés au sort. Chacune d'elles dure quatre heures.

Chaque candidat subit deux de ces épreuves à son choix.

Art. 20. Pour première épreuve orale, chaque candidat fait une leçon d'une heure sur un sujet de mathématiques, de physique, de chimie ou d'histoire naturelle. Les sujets de leçons sont pris dans les programmes du baccalauréat ès sciences; ils sont indiqués vingt-quatre heures à l'avance et embrassent nécessairement la partie des sciences sur laquelle le candidat n'a pas fait porter ses épreuves pratiques.

Chaque candidat fait en outre, à son choix, après trois heures de préparation, s'il y a des expériences, et une heure seulement, s'il n'y a pas d'expériences, une lecon d'une heure soit sur les mathématiques spéciales, soit sur les sciences physiques, soit sur les sciences naturelles.

Des instruments et appareils sont mis, au besoin, à la disposition des candidats.

Art. 21. Pour seconde épreuve orale, chaque candidat, dont le nom est désigné par le sort immédiatement avant les deux leçons dont il est question dans l'article précédent, présente, pendant un quart d'heure au plus, une appréciation de ces deux leçons.

TITRE IV.

RÉSULTAT DES EXAMENS.

Art. 22. Après la dernière épreuve, le jury apprécie la valeur des épreuves de chaque candidat, et désigne, à la majorité absolue, par ordre de mérite, ceux qu'il estime dignes d'être agrégés.

En cas de partage, la voix du président est prépondérante.

La délibération du jury ne peut être rendue publique qu'après la décision du ministre.

Art. 23. Le procès-verbal de toutes les opérations des examens est lu par un des juges remplissant les fonctions de secrétaire, et signé par tous. Chacun d'eux peut y joindre ses observations particulières.

Le procès-verbal est transmis au ministre de l'instruction publique, avec un rapport du président du jury.

TITRE V.

DISPOSITIONS TRANSITOIRES.

Art. 24. Jusqu'à l'époque des examens de l'agrégation de 1856, la composition allemande ou anglaise, l'épreuve indiquée dans le troisième paragraphe de l'article 14 ci-dessus, et l'épreuve de l'appréciation de la leçon d'allemand ou d'anglais comprise dans le premier paragraphe de l'article 15 ci-dessus, sont facultatives pour les candidats.

RÈGLEMENT

SUR LES EXAMENS DE L'AGRÉGATION DES LYCÉES[1].

(27 décembre 1855.)

TITRE PREMIER.

DISPOSITIONS GÉNÉRALES.

Art. 1er. Les examens pour l'agrégation des lycées, dans les deux ordres des lettres et des sciences, s'ouvrent tous les ans, du 16 août au 16 septembre.

Art. 2. Les aspirants à l'agrégration qui remplissent les conditions fixées par l'article 7 du décret du 10 avril 1852 justifient du temps pendant lequel ils ont fait la classe, savoir :

Pour les années passées dans un établisse-

1. Ce règlement est précédé des considérations suivantes :

« Vu les articles 6 et 7 du décret du 10 avril 1852 ;

« Vu le règlement du 23 février 1853 ;

« Considérant que les épreuves prescrites par le règlement ci-dessus visé avaient pour objet de constater l'aptitude générale des candidats pour l'enseignement secondaire, en même temps que l'aptitude spéciale de chacun d'eux pour certaines parties de cet enseignement ;

« Qu'une expérience de trois années a fait reconnaître l'utilité de quelques modifications propres à rendre cette constatation plus complète ;

« Considérant que, si les épreuves définitives de l'examen de l'agrégation sont utilement subies par tous les candidats au siége de l'académie de Paris, les épreuves préparatoires peuvent s'effectuer avec avantage au chef-lieu des différentes académies auxquelles les candidats appartiennent. »

ment public, par un état de services visé du recteur;

Pour les années passées dans un établissement libre : 1° par une attestation du recteur qu'à leur entrée en fonctions dans cet établissement, ils en ont fait la déclaration écrite au chef-lieu de l'académie; 2° par des certificats du chef de l'établissement à eux délivrés à la fin de chaque année scolaire, visés du recteur, et attestant qu'ils ont fait la classe sans interruption.

Art. 3. Les aspirants se font inscrire, au moins deux mois avant le jour de l'ouverture de l'examen, au secrétariat de l'académie dans laquelle ils résident. Le recteur doit donner avis de cette inscription, dans les huit jours, au ministre de l'instruction publique, en y joignant ses observations.

Art. 4. Les listes des candidats sont définitivement arrêtées par le ministre de l'instruction publique.

Les candidats admis à prendre part aux épreuves de l'agrégation sont avertis quinze jours au moins avant l'ouverture des examens.

Art. 5. Les membres des jurys d'examen sont nommés par le ministre de l'instruction publique. Ils sont au nombre de quatre au moins, non compris le président.

Art. 6. Les épreuves de l'agrégation des lycées sont de deux sortes, les épreuves préparatoires, et les épreuves définitives.

Art. 7. Les épreuves préparatoires consistent en compositions écrites.

Elles peuvent avoir lieu, sous l'autorité et la surveillance des recteurs, aux chefs-lieux des académies.

Art. 8. Les épreuves définitives sont nécessairement subies au chef-lieu de l'académie de Paris.

Art. 9. Les candidats sont tenus, à peine d'exclusion, de subir toutes les épreuves aux jours et heures qui leur sont indiqués. Aucune excuse ne sera reçue, si elle n'est jugée valable par le jury.

Art. 10. Avant de subir les épreuves préparatoires, chaque candidat appose sa signature sur une feuille disposée à cet effet. Cette signature est reproduite sur chacune des compositions.

Art. 11. Les sujets de composition sont donnés par le président.

Les candidats, sous peine d'exclusion, ne peuvent s'aider d'aucun manuscrit, ni d'aucun ouvrage imprimé, à l'exception de dictionnaires grecs ou latins ou de tables de logarithmes; ils ne peuvent avoir aucune communication, soit entre eux, soit au dehors.

Art. 12. Le jury dresse, d'après le résultat des épreuves préparatoires, une liste, par ordre alphabétique, de candidats qui sont seuls admis à prendre part aux épreuves définitives.

TITRE II.

DISPOSITIONS SPÉCIALES A L'AGRÉGATION DES LETTRES.

Art. 13. Pour épreuve préparatoire, les candidats font un thème latin, une pièce de vers latins, un thème grec, une composition latine et une composition française, l'une sur un sujet de logique, l'autre sur un sujet de littérature, une composition d'histoire. Ils font, en outre, un thème allemand ou un thème anglais, à leur choix.

L'épreuve du thème dans les trois langues dure deux heures. Six heures sont accordées pour chacune des autres compositions.

Art. 14. Les épreuves définitives sont orales et publiques. Elles sont au nombre de trois.

Art. 15. Pour première épreuve définitive, chaque candidat corrige deux devoirs tirés au sort dans les compositions de rhétorique et d'humanités du concours général des lycées de Paris.

Il est accordé à chaque candidat une heure de préparation, dans un lieu fermé, avant l'épreuve de la correction, qui dure une demi-heure.

Art. 16. Pour seconde épreuve définitive, chaque candidat explique et traduit à livre ouvert un texte grec et un texte latin, et commente un texte français. Ces différents textes sont tirés au sort, à l'instant même, parmi les auteurs désignés pour l'enseignement de la division supérieure des lycées.

Les candidats font sur tous les textes expliqués des remarques philologiques, historiques, géographiques et littéraires.

Chaque candidat est tenu, en outre, d'expliquer à livre ouvert un texte tiré au sort dans les classiques allemands ou anglais, à son choix.

L'épreuve sur chaque texte dure une demi-heure.

Art. 17. Pour troisième épreuve définitive, chaque candidat fait, après vingt-quatre heures de préparation, une leçon d'une heure au plus, à son choix, sur la grammaire, la littérature classique, la logique, l'histoire; sur la grammaire et la littérature allemande; sur la grammaire et la littérature anglaise.

TITRE III.

DISPOSITIONS SPÉCIALES A L'AGRÉGATION DES SCIENCES.

Art. 18. Pour épreuve préparatoire, les candidats font trois compositions, une sur les sciences mathématiques, une sur les sciences physiques, une sur les sciences naturelles. Le Le sujet de ces compositions est choisi parmi les questions qui font partie du programme du baccalauréat ès sciences.

Six heures sont accordées pour chacune des compositions.

Art. 19. Les épreuves définitives consistent en leçons et en épreuves pratiques.

Les leçons seules sont publiques.

Art. 20. Pour première épreuve définitive, chaque candidat fait une leçon de géométrie élémentaire.

Pour seconde épreuve définitive, il fait une leçon de physique élémentaire.

Les sujets de ces leçons sont pris dans les programmes du baccalauréat ès sciences. Ils sont indiqués vingt-quatre heures à l'avance. La leçon dure une heure.

Art. 21. Pour troisième épreuve définitive,

chaque candidat fait, à son choix, après quatre heures de préparation dans un lieu fermé, une leçon d'une heure sur un sujet, soit de mathématiques spéciales ou de mécanique, soit de physique ou de chimie, soit d'histoire naturelle.

Art. 22. Pour épreuve pratique, chaque candidat est tenu de faire, de même à son choix, une opération de la nature de celles qui sont comprises dans l'enseignement des lycées sur les mathématiques appliquées, sur la physique ou la chimie, sur les sciences naturelles.

TITRE IV.

RÉSULTAT DES EXAMENS.

Art. 23. Après la dernière épreuve, le jury apprécie la valeur des épreuves de chaque candidat, et désigne, à la majorité absolue, par ordre de mérite, ceux qu'il estime dignes d'être agrégés.

En cas de partage, la voix du président est prépondérante.

La délibération du jury ne peut être rendue publique qu'après la décision du ministre.

Art. 24. Le procès-verbal de toutes les opérations des examens est dressé par un des juges, remplissant les fonctions de secrétaire, et signé par tous. Chacun d'eux peut y joindre ses observations particulières.

Ce procès-verbal est transmis au ministre de l'instruction publique, avec un rapport du président du jury.

ARRÊTÉ

RELATIF A L'ENSEIGNEMENT PRIMAIRE DONNÉ DANS LES ÉTABLISSEMENTS PUBLICS D'INSTRUCTION SECONDAIRE.

(18 mars 1856.)

Art. 1er. L'enseignement primaire, avec tous les développements qu'il comporte, pourra être donné, comme par le passé, dans les établissements publics d'instruction secondaire pour lesquels il aura été régulièrement autorisé.

Art. 2. Les maîtres auxquels sera confié l'engnement primaire spécial seront nommés par nous, sur la proposition des recteurs. Dans les lycées, ils seront choisis parmi les maîtres répétiteurs; dans les colléges, ils auront le rang et le titre de régents. A défaut du diplôme de bachelier ès lettres ou ès sciences, ces derniers devront justifier du brevet de capacité, comprenant toutes les matières énoncées en l'article 23 de la loi du 15 mars 1850.

Art. 3. Les communes dans lesquelles il existe un collége pourront être autorisées, sur la demande des conseils municipaux et l'avis du conseil départemental, à annexer à cet établissement l'école primaire publique qu'elles doivent entretenir en exécution de l'article 36 de la loi du 15 mars 1850. Dans ce cas, l'instituteur, nommé conformément au mode prescrit par la loi du 14 juin 1854, sera subordonné au principal du collége en ce qui concerne l'administration et la discipline.

ARRÊTÉ

PORTANT FIXATION DU PRIX DE LA DEMI-PENSION DANS LES LYCÉES.

(25 septembre 1856).

A partir de la rentrée de l'année classique 1856-1857, le prix de la pension des demi-pensionnaires des lycées impériaux est fixé ainsi qu'il suit :

ACADÉMIES.	LYCÉES.	Division élémentaire.	Division de grammaire.	Division supérieure.	Classe de mathématiques spéciales.
		fr.	fr.	fr.	fr.
Paris	Louis-le-Grand	500	600	650	800
	Napoléon	500	600	650	800
	Saint-Louis	500	600	650	800
	Bourges	350	375	400	»
	Orléans	350	375	400	»
	Reims	350	375	400	»
	Vendôme	300	350	375	»
	Versailles	400	450	500	550
Aix	Avignon	325	375	400	»
	Bastia	275	300	325	»
	Marseille	450	525	550	600
Besançon	Besançon	375	400	450	»
Bordeaux	Bordeaux	400	450	500	550
	Pau	325	375	400	»
	Périgueux	275	300	325	»
Caen	Alençon	275	300	325	»
	Caen	390	425	450	500
	Coutances	275	300	325	»
	Le Mans	350	375	400	»
	Rouen	400	425	450	500

ACADÉMIES.	LYCÉES.	Division élémentaire.	Division de grammaire.	Division supérieure.	Classe de mathématiques spéciales.
		fr.	fr.	fr.	fr.
Clermont...	Clermont.........	350	400	450	»
	Moulins.........	300	350	380	»
	Le Puy..........	275	300	325	»
Dijon......	Chaumont.......	300	325	350	»
	Dijon...........	400	450	500	550
	Sens............	300	350	375	»
	Troyes..........	300	350	375	»
Douai......	Amiens..........	350	315	400	»
	Douai...........	350	375	400	450
	Lille............	350	375	400	»
	Saint-Omer......	350	375	400	»
Grenoble...	Grenoble........	400	425	475	»
	Tournon.........	400	450	500	»
Lyon......	Lyon...........	450	475	500	550
	Mâcon..........	300	350	375	»
	Saint-Étienne....	350	400	425	»
Montpellier.	Montpellier......	415	440	490	»
	Carcassonne.....	300	325	350	»
	Nîmes..........	400	450	475	»
Nancy.....	Metz...........	400	425	450	500
	Nancy..........	350	375	400	450
Poitiers....	Angoulême.......	300	350	375	»
	Limoges.........	300	350	375	»
	Napoléon-Vendée.	350	400	425	»
	Poitiers.........	400	450	500	500
	Châteauroux.....	375	300	325	»
	La Rochelle......	350	375	460	»
	Tours...........	375	400	425	»
Rennes....	Angers..........	350	375	400	»
	Brest...........	375	400	425	»
	Laval...........	300	350	375	»
	Nantes..........	400	425	450	500
	Napoléonville....	275	300	325	»
	Rennes..........	350	375	400	450
	Saint-Brieuc.....	300	325	350	»

ACADÉMIES.	LYCÉES.	Division élémentaire.	Division de grammaire.	Division supérieure.	Classe de mathématiques spéciales.
		fr.	fr.	fr.	fr.
Strasbourg.	Strasbourg	400	425	450	500
Toulouse	Auch	275	300	325	»
	Cahors	275	300	325	»
	Rodez	275	300	325	»
	Tarbes	300	350	375	»
	Toulouse	450	475	500	550
Alger	Alger	500	500	500	»

INSTRUCTION SUPÉRIEURE[1].

RÈGLEMENT

SUR L'EXAMEN DU BACCALAURÉAT ÈS LETTRES[2].

(5 septembre 1852.)

Art. 1er. Les Facultés des lettres procèdent, chaque année, dans trois sessions, aux examens du baccalauréat ès lettres.

La première session a lieu du 1er août au 1er septembre; la deuxième du 1er au 15 décembre; la troisième, du 15 avril au 1er mai[3].

Une session extraordinaire pourra, en outre, être autorisée par décision spéciale du ministre de l'instruction publique.

Art. 2. Aucun examen isolé ou collectif ne peut avoir lieu en dehors des sessions.

Art. 3. Tout candidat au baccalauréat ès lettres doit déposer, dans la quinzaine qui précède

1. Voir, relativement à l'enseignement des Facultés, le décret du 10 avril 1852, art. 8 et suivants, p. 245.

2. Voir la loi du 15 mai 1850, art. 63, p. 61, le décret du 29 juillet 1850, art. 53 et 54, p. 110, et le décret du 10 avril 1852, art. 8 et 10, p. 245 et 246.

3. Un arrêté en date du 7 juillet 1854, est ainsi conçu :

« Nul ne sera admis à subir pour la première fois l'examen du baccalauréat ès lettres ou ès sciences à la session d'avril, s'il n'y a pas été autorisé par le ministre de l'instruction publique sur la proposition du recteur. »

l'ouverture de la session[1], au secrétariat de l'académie où il a l'intention de subir l'examen, les pièces exigées par les articles 1 et 2 du règlement du 26 novembre 1849.

La signature du candidat mineur sera légalisée par le maire de la commune où il réside.

Art. 4. Le registre d'inscription est clos, irrévocablement, la veille du jour de l'ouverture de chaque session.

Art. 5. Tout candidat régulièrement inscrit doit être examiné dans la session pour laquelle il s'est fait inscrire.

Art. 6. Tout candidat qui, sans excuse valable et jugée telle par le jury, ne répond pas à l'appel de son nom le jour qui lui a été indiqué, perd le montant des droits d'examen qu'il a consignés.

Art. 7. L'épreuve écrite et l'épreuve orale dont l'examen se compose ne peuvent être subies le même jour.

Art. 8. La première épreuve, qui a lieu dans

1. « C'est à tort que l'on confond ordinairement l'époque légale et uniforme de l'ouverture des sessions d'examens avec celle qui est indiquée, soit par les Facultés, soit par les jurys pour le commencement des épreuves. Dans tous les chefs-lieux de Facultés ou d'examen, la session est régulièrement ouverte à la date portée dans les règlements, quel que soit d'ailleurs le jour où les opérations commencent, et chacune dure par la même raison jusqu'au terme que les règlements ont aussi fixé. Par conséquent, le registre des inscriptions doit être clos la veille de chacun des jours indiqués par les arrêtés des 5 et 7 septembre 1852, et non la veille de celui auquel pourra avoir lieu la réunion de la Faculté ou du jury. »

(*Circulaire du 27 juin 1854.*)

une seule journée, comprend : 1° une version latine; 2° une composition latine ou une composition française, suivant que le sort en décidera.

Le texte de la version et les sujets de composition sont choisis par le doyen de la Faculté.

Deux heures sont accordées pour la version, quatre heures pour la composition. Un intervalle de deux heures au moins sépare ces deux parties de l'épreuve.

Plus de vingt-cinq candidats ne peuvent subir simultanément l'épreuve écrite; ils sont placés sous la surveillance constante d'un des membres du jury.

Art. 9. L'épreuve écrite est jugée immédiatement par le jury tout entier, qui décide quels sont les candidats admis à subir les épreuves orales.

La note *mal*, pour l'une ou l'autre partie de l'épreuve écrite, entraîne l'ajournement du candidat.

Art. 10. Des numéros, correspondant aux ouvrages inscrits sur la liste annexée aux présent règlement, étant placés dans une urne, le secrétaire du jury, au commencement de l'épreuve orale, tire le numéro de chacun des ouvrages grecs, latins et français que les candidats doivent expliquer à livre ouvert, en répondant à toutes les questions littéraires qui leur seront faites.

Les candidats sont ensuite interrogés sur trois sujets compris dans les programmes sommaires ci-annexés. Ces sujets sont tirés au sort au moyen de trois séries de numéros correspondant aux trois divisions suivantes :

1° Logique;

2° Histoire et géographie;

3° Arithmétique, géométrie et physique élémentaires.

L'épreuve orale dure au moins une heure.

Art. 11. Le président du jury d'examen, s'il vient à découvrir quelque fraude, est tenu de porter immédiatement les faits à la connaissance du doyen et du recteur, avec tous les renseignements qui peuvent éclairer la justice disciplinaire.

Art. 12. Le recteur défère sans délai les délinquants au conseil académique, qui, après les avoir entendus ou dûment appelés, prononce, suivant le cas, outre la nullité de l'examen entaché de fraude, la peine de l'exclusion de toutes les Facultés pour six mois sans appel, et avec recours au conseil supérieur pour un an ou à toujours.

Art. 13. Les candidats qui produisent le diplôme de bachelier ès sciences sont dispensés de la partie scientifique des épreuves du baccalauréat ès lettres.

Art. 14. Le présent règlement est exécutoire à dater du 1er janvier 1853.

Art. 15. Sont maintenues les dispositions des règlements du 14 juillet 1840, du 26 novembre 1849 et du 1er avril 1851, qui ne sont pas contraires au présent règlement.

RÈGLEMENT

SUR L'EXAMEN DU BACCALAURÉAT ÈS SCIENCES[1].

(7 septembre 1852.)

Art. 1er. Les Facultés des sciences procèdent, chaque année, dans trois sessions, aux examens du baccalauréat ès sciences.

La première session a lieu du 10 juillet au 1er septembre pour Paris, et du 1er août au 1er septembre pour les départements; la deuxième, du 1er au 31 décembre; la troisième, du 1er avril au 1er mai.

Une session extraordinaire pourra, en outre, être autorisée par décision spéciale du ministre de l'instruction publique.

Art. 2. Aucun examen isolé ou collectif ne peut avoir lieu en dehors des sessions.

Art. 3. Tout candidat au baccalauréat ès sciences doit déposer, dans la quinzaine qui précède l'ouverture de la session, au secrétariat de l'académie où il a l'intention de subir l'examen, les pièces exigées par les articles 1 et 2 du règlement du 26 novembre 1849.

La signature du candidat mineur sera légalisée par le maire de la commune où il réside.

Art. 4. Le registre d'inscription est clos, ir-

1. Voir la loi du 15 mai 1850, art. 63, p. 61, le décret du 29 juillet 1850, art. 54, p. 110, et le décret du 10 avril 1852, art. 8 et 9, p. 245 et 246.

révocablement, la veille du jour de l'ouverture de la session.

Art. 5. Tout candidat régulièrement inscrit doit être examiné dans la session pour laquelle il s'est fait inscrire.

Art. 6. Tout candidat qui, sans excuse valable et jugée telle par le jury, ne répond pas à l'appel de son nom le jour qui lui a été indiqué, perd le montant des droits d'examen qu'il a consignés.

Art. 7. L'épreuve écrite et l'épreuve orale, dont l'examen se compose, ne peuvent être subies le même jour.

Art. 8. La première épreuve, qui a lieu dans une seule journée, comprend : 1° une version latine ; 2° une composition sur un sujet de mathématiques ou de physique, suivant que le sort en décidera.

Le texte de la version et le sujet de composition sont choisis par le doyen de la Faculté.

Deux heures sont accordées pour la version, quatre heures pour la composition ; un intervalle de deux heures au moins sépare ces deux parties de l'épreuve.

Plus de vingt-cinq candidats ne peuvent subir simultanément l'épreuve écrite ; ils sont placés sous la surveillance constante d'un des membres du jury.

Art. 9. Un professeur de la Faculté des lettres fait partie du jury.

Art. 10. L'épreuve écrite est jugée immédiatement par le jury tout entier, qui décide quels sont les candidats admis à subir les épreuves orales.

La note *mal*, pour l'une ou l'autre partie de l'épreuve écrite, entraîne l'ajournement du candidat.

Art. 11. Des numéros, correspondant aux ouvrages inscrits sur la liste annexée au présent règlement, étant placés dans une urne, le secrétaire du jury, au commencement de l'épreuve orale, tire le numéro de chacun des ouvrages latins et français, allemands ou anglais, que les candidats doivent expliquer à livre ouvert.

Les candidats sont ensuite interrogés sur quatre sujets compris dans les programmes d'enseignement et tirés au sort au moyen de quatre séries de numéros correspondant aux quatre divisions suivantes :

1° Logique, histoire et géographie;

2° Mathématiques pures et appliquées;

3° Sciences physiques;

4° Sciences naturelles.

L'épreuve orale dure au moins cinq quarts d'heure.

Art. 12. Le président du jury d'examen, s'il vient à découvrir quelque fraude, est tenu de porter immédiatement les faits à la connaissance du doyen et du recteur, avec tous les renseignements qui peuvent éclairer la justice disciplinaire.

Art. 13. Le recteur défère sans délai les délinquants au conseil académique, qui, après les avoir entendus ou dûment appelés, prononce, suivant les cas, outre la nullité de l'examen entaché de fraude, la peine de l'exclusion de toutes les Facultés pour six mois sans appel, et avec recours au conseil supérieur pour un an ou à toujours.

Art. 14. Les candidats qui produisent le diplôme de bachelier ès lettres sont dispensés des épreuves littéraires du baccalauréat ès sciences.

DISPOSITIONS TRANSITOIRES.

Art. 15. Jusqu'au 10 juillet 1853, exclusivement, les baccalauréats ès sciences physiques et ès sciences mathématiques, tels qu'ils ont été réglés par l'arrêté du 8 juin 1848, seront seuls conférés par les Facultés des sciences.

Art. 16. Jusqu'au 1er décembre 1854, exclusivement, ils pourront être délivrés concurremment avec le nouveau baccalauréat ès sciences.

Art. 17. A partir du 1er décembre 1854, le nouveau baccalauréat ès sciences, institué par le décret du 10 avril 1852, sera seul conféré.

Art. 18. Les questions orales, qui seront posées aux candidats, conformément au § 2 de l'article 11 ci-dessus, dans les sessions de 1853, 1854, et jusqu'au 10 juillet 1856, exclusivement, seront réglées d'après les programmes d'enseignement indiqués dans les tableaux ci-annexés[1].

Art. 19. Les élèves des Facultés de médecine ne seront tenus de justifier du diplôme de

1. Ces tableaux et programmes, ainsi que ceux du baccalauréat ès lettres, se trouvent à la librairie Hachette.

bachelier ès sciences, pour prendre leur première inscription, qu'à partir du 1er novembre 1854.

Ceux qui, avant ce terme, auront pris leur première inscription, sur la production du diplôme de bachelier ès lettres, ne seront admis à prendre leur cinquième inscription que sur la présentation du diplôme de bachelier ès sciences physiques, ou du nouveau diplôme de bachelier ès sciences.

A partir du 15 novembre 1854, ce dernier diplôme sera seul admis.

Art. 20. Les aspirants au titre de pharmacien, qui, au moment de la promulgation du présent arrêté, seront munis du diplôme de bachelier ès lettres, et auront commencé leur stage ou pris une inscription dans une école supérieure de pharmacie, seront dispensés de produire le diplôme de bachelier ès sciences.

ARRÊTÉ COLLECTIF

RELATIF AUX EXAMENS POUR L'ADMISSION AUX ÉCOLES DU GOUVERNEMENT.

(13 septembre 1852.)

Les ministres de la guerre, de la marine, des finances et de l'instruction publique et des cultes,

Vu l'arrêté du ministre de l'instruction publique et des cultes, en date du 30 août dernier, portant règlement du plan d'études des lycées et rendu de l'avis du conseil supérieur de l'instruction publique, conformément aux conclusions de la commission mixte chargée de reviser le programme d'admission aux écoles spéciales du gouvernement (École polytechnique, École militaire, École normale supérieure, École navale, École forestière), ainsi que les programmes de l'enseignement scientifique des lycées,

Arrêtent :

Art. 1er. Les examens d'admission aux écoles spéciales ci-dessus indiquées porteront exclusivement sur les matières déterminées par les programmes de l'enseignement scientifique donné dans les lycées, et auront pour base les portions de cet enseignement correspondant aux besoins de chaque école.

La disposition ci-dessus n'est applicable aux examens d'admission pour l'École navale qu'à dater du concours de 1854. Jusqu'à cette époque, les conditions du programme d'examen aujourd'hui en vigueur ne recevront aucune modification.

Art. 2. Aucune modification ne sera apportée aux programmes de l'enseignement scientifique des lycées, tel qu'il a été déterminé par l'arrêté du 30 août 1852, que du consentement mutuel des ministres de la guerre, de la marine, des finances et de l'instruction publique et des cultes.

Art. 3. Les candidats aux Écoles polytechnique, militaire, normale supérieure (section des sciences) et forestière devront justifier du diplôme de bachelier ès sciences, tel qu'il a été institué par le décret du 10 avril 1852.

Art. 4. L'examen du baccalauréat ès sciences ne portera que sur les matières contenues dans les programmes de l'enseignement scientifique des lycées.

Art. 5. La dernière session que tiendront les jurys d'examen pour le baccalauréat ès sciences, à la fin de chaque année scolaire, s'ouvrira à Paris le 10 juillet, et dans les départements le 20 juillet.

Les examens pour l'admission à l'École navale ne commenceront pas avant le 5 juillet.

Les examens pour l'admission à l'École polytechnique, à l'École militaire et à l'École forestière, ne commenceront pas avant le 20 juillet.

Néanmoins, l'épreuve des compositions pour l'examen d'admission à l'École militaire de Saint-Cyr aura lieu, en 1853, au mois de juin, comme par le passé; mais les examens oraux demeurent fixés, en 1853, au 20 juillet.

Art. 6. Jusqu'à l'époque où, conformément à l'arrêté du 30 août 1852, l'enseignement scientifique des lycées aura pu être complétement organisé, les matières sur lesquelles porteront les examens d'admission aux écoles spéciales du gouvernement seront contenues dans les programmes de l'enseignement scientifique de l'année de logique qui a précédé l'examen.

Art. 7. Le baccalauréat ès sciences ne sera exigé des candidats à l'École militaire de Saint-Cyr et à l'École forestière qu'à dater des examens d'admission de 1854. Il ne sera exigé des candidats à l'École polytechnique et à l'École normale supérieure qu'à dater des examens d'admission de 1855.

RÈGLEMENT

SUR L'EXAMEN DE LA LICENCE ÈS SCIENCES.

(20 avril 1853.)

Art. 1er. Il y a chaque année, dans les Facultés des sciences, deux sessions pour les examens des trois licences ès sciences mathématiques, ès sciences physiques et ès sciences naturelles.

La première session s'ouvre le 1er juillet, la seconde le 1er novembre. Chacune d'elles ne peut durer plus d'un mois.

Les candidats sont tenus de se faire inscrire avant le jour fixé pour l'ouverture de la session.

Aucun examen isolé ou collectif n'a lieu en dehors des sessions.

Art. 2. Les examens pour les diverses licences ès sciences sont subis devant des jurys distincts, choisis par les doyens dans le sein des Facultés.

Chaque jury est composé de trois examinateurs.

Art. 3. L'examen pour chacune des trois licences ès sciences se divise en épreuves écrites, en épreuves pratiques et en épreuves orales.

Les épreuves orales sont seules publiques.

Nul n'est admis à l'une des trois épreuves, s'il n'a satisfait à celles qui précèdent.

Le candidat qui n'a pas satisfait à l'une des épreuves perd le bénéfice des épreuves antérieures.

Art. 4. Les sujets des trois ordres d'épreuves écrites, pratiques et orales sont empruntés aux programmes annexés au présent règlement[1].

Art. 5. L'épreuve écrite pour la licence ès sciences mathématiques porte sur deux sujets distincts, l'un pris dans la géométrie analytique et le calcul différentiel et intégral, l'autre dans la mécanique et l'astronomie.

Pour la licence ès sciences physiques, l'épreuve écrite porte sur un sujet de physique générale.

Pour la licence ès sciences naturelles, l'épreuve écrite porte sur un sujet d'anatomie et de physiologie animale ou végétale.

Le sujet de l'épreuve écrite est choisi par le président du jury d'examen. Quatre heures sont accordées pour cette épreuve. Il est interdit aux candidats de faire usage de notes manuscrites ou de livres, les tables de logarithmes exceptées.

Art. 6. L'épreuve pratique a lieu dans un des cabinets ou dans un des laboratoires de la

1. On trouve ces programmes à la librairie L. Hachette et Cie. Prix : 90 centimes.

Faculté. Elle dure quatre heures. Le sujet en est tiré au sort et traité immédiatement.

Art. 7. Pour chacune des trois licences, l'épreuve orale dure une heure et demie.

Sur la demande des candidats, cette épreuve peut être subie en deux séances d'interrogation, qui ont lieu dans la même session ou dans deux sessions consécutives.

Pour la licence ès sciences mathématiques, une des interrogations porte sur l'algèbre, la trigonométrie, la géométrie analytique, le calcul différentiel et intégral ; l'autre sur la géométrie descriptive, la mécanique et l'astronomie.

Pour la licence ès sciences physiques, une des interrogations porte sur la physique ; l'autre sur la chimie et la minéralogie.

Pour la licence ès sciences naturelles, une des interrogations porte sur la zoologie ; l'autre sur la botanique et la géologie.

Tout candidat qui n'aura pas réussi dans l'une des interrogations, sera tenu de recommencer toutes les épreuves antérieures, conformément au dernier paragraphe de l'article 3 ci-dessus.

Art. 8. Sont maintenues les dispositions des règlements antérieurs qui ne sont pas contraires au présent arrêté.

DÉCRET

SUR LE RÉGIME DES ÉTABLISSEMENTS D'ENSEIGNEMENT SUPÉRIEUR.

(21 août 1854.)

TITRE PREMIER.

DISPOSITIONS GÉNÉRALES.

Art. 1er. Les recettes des établissements d'enseignement supérieur chargés de la collation des grades se composent :

1° Du produit des droits d'immatriculation, d'inscription, d'examen, de certificat de capacité ou d'aptitude, de diplôme et de visa spéciaux ;

2° De la subvention allouée chaque année par le budget général de l'État à l'enseignement supérieur.

Elles sont versées, au compte du service spécial des établissements d'enseignement supérieur, dans les caisses du trésor public, qui continue d'effectuer le payement des dépenses sur ordonnances du ministre de l'instruction publique et des cultes.

Art. 2. Les rétributions perçues dans les établissements d'enseignement supérieur chargés de la collation des grades sont obligatoires ou facultatives.

Les rétributions obligatoires sont :

1° Les droits d'immatriculation dans les

Facultés des sciences pour les aspirants au certificat de capacité des sciences appliquées;

2° Les droits d'inscription aux cours des Facultés et des écoles supérieures de pharmacie;

3° Les droits d'examen;

4° Les droits de certificat de capacité;

5° Les droits de certificat d'aptitude;

6° Les droits de diplôme;

7° Les droits de visa spéciaux.

Les rétributions facultatives sont:

Les droits perçus pour les conférences, manipulations et exercices pratiques en dehors des cours, dans les établissements où ces moyens accessoires d'instruction sont organisés.

Les frais matériels des manipulations sont à la charge des étudiants.

Art. 3. Les droits d'immatriculation sont payés en même temps que la première inscription.

Les droits d'inscription sont payés d'avance, au commencement de chaque trimestre; ils sont acquis au compte du service spécial des établissements d'enseignement supérieur, même quand l'étudiant a encouru la perte d'une ou plusieurs inscriptions par mesure disciplinaire.

Les droits d'examen sont versés par les étudiants au moment où ils s'inscrivent pour subir l'examen. Ces droits sont acquis au compte du service spécial des établissements d'enseignement supérieur, quel que soit le résultat de l'examen. L'étudiant qui, sans cause légitime dûment constatée, ne répond pas à l'appel de son nom le jour qui lui a été fixé, perd le montant des droits d'examen qu'il a versés.

Les droits de certificat de capacité et de visa, de certificat d'aptitude et de diplôme sont perçus en même temps que les droits d'examen auxquels ils correspondent; ils sont remboursés aux étudiants qui n'auraient pas été jugés dignes du certificat de capacité ou du certificat d'aptitude.

Les rétributions facultatives sont perçues par trimestre et d'avance, savoir : trois dixièmes pour chacun des trois premiers trimestres, un dixième pour le quatrième.

Art. 4. Lorsqu'il y a lieu de délivrer un duplicata, le requérant ne peut l'obtenir qu'en payant la moitié du droit porté au présent décret pour le diplôme, le certificat de capacité ou d'aptitude dont il réclame une nouvelle expédition.

Art. 5. Les gradués des universités étrangères ne peuvent jouir du bénéfice de la décision qui déclarerait leurs grades équivalents aux grades français correspondants, sans avoir acquitté intégralement, au compte du service spécial des établissements d'enseignement supérieur, les frais d'inscription, d'examen, de certificat d'aptitude et de diplôme qu'auraient payés les nationaux.

Art. 6. Des remises ou des modérations de droits peuvent être accordées aux étudiants des Facultés qui se distingueraient par leurs succès ou qui, par leur position de famille, auraient des titres à cette faveur. Les remises sont prononcées par le ministre de l'instruction publique et des cultes, après avis des Facultés.

De semblables remises pourront être accordées aux gradués des universités étrangères.

Art. 7. Les élèves des Facultés de droit peuvent remplacer l'un des cours qu'ils sont tenus de suivre près d'une Faculté des lettres par un cours de la Faculté de théologie ou par un cours de la Faculté des sciences.

Ils seront, en ce cas, admis à s'inscrire sans frais, soit à la Faculté des sciences, soit à la Faculté de théologie, sur la représentation de la quittance constatant leur inscription à la Faculté des lettres, en exécution de l'art. 13 du décret du 10 avril 1852.

TITRE II.

DISPOSITIONS SPÉCIALES AUX FACULTÉS DES LETTRES, AUX FACULTÉS DES SCIENCES ET AUX ÉCOLES PRÉPARATOIRES A L'ENSEIGNEMENT SUPÉRIEUR DES SCIENCES ET DES LETTRES.

SECTION Ire. — Des Facultés des lettres.

Art. 8. Les droits à percevoir dans les Facultés des lettres sont fixés ainsi qu'il suit :

Rétributions obligatoires.

Baccalauréat....	Examen....................	40
	Certificat d'aptitude..........	20
	Diplôme....................	40
	Total..................	100

Licence	Inscriptions (quatre à 10 francs)	40
	Examen	40
	Certificat d'aptitude	20
	Diplôme	40
	Total	140

Doctorat	Examen	80
	Certificat d'aptitude	20
	Diplôme	40
	Total	140

Inscriptions à un ou à deux cours des Facultés des lettres, obligatoires pour les étudiants des Facultés de droit (douze à 10 francs)........ 120

Rétributions facultatives.

Conférences pour les aspirants à la licence ès lettres, rétribution annuelle........ 15

SECTION II. — Des Facultés des sciences.

Art. 9. Les droits à percevoir dans les Facultés des sciences sont fixés ainsi qu'il suit :

Rétributions obligatoires.

Capacité pour les sciences appliquées.	Droit d'immatriculation	100
	Inscriptions (huit à 10 francs)	80
	Examens (deux à 60 francs)	120
	Certificat de capacité	75
	Visa du certificat	25
	Total	400

Baccalauréat	Examen	40
	Certificat d'aptitude	20
	Diplôme	40
	Total	100

Licence	Inscriptions (quatre à 10 francs)	40
	Examen	40
	Certificat d'aptitude	20
	Diplôme	40
	Total	140

Doctorat.......	Examen..................	80
	Certificat d'aptitude...........	20
	Diplôme....................	40
	Total.................	140

Rétributions facultatives.

Conférences, manipulations et exercices pratiques pour les étudiants des Facultés des sciences; rétribution annuelle..........................	150

SECTION III. — Des écoles préparatoires à l'enseignement supérieur des sciences et des lettres.

Art. 10. Les écoles préparatoires à l'enseignement supérieur des sciences et des lettres peuvent délivrer, comme les Facultés des sciences, mais sous la présidence d'un professeur desdites Facultés, des certificats de capacité pour les sciences appliquées, aux jeunes gens qui auront pris dix inscriptions trimestrielles aux cours desdites écoles.

Un arrêté délibéré en conseil impérial de l'Instruction publique déterminera la composition des jurys d'examen, l'époque de leur réunion, la répartition des droits de présence entre les professeurs, et généralement tous les moyens d'exécution des dispositions portées au paragraphe précédent.

Art. 11. Indépendamment : 1° des droits d'inscription perçus pour le compte des caisses municipales et qui sont déterminés par le budget de chaque école; 2° des droits d'examen partagés entre les examinateurs et dont le taux est de 60 fr. par examen, les droits à payer au compte du service spécial des établissements d'enseignement supérieur par les aspirants aux certificats de capacité pour les sciences appliquées, sont fixés ainsi qu'il suit :

Rétributions obligatoires.

Complément de 5 francs par inscription (dix inscriptions)........................	50
Certificat de capacité........................	75
Visa du certificat........................	25
Total........................	150

TITRE III.

DISPOSITIONS SPÉCIALES AUX FACULTÉS DE MÉDECINE, AUX ÉCOLES SUPÉRIEURES DE PHARMACIE ET AUX ÉCOLES PRÉPARATOIRES DE MÉDECINE ET DE PHARMACIE.

Art. 12. Les étudiants des Facultés de médecine ne sont admis à prendre la cinquième, la neuvième et la treizième inscription qu'après avoir subi avec succès un examen de fin d'année. Ils ne sont admis aux examens de fin d'études qu'après l'expiration du dernier trimestre de la quatrième année d'études.

Les douze premières inscriptions dans la Faculté de médecine peuvent être compensées par quatorze inscriptions prises dans une école préparatoire de médecine et de pharmacie, moyennant un supplément de 5 francs par inscription. Les élèves des écoles préparatoires ne peuvent convertir plus de quatorze inscriptions de ces écoles en inscriptions de Facultés.

Art. 13. Les droits à percevoir dans les Facultés de médecine sont fixés ainsi qu'il suit :

Rétributions obligatoires.

Doctorat en médecine.	Inscriptions (seize à 30 francs).	480
	Trois examens de fin d'année (30 francs par examen).....	90
	Cinq examens de fin d'études (50 francs par examen).....	250
	Cinq certificats d'aptitude (40 fr. par certificat)............	200
	Thèse........................	100
	Certificat d'aptitude..........	40
	Diplôme.....................	100
	Total.................	1260
Certificat de sage-femme.	Deux examens (40 francs par examen).................	80
	Certificat d'aptitude..........	40
	Visa du certificat...........	10
	Total.................	130

Rétributions facultatives.

Conférences, exercices pratiques et manipulations pour les aspirants au doctorat en médecine ; rétribution annuelle..............................	130

Art. 14. Les écoles supérieures de pharmacie confèrent le titre de pharmacien de 1re classe et le certificat d'aptitude à la profession d'herboriste de 1re classe.

Elles délivrent, en outre, mais seulement pour les départements compris dans leur ressort, les certificats d'aptitude pour les professions de pharmacien et d'herboriste de 2e classe.

Les pharmaciens et les herboristes de 1re classe peuvent exercer leur profession dans toute l'étendue du territoire français.

Art. 15. Les aspirants au titre de pharmacien de 1re classe doivent justifier de trois années d'études dans une école supérieure de pharmacie et de trois années de stage dans une officine.

Il ne sera exigé qu'une seule année d'études dans une école supérieure de pharmacie des candidats qui auraient pris dix inscriptions aux cours d'une école préparatoire de médecine et de pharmacie. La compensation aura lieu moyennant un supplément de 5 francs par inscription d'école préparatoire.

Les aspirants au titre de pharmacien de 1re classe ne peuvent prendre la première inscription, soit dans les écoles supérieures, soit dans les écoles préparatoires de médecine et de pharmacie, que s'ils sont pourvus du grade de bachelier ès sciences.

Art. 16. Les droits à percevoir dans les écoles supérieures de pharmacie sont fixés ainsi qu'il suit :

Rétributions obligatoires.

Titre de pharmacien de 1re classe.	Inscriptions (douze à 30 francs).	360
	Travaux pratiques pendant les trois années (100 francs par année)	300
	Cinq examens semestriels (30 fr. par examen	150
	Les deux premiers examens de fin d'études (80 francs par examen)	160
	Le troisième examen de fin d'études	200
	Trois certificats d'aptitude (40 francs par certificat)	120
	Diplôme	100
	Total	1390

Certificat d'herboriste.	Examen	50
	Certificat d'aptitude	40
	Visa du certificat d'aptitude	10
	Total	100

Rétributions facultatives.

Conférences, exercices pratiques et manipulations pour les aspirants au titre de pharmacien de 1re classe ; rétribution annuelle 150

Art. 17. Les jurys médicaux cesseront leurs fonctions au 1er janvier prochain, en ce qui concerne la délivrance des certificats d'aptitude pour les professions d'officier de santé, sage-femme, pharmacien et herboriste de 2e classe.

A partir de cette époque, les certificats d'aptitude pour la profession d'officier de santé et celle de sage-femme seront délivrés, soit par les Facultés de médecine de Paris, Montpellier et Strasbourg, soit par les écoles préparatoires de médecine et de pharmacie, sous la présidence d'un professeur de l'une des Facultés de médecine.

A partir de la même époque, les certificats d'aptitude pour les professions de pharmacien et d'herboriste de 2e classe seront délivrés, soit par les écoles supérieures de pharmacie, soit par les écoles préparatoires de médecine et de pharmacie, sous la présidence d'un professeur de l'une des écoles supérieures de pharmacie.

Art. 18. Un arrêté du ministre de l'instruction publique, délibéré en conseil impérial de l'Instruction publique, déterminera la circonscription des Facultés de médecine, écoles supérieures de pharmacie et écoles préparatoires de médecine et de pharmacie, chargées de la délivrance des certificats d'aptitude pour les professions mentionnées en l'article précédent, la composition des jurys d'examen, l'époque de leur réunion, la répartition des droits de présence entre les professeurs, et généralement tous les moyens d'exécution dudit article.

Art. 19. En exécution des art. 29 et 34 de la loi du 19 ventôse an XI, et de l'art. 24 de la loi du 21 germinal an XI, les officiers de santé, les pharmaciens de 2e classe, les sages-femmes et les herboristes de 2e classe, pourvus des diplômes ou certificats d'aptitude délivrés, soit par les anciens jurys médicaux, soit d'après les règles déterminées par les art. 17 et 18 ci-dessus, ne peuvent, comme par le passé, exercer dans un autre département, ils doivent subir de nouveaux examens et obtenir un nouveau certificat d'aptitude.

Art. 20. Les aspirants au titre d'officier de santé doivent justifier de douze inscriptions dans une Faculté de médecine ou de quatorze inscriptions dans une école préparatoire de médecine et de pharmacie. La compensation entre les inscriptions dans les Facultés et celles prises dans les écoles préparatoires aura lieu moyennant un droit de 5 francs par inscription.

Cette condition de scolarité ne sera pas imposée aux aspirants qui auront subi avec succès, à l'époque de la promulgation du préserit décret, le premier des examens exigés des officiers de santé.

Les aspirants au titre de pharmacien de 2e classe doivent justifier :

1° De six années de stage en pharmacie;

2° De quatre inscriptions dans une école supérieure de pharmacie, ou de six inscriptions dans une école préparatoire de médecine et de pharmacie.

Deux années de stage pourront être compensées par quatre inscriptions dans une école supérieure de pharmacie, ou, moyennant un supplément de 5 francs par inscription, par six inscriptions dans une école préparatoire de médecine et de pharmacie, sans que le stage puisse, dans aucun cas, être réduit à moins de quatre années.

Art. 21. L'excédant des frais d'examen, prélèvement fait des droits de présence des examinateurs, qui était antérieurement perçu au compte des caisses départementales, le sera à l'avenir, soit au compte du service spécial des établissements d'enseignement supérieur, pour les examens passés devant les Facultés de médecine et les écoles supérieures de pharmacie, soit au profit des caisses municipales, pour les examens passés devant les écoles préparatoires de médecine et de pharmacie.

Indépendamment de ces frais, qui restent fixés au même taux que précédemment, il sera perçu, pour le compte du service spécial des établissements d'enseignement supérieur, les droits ci-après :

Rétributions obligatoires.

Officiers de santé.	Inscriptions de la Faculté de médecine (douze à 30 francs)...	360
	Trois certificats d'aptitude (40 fr. par certificat).............	120
	Diplôme....................	100
	Total...................	580
Pharmaciens de 2e classe.	Inscriptions de l'école supérieure de pharmacie (quatre à 30 fr.).	120
	Épreuves pratiques...........	120
	Trois certificats d'aptitude (40 fr. par certificat)............	120
	Diplôme....................	100
	Total...................	460
Herboriste.....	Certificat d'aptitude..........	40
	Visa du certificat.............	10
	Total...................	50
Sages-femmes.	Certificat d'aptitude...........	20
	Visa du certificat.............	5
	Total...................	25

TITRE IV.

DISPOSITIONS SPÉCIALES AUX FACULTÉS DE DROIT.

Art. 22. Les droits à percevoir dans les Facultés de droit sont fixés ainsi qu'il suit :

Rétributions obligatoires.

Capacité.	Inscriptions (quatre à 30 francs).	120
	Examen	60
	Certificat d'aptitude..........	40
	Visa du certificat d'aptitude...	25
	Total...................	245

Baccalauréat.	Inscriptions (huit à 30 francs)..	2
	Deux examens (60 francs par examen).................	1
	Deux certificats d'aptitude (40 fr. par certificat).............	
	Diplôme...................	1
	Total.................	5
Licence.	Inscriptions (quatre à 30 francs).	1
	Deux examens (60 francs par examen).................	
	Deux certificats d'aptitude (40 fr. par certificat).............	
	Thèse.....................	1
	Certificat d'aptitude..........	
	Diplôme....................	1
	Total.................	5
Doctorat.	Inscriptions (quatre à 30 francs).	1
	Deux examens (60 francs par examen)................	1
	Deux certificats d'aptitude (40 fr. par certificat)...........	
	Thèse.....................	1
	Certificat d'aptitude..........	4
	Diplôme...................	10
	Total.................	56

Rétributions facultatives.

Conférences pour les aspirants au baccalauréat, à la licence et au doctorat en droit; rétribution annuelle.. 15

TITRE V.

DISPOSITIONS SPÉCIALES AUX FACULTÉS DE THÉOLOGIE.

Art. 23. Les droits à percevoir dans les Fa cultés de théologie sont fixés de la manièr suivante :

Rétributions obligatoires.

Baccalauréat.	Inscriptions (quatre à 5 francs).	20
	Examen........................	10
	Certificat d'aptitude	5
	Diplôme	10
	Total..................	45
Licence.	Inscriptions (quatre à 5 francs)..	20
	Examen	10
	Certificat d'aptitude	5
	Diplôme	10
	Total..................	45
Doctorat.	Inscriptions (quatre à 5 francs)..	20
	Examen........................	10
	Certificat d'aptitude..........	10
	Diplôme	40
	Total................	80

APPENDICE.

LOI

SUR LES PENSIONS CIVILES.

(17 juin 1853. — *Extrait.*)

TITRE PREMIER.

LIQUIDATION DES CAISSES DE RETRAITES SUPPRIMÉES.

Art. 1er. Les caisses de retraites désignées au tableau n° 1 [1] seront supprimées à partir du 1er janvier 1854.

Leur actif sera acquis à l'État.

Art. 2. Seront inscrites au grand livre de la dette publique, à partir de la même époque :

1° Les pensions existantes ou en cours de liquidation à la charge des caisses supprimées, pour services terminés avant le 1er janvier 1854;

2° Les pensions et indemnités concédées pour cause de réforme, en vertu de l'article 4

1. Sur ce tableau figurent les deux caisses de retraites qui avaient été établies pour les membres du corps enseignant, l'une en vertu de la loi du 15 floréal an X et de l'ordonnance du 19 avril 1820, l'autre en vertu de l'ordonnance du 25 juin 1823.

de la loi du 1er mai 1822 et du décret du 2 mai 1848 ;

3° Les pensions et les secours annuels qui seront concédés à titre de réversibilité aux veuves et aux orphelins des pensionnaires inscrits en vertu des deux paragraphes qui précèdent.

TITRE II.

CONDITIONS DU DROIT A PENSION POUR LES FONCTIONNAIRES QUI ENTRERONT EN EXERCICE A PARTIR DU 1er JANVIER 1854.

Art. 3. Les fonctionnaires et employés directement rétribués par l'État, et nommés à partir du 1er janvier 1854, ont droit à pension, conformément aux dispositions de la présente loi, et supportent indistinctement, sans pouvoir les répéter dans aucun cas, les retenues ci-après :

1° Une retenue de 5 p. 100 sur les sommes payées à titre de traitement fixe ou éventuel, de préciput, de supplément de traitement, de remises proportionnelles, de salaires, ou constituant, à tout autre titre, un émolument personnel ;

2° Une retenue du douzième des mêmes rétributions lors de la première nomination ou dans le cas de réintégration, et du douzième de toute augmentation ultérieure ;

3° Les retenues pour cause de congés et d'absences, ou par mesure disciplinaire.

Art. 4. Les fonctionnaires de l'enseignement, rétribués, en tout ou en partie, sur les fonds départementaux et communaux, ou sur le prix des pensions payées par les élèves des lycées nationaux, ont droit à pension, conformément aux dispositions de la présente loi, et supportent, sur leur traitement et leurs différentes rétributions, la retenue déterminée par l'art. 3.

Art. 5. Le droit à la pension de retraite est acquis par ancienneté à soixante ans d'âge et après trente ans accomplis de services.

Il suffit de cinquante-cinq ans d'âge et de vingt-cinq ans de services pour les fonctionnaires qui ont passé quinze ans dans la partie active.

La partie active comprend les emplois et grades indiqués au tableau[1] annexé à la présente loi, sous le n° 2.

Aucun autre emploi ne peut être compris au service actif, ni assimilé à un emploi de ce service, qu'en vertu d'une loi.

Est dispensé de la condition d'âge établie aux deux premiers paragraphes du présent article le titulaire qui est reconnu par le ministre hors d'état de continuer ses fonctions.

Art. 6. La pension est basée sur la moyenne des traitements et émoluments de toute nature soumis à retenues, dont l'ayant droit a joui pendant les six dernières années d'exercice.

Néanmoins, dans les cas prévus par l'art. 4, la moyenne ne pourra excéder celle des traitements et émoluments dont le fonctionnaire

1. Ce tableau ne concerne que les employés des diverses administrations financières.

aurait joui s'il eût été rétribué directement par l'État.

Art. 7. La pension est réglée, pour chaque année de services civils, à un soixantième du traitement moyen.

En aucun cas, elle ne peut excéder ni les trois quarts du traitement moyen, ni les maximum déterminés au tableau annexé à la présente loi sous le n° 3.

Art. 8. Les services dans les armées de terre et de mer concourent avec les services civils pour établir le droit à pension et seront comptés pour leur durée effective, pourvu toutefois que la durée des services civils soit au moins de douze ans dans la partie sédentaire ou de dix ans dans la partie active.

Si les services militaires de terre ou de mer ont été déjà rémunérés par une pension, ils n'entrent pas dans le calcul de la liquidation. S'ils n'ont pas été rémunérés par une pension, la liquidation est opérée d'après le minimum attribué au grade par les tarifs annexés aux lois des 11 et 18 avril 1831.

Art. 10. Les services civils rendus hors d'Europe par les fonctionnaires et employés envoyés d'Europe par le gouvernement français, sont comptés pour moitié en sus de leur durée effective, sans toutefois que cette bonification puisse réduire de plus d'un cinquième le temps de service effectif exigé pour constituer le droit à pension.

Le supplément accordé à titre de traitement colonial n'entre pas dans le calcul du traitement moyen.

Après quinze années de services rendus hors d'Europe, la pension peut être liquidée à cinquante-cinq ans d'âge.

Art. 11. Peuvent exceptionnellement obtenir pension, quels que soient leur âge et la durée de leur activité :

1° Les fonctionnaires et employés qui auront été mis hors d'état de continuer leurs services, soit par suite d'un acte de dévouement dans un intérêt public ou en exposant leurs jours pour sauver la vie d'un de leurs concitoyens, soit par suite de lutte ou combat soutenu dans l'exercice de leurs fonctions ;

2° Ceux qu'un accident grave, résultant notoirement de l'exercice de leurs fonctions, met dans l'impossibilité de les continuer.

Peuvent également obtenir pension, s'ils comptent cinquante ans d'âge et vingt ans de services dans la partie sédentaire, ou quarante-cinq ans d'âge et quinze ans de services dans la partie active, ceux que des infirmités graves résultant de l'exercice de leurs fonctions mettent dans l'impossibilité de les continuer, ou dont l'emploi aura été supprimé.

Art. 12. Dans les cas prévus par le paragraphe 1° de l'article précédent, la pension est de la moitié du dernier traitement, sans pouvoir excéder les maximum déterminés au tableau n° 3.

Dans le cas prévu par le paragraphe 2°, la pension est liquidée suivant que l'ayant droit appartient à la partie sédentaire ou à la partie active, à raison d'un soixantième ou d'un cinquantième du dernier traitement pour chaque année de services civils; elle ne peut être inférieure au sixième dudit traitement.

Dans les cas prévus par le dernier paragraphe de l'article précédent, la pension est également liquidée à raison d'un soixantième ou d'un cinquantième du traitement moyen pour chaque année de services civils.

Art. 13. A droit à pension la veuve du fonctionnaire qui a obtenu une pension de retraite en vertu de la présente loi, ou qui a accompli la durée de services exigée par l'art. 5, pourvu que le mariage ait été contracté six ans avant la cessation des fonctions du mari.

La pension de la veuve est du tiers de celle que le mari avait obtenue ou à laquelle il aurait eu droit. Elle ne peut être inférieure à 100 fr., sans toutefois excéder celle que le mari aurait obtenue ou pu obtenir.

Le droit à pension n'existe pas pour la veuve dans le cas de séparation de corps prononcée sur la demande du mari.

Art. 14. Ont droit à pension :

1° La veuve du fonctionnaire ou employé qui, dans l'exercice ou à l'occasion de ses fonctions, a perdu la vie dans un naufrage ou dans un des cas spécifiés au paragraphe 1° de l'art. 11, soit immédiatement, soit par suite de l'événement;

2° La veuve dont le mari aura perdu la vie par un des accidents prévus au paragraphe 2° de l'art. 11, ou par suite de cet accident.

Dans le premier cas, la pension est des deux tiers de celle que le mari aurait obtenue ou pu obtenir par application de l'article 12 (premier paragraphe).

Dans le second cas, la pension est du tiers de celle que le mari aurait obtenue ou pu obtenir en vertu dudit article (deuxième paragraphe).

Dans les cas spécifiés au présent article, il suffit que le mariage ait été contracté antérieurement à l'événement qui a amené la mort ou la mise à la retraite du mari.

Art. 15. Dans le cas ou un employé ayant servi alternativement dans la partie active et dans la partie sédentaire décède avant d'avoir accompli les trente années de services exigées pour constituer le droit à pension de sa veuve, un cinquième de son temps de service dans la partie active est ajouté fictivement en sus du service effectif pour compléter les trente années nécessaires. La liquidation ne s'opère, néanmoins, que sur la durée effective des services.

Art. 16. L'orphelin ou les orphelins mineurs d'un fonctionnaire ou employé ayant obtenu sa pension ou ayant accompli la durée de services exigée par l'article 5 de la présente loi, ou ayant perdu la vie dans un des cas prévus par les paragraphes 1° et 2° de l'art. 14, ont droit à un secours annuel lorsque la mère est ou décédée, ou inhabile à recueillir la pension, ou déchue de ses droits.

Ce secours est, quel que soit le nombre des enfants, égal à la pension que la mère aurait obtenue ou pu obtenir conformément aux articles 13, 14 et 15. Il est partagé entre eux par égales portions, et payé jusqu'à ce que le plus jeune ait atteint l'âge de vingt et un ans accomplis, la part de ceux qui décéderaient ou celle des majeurs faisant retour aux mineurs.

S'il existe une veuve et un ou plusieurs orphelins mineurs provenant d'un mariage antérieur du fonctionnaire, il est prélevé sur la pension de la veuve, et sauf réversibilité en sa faveur, un quart au profit de l'orphelin du premier lit, s'il n'en existe qu'un en âge de minorité, et la moitié, s'il en existe plusieurs.

Art. 17. Les pensions et secours annuels qui seront accordés conformément aux dispositions du présent titre sont inscrits au grand livre de la dette publique.

TITRE III.

DISPOSITIONS TRANSITOIRES APPLICABLES AUX FONCTIONNAIRES ET EMPLOYÉS EN EXERCICE AU 1er JANVIER 1854.

Art. 18. Les fonctionnaires et employés en exercice au 1er janvier 1854 sont soumis aux retenues déterminées par l'article 3 et sont retraités d'après les règles ci-après :

Ceux qui étaient tributaires de caisses de retraite supprimées et ceux qui obtenaient pensions sur fonds généraux sont liquidés dans les proportions et aux conditions réglées par la présente loi pour leurs services postérieurs au 1er *janvier* 1854 ; et pour les services antérieurs, conformément, soit aux règlements spéciaux[1], soit aux loi et décret des 22 août 1790 et 13 septembre 1806, qui régissaient respectivement leur situation, sans que les maximum déterminés par la présente loi puissent être dépassés.

Toutefois, les pensions des fonctionnaires et employés qui, au 1er janvier 1854, auront accompli la durée de service exigée par les règlements spéciaux, loi et décret précités, sont liquidées conformément à ces règlements, loi ou décret.

Les fonctionnaires et employés qui, antérieurement, ne subissaient pas de retenues et n'étaient pas placés sous le régime des loi et décret des 22 août 1790 et 13 septembre 1806, sont admis à faire valoir la totalité de leurs services admissibles pour constituer leur droit à pension; toutefois, cette pension n'est liquidée que pour le temps pendant lequel ces fonctionnaires auront subi la retenue, et n'est réglée qu'à raison d'un cent-vingtième du traitement moyen par chaque année de services civils ; mais le montant de la pension ainsi fixé est alors augmenté d'un trentième pour chacune des années liquidées : cette base exceptionnelle cesse lorsque le titulaire se trouve dans les conditions voulues par l'article 5[2].

1. C'est-à-dire pour les membres du corps enseignant, conformément anx dispositions des ordonnances du 19 avril 1820 et du 25 juin 1823. Voy. le texte de ces ordonnances dans notre *Législation de l'instruction publique;* nouvelle édition, section VI, p. 403.

2. Cet article concerne les instituteurs communaux, ainsi que ceux des inspecteurs primaires et directeurs d'école

TITRE IV.

DISPOSITIONS D'ORDRE ET DE COMPTABILITÉ.

Art. 19. Aucune pension n'est liquidée qu'autant que le fonctionnaire aura été préalablement admis à faire valoir ses droits à la retraite par le ministre au département duquel il ressortit.

Art. 20. Il ne peut être concédé annuellement de pension, en vertu de la présente loi, que dans la limite des extinctions réalisées sur les pensions inscrites. Dans le cas, toutefois, où cette limite devrait être dépassée, par suite de l'accroissement de liquidation auquel donneront lieu les nouvelles catégories de fonctionnaires soumis à la retenue et appelés à la pension par l'article 3, l'augmentation de crédit nécessaire sera l'objet d'une loi spéciale.

Art. 21. Il sera rendu compte annuellement, lors de la présentation de la loi du budget, des pensions de retraite concédées et inscrites en vertu de la présente loi, en distinguant les charges antérieures et celles postérieures au 1er janvier 1854.

Art. 22. Toute demande de pension est adressée au ministre du département auquel appartient le fonctionnaire. Cette demande doit, à peine de déchéance, être présentée avec les pièces à l'appui, dans le délai de cinq ans, à partir de la promulgation de la présente

normale qui n'étaient point tributaires d'une caisse de retraite.

loi, pour les droits ouverts antérieurement, et, pour les droits qui s'ouvriront postérieurement, à partir, savoir : pour le titulaire, du jour où il aura été admis à faire valoir ses droits à la retraite, ou du jour de la cessation de ses fonctions, s'il a été autorisé à les continuer après cette admission, et, pour la veuve, du jour du décès du fonctionnaire.

Les demandes de secours annuels pour les orphelins doivent être présentées dans le même délai, à partir de la promulgation de la présente loi, où du jour du décès de leur père ou de celui de leur mère.

Art. 23. Les pensions sont liquidées d'après la durée des services, en négligeant sur le résultat final du décompte les fractions de mois et de franc.

Les services civils ne sont comptés que de la date du premier traitement d'activité et à partir de l'âge de vingt ans accomplis. Le temps de surnumérariat n'est compté dans aucun cas.

Art. 24. La liquidation est faite par le ministre compétent, qui la soumet à l'examen du conseil d'État, avec l'avis du ministre des finances.

Le décret de concession est rendu sur la proposition du ministre compétent. Il est contresigné par lui et par le ministre des finances.

Il est inséré au *Bulletin des lois*.

Art. 25. La jouissance de la pension commence du jour de la cessation du traitement ou du lendemain du décès du fonctionnaire ; celle du secours annuel, du lendemain du décès du fonctionnaire ou du décès de la veuve.

Il ne peut, en aucun cas, y avoir lieu au rappel de plus de trois années d'arrérages antérieurs à la date de l'insertion au *Bulletin des lois* du décret de concession.

Art. 26. Les pensions sont incessibles. Aucune saisie ou retenue ne peut être opérée du vivant du pensionnaire, que jusqu'à concurrence d'un cinquième pour débet envers l'État, ou pour des créances privilégiées, aux termes de l'article 2101 du Code Napoléon, et d'un tiers dans les circonstances prévues par les articles 203, 205, 206, 207 et 214 du même Code.

Art. 27. Tout fonctionnaire ou employé démissionnaire, destitué, révoqué d'emploi, perd ses droits à la pension. S'il est remis en activité, son premier service lui est compté.

Celui qui est constitué en déficit pour détournement de deniers ou de matières, ou convaincu de malversations, perd ses droits à la pension, lors même qu'elle aurait été liquidée ou inscrite.

La même disposition est applicable au fonctionnaire convaincu de s'être démis de son emploi à prix d'argent, et à celui qui aura été condamné à une peine afflictive ou infamante. Dans ce dernier cas, s'il y a réhabilitation, les droits à la pension seront rétablis.

Art. 28. Lorsqu'un pensionnaire est remis en activité dans le même service, le payement de sa pension est suspendu.

Lorsqu'il est remis en activité dans un service différent, il ne peut cumuler sa pension et son traitement que jusqu'à concurrence de 1500 francs.

Après la cessation de ses fonctions, il peut rentrer en jouissance de son ancienne pension, ou obtenir, s'il y a lieu, une nouvelle liquidation basée sur la généralité de ses services.

Art. 29. Le droit à l'obtention ou à la jouissance d'une pension est suspendu par les circonstances qui font perdre la qualité de Français, durant la privation de cette qualité.

La liquidation ou le rétablissement de la pension ne peut donner lieu à aucun rappel pour les arrérages antérieurs.

TITRE V.

DISPOSITIONS APPLICABLES AUX PENSIONS DE TOUTE NATURE.

Art. 30. Les pensions et secours annuels sont payés par trimestre; ils sont rayés des livres du trésor après trois ans de non-réclamation, sans que leur rétablissement donne lieu à aucun rappel d'arrérages antérieurs à la réclamation.

La même déchéance est applicable aux héritiers ou ayants cause des pensionnaires qui n'auront pas produit la justification de leurs droits dans les trois ans qui suivront la date du décès de leur auteur.

Art. 31. Le cumul de deux pensions est autorisé dans la limite de 6000 francs, pourvu qu'il n'y ait pas double emploi dans les *années de service présentées par la liquidation.*

La disposition qui précède n'est pas applicable aux pensions que des lois spéciales ont affranchies des prohibitions du cumul.

TITRE VI.

DISPOSITIONS SPÉCIALES.

Art. 32. Les dispositions de la loi du 22 août 1790 et du décret du 13 septembre 1806 continueront à être appliquées :

Aux ministres secrétaires d'État.

Aux sous-secrétaires d'État.

Aux membres du conseil d'État.

Aux préfets et aux sous-préfets.

Art. 33. Lorsqu'un fonctionnaire aura passé d'un service sujet à retenue dans un service qui en est affranchi, ou réciproquement, la pension est liquidée d'après la loi qui régit son dernier service, à moins qu'il n'ait accompli dans le premier service les conditions d'âge et de durée des fonctions exigées.

Dans ce dernier cas, le fonctionnaire a le droit de choisir le mode de liquidation de sa pension.

DÉCRET

SUR LES PENSIONS CIVILES.

(9 novembre 1853. — *Extrait.*)

TITRE II.

PERCEPTION DES RETENUES.

Art. 5. Les traitements ou allocations passibles de retenues, qui sont acquittés par les comptables du Trésor, sont *portés pour le brut* dans les ordonnances et mandats, et il y est fait mention spéciale des retenues à exercer pour pension.

Les comptables chargés du payement de ces ordonnances ou mandats les imputent en dépense pour leur montant intégral, et ils constatent en recette les retenues opérées au crédit du budget de chaque exercice et à un compte distinct intitulé : *Retenues sur traitements pour le service des pensions civiles.*

Art. 7. Les retenues afférentes aux traitements tant fixes qu'éventuels des fonctionnaires des lycées sont précomptées chaque mois ou chaque trimestre, à l'instant du payement, par l'économe, et par lui versées à la caisse du receveur des finances.

A l'appui de chaque versement et comme titre de perception, l'économe fournit au receveur une expédition des états de traitements, certifiée par le proviseur et visée par le recteur.

Art. 8. Les retenues à exercer sur les traitements des fonctionnaires des écoles secondaires de médecine et de pharmacie, et des colléges communaux en régie, au compte des villes, sont précomptées de la même manière par le receveur municipal et par lui versées dans la caisse du receveur des finances, auquel il remet, comme titre de perception, une expédition des états de traitements, certifiée par le directeur de l'école ou par le principal et visée par le recteur.

Art. 9. A l'égard des colléges communaux où

le pensionnat est au compte des principaux, le montant des retenues est précompté par le receveur municipal sur les différents termes de la subvention allouée par la ville à l'établissement. A cet effet, le principal remet au receveur, chaque mois ou chaque trimestre, selon que les traitements sont acquittés mensuellement ou trimestriellement, un état des traitements dressé en double expédition, certifié par lui et visé par le recteur. Le traitement attribué au principal, pour le décompte de la retenue qu'il doit subir, sera calculé sur le traitement du régent le mieux rétribué, augmenté d'un quart.

Une des deux expéditions est produite par le receveur municipal au receveur des finances pour justifier le versement des retenues.

Dans les colléges auxquels la ville n'alloue pas de subvention, les retenues sont précomptées par le principal et versées directement par lui dans la caisse du receveur des finances, à qui il remet une expédition de l'État des traitements, certifiée comme il a été dit ci-dessus.

Art. 10. Les retenues acquises au Trésor sur le traitement des instituteurs communaux, quelle que soit l'origine des rétributions dont ce traitement se compose, sont prélevées par le receveur municipal lors du payement, lequel a lieu sur la production de mandats délivrés par le maire et indiquant le montant brut des rétributions, les retenues à exercer et le net à payer.

Lorsque l'instituteur est autorisé à percevoir

lui-même la rétribution scolaire, conformément au deuxième paragraphe de l'article 41 de la loi du 15 mars 1850, il remet le vingtième de cette rétribution au receveur municipal, qui le verse, avec les autres retenues acquises au Trésor, dans la caisse du receveur des finances.

A l'appui des versements effectués, le receveur municipal produit des copies des mandats de payement, et, en outre, lorsque la rétribution scolaire a été perçue par l'instituteur, une copie du rôle de rétribution.

Art. 11. Indépendamment des pièces mentionnées à l'article précédent, le receveur municipal adresse tous les trois mois au receveur des finances, pour être transmis au sous-préfet, un bordereau récapitulatif des sommes recouvrées dans le cours du trimestre pour traitement de l'instituteur, et des retenues dont elles ont été frappées au profit du Trésor.

Le sous-préfet, après avoir, de concert avec l'inspecteur des écoles primaires, opéré le rapprochement de l'état des mutations du personnel avec les bordereaux remis par le receveur des finances, arrête et transmet au préfet en double expédition, un tableau général des traitements et rétributions de toute nature afférents aux instituteurs communaux de l'arrondissement, et des retenues qui ont été exercées sur ces traitements et rétributions pendant le trimestre écoulé.

Ce tableau est vérifié par le préfet, qui en adresse une expédition, visée de lui, au ministre de l'instruction publique et des cultes.

Art. 13. Les fonctionnaires et employés rétribués sur d'autres fonds que ceux de l'État, qui ont néanmoins droit à pension, conformément au dernier paragraphe de l'article 4 de la loi du 9 juin 1853, supportent la retenue sur l'intégralité de leurs rétributions.

Ceux qui sont placés en France et en Algérie doivent effectuer le versement de cette retenue, par trimestre et dans les premiers jours du trimestre qui suit le trimestre échu, à la caisse du receveur des finances; ils transmettent la déclaration de ce versement au ministre du département auquel ils ressortissent. Ceux qui résident à l'étranger sont tenus de faire acquitter, pour leur compte, les retenues qui les concernent, et de faire faire, en même temps, la déclaration ci-dessus prescrite : ils sont autorisés à faire un seul versement par année.

Art. 16. Les fonctionnaires et employés ne peuvent obtenir, chaque année, un congé ou une autorisation d'absence de plus de quinze jours sans subir une retenue. Toutefois, un congé d'un mois sans retenue peut être accordé à ceux qui n'ont joui d'aucun congé et d'aucune autorisation d'absence pendant trois années consécutives.

Pour les congés de moins de trois mois, la retenue est de la moitié au moins et des deux tiers au plus du traitement.

Après trois mois de congé consécutifs ou non, dans la même année, l'intégralité du traitement est retenue, et le temps excédant les trois mois n'est pas compté comme service effectif pour la pension de retraite.

Si, pendant l'absence de l'employé, il y a lieu de pourvoir à des frais d'intérim, le montant en sera précompté, jusqu'à due concurrence, sur la retenue qu'il doit subir.

La durée du congé, avec retenue de la moitié au moins et des deux tiers au plus du traitement, peut être portée à quatre mois pour les fonctionnaires et employés exerçant hors de France, mais en Europe ou en Algérie, et à six mois pour ceux qui sont attachés au service colonial ou aux services diplomatique et consulaire hors d'Europe.

Sont affranchies de toute retenue les absences ayant pour cause l'accomplissement d'un des devoirs imposés par la loi.

En cas d'absence pour cause de maladie dûment constatée, le fonctionnaire ou l'employé peut être autorisé à conserver l'intégralité de son traitement pendant un temps qui ne peut excéder trois mois. Pendant les trois mois suivants, il peut obtenir un congé avec la retenue de la moitié au moins et des deux tiers au plus du traitement.

Si la maladie est déterminée par l'une des causes exceptionnelles prévues aux premier et deuxième paragraphes de l'article 11 de la loi du 9 juin 1853, le fonctionnaire peut conserv l'intégralité de son traitement jusqu'à son réta blissement ou jusqu'à sa mise à la retraite.

Il n'est dérogé, par le présent article . . . . ni aux règles spéciales concer nant la mise en inactivité des agents extérieur du département des affaires étrangères et d fonctionnaires de l'enseignement.

Art. 17. Le fonctionnaire ou l'employé qui s'est absenté ou qui a dépassé la durée de ses vacances ou de son congé sans autorisation, peut être privé de son traitement pendant un temps double de celui de son absence irrégulière.

Une retenue qui ne peut excéder deux mois de traitement peut être infligée, par mesure disciplinaire, dans le cas d'inconduite, de négligence ou de manquement au service.

Les dispositions du présent article ne sont applicables ni aux magistrats, qui restent soumis, quant aux peines disciplinaires, aux prescriptions des articles 50 et 56 de la loi du 22 avril 1810, 35 du décret du 28 septembre 1807 et 3 du décret du 19 mars 1852, ni aux membres du corps enseignant, qui restent soumis aux articles 33 de la loi du 15 mars 1850 et 3 du décret du 9 mars 1851.

Art. 18. La retenue prescrite par les deux articles précédents s'exerce sur les rétributions de toute nature constituant l'émolument personnel passible de la retenue de 5 p. 100 aux termes du paragraphe 2 de l'article 3 de la loi du 9 juin 1853.

Art. 21. Sont affranchies des retenues prescrites par l'article 3 de la loi du 9 juin 1853, les sommes payées à titre d'indemnité pour frais de représentation et de stations navales, de gratifications éventuelles, de salaire de travail extraordinaire, d'indemnités pour missions extraordinaires, d'indemnités de pertes, de frais de voyage, d'abonnements et d'allocations pour frais de bureau, de régie, de table et de loyer, de supplément de traitement colonial et de remboursement de dépenses.

Art. 22. Pour les fonctionnaires et employés envoyés d'Europe dans l'Algérie ou dans les colonies, le traitement normal assujetti à la retenue est fixé, dans chaque grade, d'après le traitement de l'emploi correspondant, ou qui lui est assimilé en France. Dans les emplois qui se divisent en plusieurs classes en France, et qui ne sont pas soumis, dans les colonies, à cette classification, le traitement normal est réglé d'après celui de la première classe du grade en France. Le surplus constitue le supplément de traitement colonial, qui est exempt de la retenue.

Art. 25. Le fonctionnaire démissionnaire, révoqué ou destitué, s'il est réadmis dans un emploi assujetti à la retenue, subit de nouveau la retenue du premier mois de son traitement et celle du premier douzième des augmentations ultérieures.

Celui qui, par mesure disciplinaire ou par mutation volontaire d'emploi, est descendu à un traitement inférieur, subit la retenue du premier douzième des augmentations ultérieures.

Le fonctionnaire placé dans la situation indiquée par le dernier paragraphe de l'article 10 de la loi du 9 juin 1853 est assujetti à la retenue sur son traitement d'inactivité; mais il ne subit pas la retenue du premier douzième lorsqu'il est rappelé à un emploi actif.

Art. 26. . . . .

A l'égard des principaux des colléges communaux qui administrent le pensionnat à leur compte, le traitement moyen est réglé sur le traitement du régent le mieux rétribué, surévalué d'un quart.

TITRE III.

JUSTIFICATION DU DROIT A PENSION, MODE DE LIQUIDATION.

Art. 29. L'admission du fonctionnaire à faire valoir ses droits à la retraite est prononcée par l'autorité qui, aux termes des règlements, a qualité pour prononcer sa révocation.

L'acte d'admission à la retraite spécifie les circonstances qui donnent ouverture au droit à la pension, et indique les articles de la loi applicables aux fonctionnaires.

Art. 30. Lorsque l'admission à la retraite a lieu avant l'accomplissement de la condition d'âge imposée par l'article 5 de la loi du 9 juin 1853, cette admission est prononcée dans les formes suivantes :

Si l'impossibilité d'être maintenu en activité résulte pour le fonctionnaire d'un état d'invalidité morale inappréciable pour les hommes de l'art, sa situation est constatée par un rapport de ses supérieurs dans l'ordre hiérarchique.

Si l'incapacité de servir est le résultat de l'invalidité physique du fonctionnaire, l'acte prononçant son admission à la retraite doit être appuyé, indépendamment des justifications ci-dessus spécifiées, d'un certificat des médecins qui lui ont donné leurs soins et d'une attestation d'un médecin désigné par l'administration et assermenté, qui déclare que le fonctionnaire est hors d'état de continuer utilement l'exercice de son emploi.

Art. 31. Le fonctionnaire admis à la retraite doit produire, indépendamment de son acte de naissance et d'une déclaration de domicile,

1° Pour la justification des services civils :

Un extrait dûment certifié des registres et sommiers de l'administration ou du ministère auquel il a appartenu, énonçant ses nom et prénoms, sa qualité, la date et le lieu de sa naissance, la date de son entrée dans l'emploi avec traitement, la série de ses grades et services, l'époque et les motifs de leur cessation, et le montant du traitement dont il a joui pendant chacune des six dernières années de son activité.

Lorsqu'il n'aura pas existé de registres, ou que tous les services administratifs ne se trouveront pas inscrits sur les registres existants, il y sera suppléé, soit par un certificat du chef ou des chefs compétents des administrations où l'employé aura servi, relatant les indications ci-dessus énoncées, soit par un extrait des comptes et états d'émargement certifié par le greffier de la cour des comptes.

Les services civils rendus hors d'Europe sont constatés par un certificat distinct délivré par le ministre compétent.

Art. 32. Les veuves prétendant à pension fournissent, indépendamment des pièces que leur mari aurait été tenu de produire :

1° Leur acte de naissance;

2° L'acte de décès de l'employé ou du pensionnaire;

3° L'acte de célébration du mariage;

4° Un certificat de non-séparation de corps, et, si le mariage est antérieur à la loi du 8 mai 1816, un certificat de non-divorce;

5° Dans le cas où il y aurait eu séparation de corps, la veuve doit justifier que cette séparation a été prononcée sur sa demande.

Les orphelins prétendant à pension fournissent, indépendamment des pièces que leur père aurait été tenu de produire :

1° Leur acte de naissance;

2° L'acte de décès de leur père;

3° L'acte de célébration de mariage de leurs père et mère;

4° Une expédition ou un extrait de l'acte de tutelle;

5° En cas de prédécès de la mère, son acte de décès;

En cas de séparation de corps, expédition du jugement qui a prononcé la séparation, ou un certificat du greffier du tribunal qui a rendu le jugement;

En cas de second mariage, acte de célébration.

Les veuves ou orphelins prétendant à pension produisent le brevet délivré à leur mari ou père, lorsqu'il est décédé en jouissance de pension, ou une déclaration constatant la perte de ce titre.

Art. 34. Les enfants orphelins des fonctionnaires décédés pensionnaires ne peuvent obtenir des secours à titre de réversion qu'autant que le mariage dont ils sont issus a précédé la mise en retraite de leur père.

Art. 35. Dans les cas spécifiés aux paragraphes 1er et 2 de l'article 11, 1er et 2 de l'article 14 de la loi du 9 juin 1853, l'événement donnant ouverture au droit à pension doit être constaté par un procès-verbal en due forme, dressé sur les lieux et au moment où il est survenu. A défaut de procès-verbal, cette constatation peut s'établir par un acte de notoriété rédigé sur la déclaration des témoins de l'événement ou des personnes qui ont été à même d'en connaître et d'en apprécier les conséquences. Cet acte doit être corroboré par les attestations conformes de l'autorité municipale et des supérieurs immédiats du fonctionnaire.

Dans le cas d'infirmités prévu par le troisième paragraphe de l'article 11 de la loi du 9 juin, ces infirmités et leurs causes sont constatées par les médecins qui ont donné leurs soins au fonctionnaire, et par un médecin désigné par l'aministration et assermenté. Ces certificats doivent être corroborés par l'attestation de l'autorité municipale et celle des supérieurs immédiats du fonctionnaire.

Art. 36. Dans les cas exceptionnels prévus par les premier et deuxième paragraphes dudit article 11, il est tenu compte à l'employé de ses services militaires de terre ou de mer, suivant le mode spécial de rémunération réglé par l'article 8 de la loi, indépendamment de la liquidation déterminée pour les services civils par les deux premiers paragraphes de l'article 12.

La liquidation s'établit, dans les même cas, sur le traitement moyen, lorsqu'il est plus favorable à l'employé que le dernier traitement d'activité.

TITRE IV.

DISPOSITION D'ORDRE ET DE COMPTABILITÉ.

Art. 41. Les décrets de concession. . . . . mentionnent les nom, prénoms, grade, date et lieu de naissance du pensionnaire, la nature et la durée de ses services, la date des lois, décrets et ordonnances réglementaires en vertu desquels la pension a été liquidée, la quotité du traitement qui a servi de base à la liquidation, la part de rémunération afférente aux services militaires et celle afférente aux services civils, la limitation au maximum, la quotité de la pension, la date d'entrée en jouissance et le domicile de la partie. Ces décrets indiquent, en outre, la date de l'avis rendu par la section des finances, et, s'il y a lieu, celle de l'avis du conseil d'État.

Lorsque ces décrets sont collectifs, ils doivent être divisés en deux catégories comprenant distinctement les pensions pour services terminés avant le 1er janvier 1854 et celles concédées pour services terminés postérieurement à cette date.

Art. 42. La date de la présentation de la demande en liquidation est constatée par son inscription sur un registre spécial tenu dans chaque ministère. Un bulletin de cette inscription est délivré à la partie intéressée.

Art. 43. Lorsqu'un foctionnaire dont la pension est liquidée ou inscrite se trouve dans l'un des cas prévus par les deux derniers paragraphes de l'article 27 de la loi du 9 juin 1853, sa perte du droit à la pension est prononcée par un décret rendu sur la proposition du ministre des finances, après avoir pris l'avis du ministre liquidateur et après avoir consulté la section des finances du conseil d'État.

Art. 44. Lorsqu'un pensionnaire est remis en activité, il en est immédiatement donné avis par le ministre compétent au ministre des finances, pour que le payement de la pension soit suspendu ou pour qu'il soit fait application des dispositions de l'article 31 de la loi du 9 juin relatives au cumul.

Art. 45. Lorsqu'un fonctionnaire a disparu de son domicile, et que plus de trois ans se sont écoulés sans qu'il ait réclamé les arrérages de sa pension, sa femme ou les enfants qu'il a laissés peuvent obtenir, à titre provisoire, la liquidation des droits de réversion qui leur seraient ouverts par les articles 13 et 16 de la loi du 9 juin 1853, en cas de décès dudit fonctionnaire.

Art. 46. Tout titulaire d'une pension inscrite au Trésor doit produire, pour le payement, un certificat de vie délivré par un notaire, conformément à l'ordonnance du 6 juin 1839, lequel certificat contient, en exécution des articles 14 et 15 de la loi du 15 mai 1818, la déclaration relative au cumul.

La rétribution fixée par le décret du 21 août 1806 et l'ordonnance du 20 juin 1817, pour la délivrance des certificats de vie, est modifiée ainsi qu'il suit :

Pour chaque trimestre à percevoir :

De 600 francs et au-dessus	0 fr.	50 c.
De 600 à 301 francs	0	35
De 300 à 101 francs	0	25
De 100 à 50 francs	0	20
Au-dessous de 50 francs	0	00

Art. 47. Lorsque l'intérêt du service l'exige, le fonctionnaire admis à faire valoir ses droits à la retraite peut être maintenu momentanément en activité, sans que la prolongation de ses services puisse donner lieu à un supplément de liquidation. Dans ce cas, la jouissance de sa pension part du jour de la cessation effective du traitement.

FIN.

TABLE DES MATIÈRES

CONTENUES DANS CE VOLUME.

ORGANISATION GÉNÉRALE DE L'INSTRUCTION PUBLIQUE.

ADMINISTRATION GÉNÉRALE.

INSTRUCTION PRIMAIRE.

INSTRUCTION SECONDAIRE.

INSTRUCTION SECONDAIRE LIBRE.

INSTRUCTION SECONDAIRE PUBLIQUE.

INSTRUCTION SUPÉRIEURE.

APPENDICE.

Paris. — Typographie de Ch. Lahure, rue de Vaugirard, 9.

AUTRES OUVRAGES DE M. BARRAU

PUBLIÉS PAR LA MÊME LIBRAIRIE.

Histoire de la révolution française (1789-1799). 1 vol. in-18 jésus, broché.. 3 fr. 50 c.

Conseils aux ouvriers, ou explications sur leurs devoirs, sur leurs droits, sur les moyens qu'ils ont de prospérer, sur l'hygiène qui leur convient et sur la législation spéciale qui les régit, suivis de quelques principes d'économie politique à leur usage. 2e édition. 1 vol. in-12, broché.. 1 fr. 80 c.

Ouvrage couronné par l'Académie française.

De l'éducation dans la famille et au collége. 1 vol. in-8, broché.. 5 fr.

Des devoirs des enfants envers leurs parents. Ouvrage destiné à la lecture dans les écoles. Nouvelle édition revue et augmentée. 1 volume in-18, cartonné.................................. 50 c.

Ouvrage autorisé par le Conseil de l'Instruction publique et couronné par la Société pour l'instruction élémentaire.

Direction morale pour les instituteurs. Nouvelle édition. 1 vol. grand in-18, broché.................................. 1 fr. 25 c.

Ouvrage autorisé par le Conseil de l'Instruction publique et couronné par l'Académie française.

Livre de morale pratique, ou choix de préceptes et de beaux exemples. Ouvrage destiné à la lecture courante dans les écoles et les familles. Nouvelle édition, revue. 1 vol. in-12 de près de 500 pages, cartonné.. 1 fr. 50 c.

Ouvrage autorisé par le Conseil de l'instruction publique et approuvé par NN. SS. l'archevêque de Paris et les évêques de Versailles et de Pamiers.

Simples notions sur l'agriculture, le jardinage et les plantations, suivies de l'*Histoire de Félix ou le Jeune cultivateur.* Ouvrage destiné à servir de livre de lecture courante dans les écoles primaires. Nouvelle édition. 1 vol. in-12, cartonné...... 1 fr. 25 c.

Méthode de composition et de style, ou principes de l'art d'écrire en français, suivis d'un choix de modèles en prose et en vers, Nouvelle édition. 1 volume in-12, broché................ 2 fr. 75 c.

Exercices de composition et de style, ou sujets de descriptions, de narrations, de dialogues et de discours. 1 vol. in-12, broché.. 2 fr.

Morceaux choisis de Bossuet, nouveau recueil composé et mis en ordre; avec une notice, des sommaires et des notes par M. Barrau. 1 volume in-12, cartonné.......................... 1 fr. 50 c.

Législation de l'instruction publique, contenant les lois, décrets, ordonnances, règlements et arrêtés actuellement en vigueur, recueillis et mis en ordre par M. Barrau. Nouvelle édition mise au courant. 1 volume in-8, broché.............................. 7 fr. 50 c.

Petit manuel de l'instruction primaire, journal mensuel des instituteurs, extrait du *Manuel général de l'instruction primaire,* et publié sous la direction de M. Barrau.

Prix de l'abonnement pour un an : 2 fr. — Les abonnements ne sont reçus que pour l'année entière à partir du mois de janvier.

Paris. — Typographie de Ch. Lahure, rue de Vaugirard, 9.

www.ingramcontent.com/pod-product-compliance
Ingram Content Group UK Ltd.
Pitfield, Milton Keynes, MK11 3LW, UK
UKHW020426200726
13857UKWH00002B/298

9 782011 952899